U0094406

[MIRROR]

理 想 国 译 丛

018

imaginist

想象另一种可能

理
想
国
imaginist

理想国译丛序

"如果没有翻译,"批评家乔治·斯坦纳(George Steiner)曾写道,"我们无异于住在彼此沉默、言语不通的省份。"而作家安东尼·伯吉斯(Anthony Burgess)回应说:"翻译不仅仅是言词之事,它让整个文化变得可以理解。"

这两句话或许比任何复杂的阐述都更清晰地定义了理想国译丛的初衷。

自从严复与林琴南缔造中国近代翻译传统以来,译介就被两种趋势支配。

它是开放的,中国必须向外部学习,它又有某种封闭性,被一种强烈的功利主义所影响。严复期望赫伯特·斯宾塞、孟德斯鸠的思想能帮助中国获得富强之道,林琴南则希望茶花女的故事能改变国人的情感世界。他人的思想与故事,必须以我们期待的视角来呈现。

在很大程度上,这套译丛仍延续着这个传统。此刻的中国与一个世纪前不同,但她仍面临诸多崭新的挑战,我们迫切需要他人的经验来帮助我们应对难题,保持思想的开放性是面对复杂与高速变化的时代的唯一方案。但更重要的是,我们希望保持一种非功利的兴趣:对世界的丰富性、复杂性本身充满兴趣,真诚地渴望理解他人的经验。

理想国译丛主编

梁文道　刘瑜　熊培云　许知远

[日] 小熊英二 著　　黄耀进 译

活着回来的男人：
一个普通日本兵的二战及战后生命史

EIJI OGUMA

生きて帰ってきた男
ある日本兵の戦争と戦後

上海三联书店

IKITE KAETTEKITA OTOKO: ARU NIHONHEI NO SENSO TO SENGO
by Eiji Oguma
© 2015 by Eiji Oguma
Originally published 2015 by Iwanami Shoten, Publishers, Tokyo.
This simplified Chinese edition published 2017, 2024
by Beijing Imaginist Time Culture Co., Ltd., Beijing
by arrangement with the proprietor c/o Iwanami Shoten, Publishers, Tokyo
All rights reserved.

本书译稿由联经出版事业公司授权出版
地图为本书日文版和英文版所附，页 99 和 135 的图片由每日新闻社授权使用

著作权合同登记图字：20-2021-126
地图审图号：GS (2023) 3262 号

图书在版编目（ＣＩＰ）数据

活着回来的男人：一个普通日本兵的二战及战后生
命史 / （日）小熊英二著；黄耀进译 . -- 上海：上海
三联书店 , 2024.4
ISBN 978-7-5426-8405-9

Ⅰ . ①活… Ⅱ . ①小… ②黄… Ⅲ . ①社会生活－生
活史－日本－现代 Ⅳ . ① D731.38

中国版本图书馆 CIP 数据核字 (2024) 第 045260 号

活着回来的男人：一个普通日本兵的二战及战后生命史
[日] 小熊英二 著 黄耀进 译

责任编辑：苗苏以
特约编辑：罗丹妮　梅心怡
装帧设计：陆智昌
内文制作：陈基胜
责任校对：王凌霄
责任印制：姚　军

出版发行 / 上海三联书店
　　　　　（200041）中国上海市静安区威海路755号30楼
邮　　箱 / sdxsanlian@sina.com
联系电话 / 编辑部：021-22895517
　　　　　　发行部：021-22895559
印　　刷 / 山东临沂新华印刷物流集团有限责任公司

版　　次 / 2024 年 4 月第 1 版
印　　次 / 2024 年 4 月第 1 次印刷
开　　本 / 965mm×635mm　1/16
字　　数 / 257千字
印　　张 / 22.5
书　　号 / ISBN 978-7-5426-8405-9/D · 628
定　　价 / 92.00元

如发现印装质量问题，影响阅读，请与印刷厂联系：0539-2925659

导 读

一个普通人的常识

梁文道

　　吴雄根，我试着在网上搜索这个名字，除了"百度百科"录有他的履历，剩下的讯息几乎全部都和《活着回来的男人》这本书有关。我看不见有任何中文媒体采访过他，也看不见有任何中文世界的网民讨论过他的事迹，如果只有在互联网上存在才叫作真正存在的话，那么吴雄根就是一个差一点便不曾存在过的人了。这也难怪，这位朝鲜族、中国籍，有过一个日文名字"吴桥秀刚"的老人，生在当年的伪满洲国，又在日本东京念过书，1945 年的时候还被强征入伍"关东军"第 515 部队，战后又为苏联红军俘至西伯利亚的赤塔地区战俘营劳役，直到 1949 年才被送回已经变了天的中国。这样的人生自然是有缺陷的，不只是他的经历不够美好，更是因为任何宏大、完整而又广为流行的主流论述都很难恰到好处地容下他的一生。从战后的政治运动角度来看，他是个问题相当严重的人，不只留学过日本，而且当过"伪军"，或许这是他那代东北朝鲜族人常常遭逢的命运；但是革命面前，是没有身不由己这回事的，所以战后他肯定还是要被判定为一个汉奸。虽然他早在在苏联做俘虏的时候就已经心向共产主义，一回来就献身革命建设新中国，可中苏交恶之后，像他这种在苏联待过的人则又有了替苏联当间谍的可能，必须反复检查交代好好监视。当然他是个受害者，他不是自愿跑去苏联，不是自愿加入关东军，更不是自愿生为"满洲国"国民。可是这种受害者又嫌受害得不够纯粹干净，不像那些被战火弄得家破人亡、上得了电影电视剧的凄凉角色，因为他毕竟在敌人那边待过，黑白不够分明。假如他生来就是个日本人，战后就应该和其他仍然生还的西伯利亚日本战俘一样，最后会被苏联遣送回美军占领的日本，于是又会惹起另一种疑虑，怕他其实是遭到洗脑改造特地归日潜伏运动的"赤化分子"。

我们完全可以想象他这不由自主的大半生如何坎坷，一定吃过许多人想象不到的苦。如果他要在有生之年寻求正义，讨一个说法，至少让他这辈子究竟是怎么回事有个可供理解的解答的话，他该向何处寻觅？

于是 1996 年，吴雄根到了日本，诉讼日本政府，要求赔偿。这该是个大新闻，可是很奇怪，不仅保守的日本媒体少有报道，今日回看，当时便连中国媒体也似乎无人关注这个消息。比起 20 世纪 90 年代开始大量涌现的"慰安妇"索赔事件，其实来自台湾地区和韩国的原日本军人申诉数目更多，只不过这些人的诉求会使得热血简单的国族主义尴尬，不像"慰安妇"那么正邪易辨，所以大家也就只好冷漠对待，当他们不存在似的。

吴雄根的官司一路打到日本最高法院，最终失败。日本建制的说法是很简单的，它不只不赔偿这几十万当年被它强征入伍的外国人，甚至也不赔偿土生土长的日本兵，理由一贯是"战争受害是国民必须艰苦忍受之事"。《活着回来的男人》的作者、历史社会学者小熊英二解释道："如果只针对特定被害者进行赔偿，将会造成不公平的状况。不过实际上，日本政府担心的恐怕是，即便对一小部分受害者进行赔偿，往后便像掀开冰山一角，接着来自国内外的赔偿要求将永无止境……不赔偿、不道歉，但抚慰对方。这就是日本的国家立场。"所以，无论是"慰安妇"，还是被强迫从军的日本军人及其军属，日本政府皆以基金"慰问"的方式了事。那么它为什么不"慰问"像吴雄根这样的外籍士兵呢？他们根本不是日本人，你又怎能用"战争受害是国民必须艰苦忍受之事"这种大话打发？

另一方面，出于冷战时期诡谲的国际局势，且别说外籍士兵，就连"慰安妇"也不一定会受到韩国、中国台湾乃至于大陆等亚洲地区政府的支援。吴雄根早在上世纪90年代初就成立了"中国前苏联拘留者协议会"，找出250名和他境遇相似的俘虏与遗族，同时要求日本负责。可是这个团体的活动到了1992年就停了下来，因为"当年10月正好是日中恢复邦交20周年纪念，适逢日本天皇访中期间"。

所以，没有自己政府的支持，也没有媒体关注的吴雄根，一个人来到了日本。不过他居然找到一个日本人愿意和他共同起诉日本政府，成为亚洲各地对日赔偿诉讼的首位日籍并列原告，这个人就是小熊英二的父亲，同为苏联战俘营归来者的小熊谦二。在法庭上，他说：

> 他（吴雄根）身为朝鲜族，以日本国民身份接受征兵，1945年8月9日苏联对日宣战，隔天他于海拉尔入伍，旋即遭受苏联军队的攻击，他卷入战斗中并身负重伤，被搬送到苏联领土内的医院。1948年出院后，经由朝鲜回到故乡成为中国人。

但曾为日本士兵的事实为他的生活带来许多歧视待遇。

几年前我领取了给西伯利亚拘留者的慰问状与慰问金。但日本国认为吴是外国人，因为这项理由所以不适用于领取条件，这点令人无法接受。

为何他必须在西伯利亚过着拘留生活？请各位思考一下。过往，"大日本帝国"合并朝鲜，一度使朝鲜民族的人们皆成为日本国民。其结果，他与我一样因身为日本国民的义务而接受征兵，之后成为关东军士兵并成为苏联俘虏。只要是针对西伯利亚拘留这个事实施行的慰问，他就应该享有同等的权利。

因为是日本国民所以受到征兵，使他成为西伯利亚俘虏的也是日本国。同样都是这个不负责任的日本国，事到如今却说因为他是外国人，所以无法接受慰问，这完全不合情理。

这明显就是一种歧视，是国际上无法认可的人权漠视……这是我对国家的要求。类似这种国际性的战后赔偿，应该不具时效性，请不要一直逃避责任。而且，这种负面遗产也不应该再留给下一个世代。

雄辩滔滔，小熊谦二还在他自己撰写的讲稿里引用了前欧洲殖民帝国与纳粹德国的案例，痛陈日本政府之过。这么看来，他应该很符合大家心目中"有良知的知识分子"的形象；可他却只有初中文凭，是一家小体育用品行的老板，用他自己的话讲，甚至是"底层中的底层"。这位小熊谦二为什么会走到这一步？他到底是个怎么样的人呢？

大家也许会在日本电影里面见过类似的场面：一个乡村少年应召从军，出征那天，他穿着卡其布制服立正站好，抬头挺胸地对着送别亲友大声宣布："我定会堂堂为国尽忠。"然后他的家人、乡亲和邻居则会鼓掌叫好，一副兴高采烈的模样，很多人还会挥舞一面小小的"日之丸"国旗，替他打气壮行。这些参军青年，在我们的印象之中，总是规规矩矩，严守军纪，无论何时都不忘"皇军"威仪。而养成这种年轻人的土地，是一个陷入狂热情绪的社会，人人爱国爱到头脑发昏；好消息从前线传来的时候，张灯结彩，鞭炮四响；若是坏消息开始浮现，他们就一脸肃穆，似乎真的做好了"玉碎"的准备。这就是战时日本社会的典型图像之一，将爱国、爱天皇以及战争这三者毫无困难地等同了起来，并且把这三位一体当成个人生命意义的寄托。如果你不赞成战争，那就是不效忠天皇；如果你不效忠天皇，那就是不爱国；如果你不爱国，那你就什么都不是了。

我还读过一些研究，指出当时日本最爱国最忠诚同时也是对战争最狂热的，竟是一批低下阶层的年轻人。一来，战前日本贫富差距极大，这些条件不利的青年苦无出路，眼前即是尽头，也许会渴盼军需经济带来的一时荣景可以惠及己身。二来，他们全是"日之丸"旗下的蛋，自幼在校天天诵读充满着皇国思想的"教育敕语"，洗脑洗得彻底。第三，也是最有意思的一点，他们的人生实在没有更大更完满的意义了，而战争，不只能令他们投入到一个非常壮阔的戏剧叙事当中，使自己的缺憾得以补足；还能让他们和那些好家庭出身的孩子变得更加"平等"，因为到了最后要是战死，不管背景贫富，所有士兵的亡灵都会被供奉在靖国神社当中，正是生殊途死同归。

然而，小熊英二这本《活着回来的男人》却纠正了我长存的偏见，让我看到一幅截然不同的战时日本底层画像。他这本书不只是他父亲小熊谦二的口述史那么简单，更是一部以个人为经，以大量政治、社会及经济背景析介为纬的历史社会学佳构。于是读者能在其中发现其时日本社会那被遗忘甚至被压抑的角落。

就说应命参军的那种仪式吧，原来小熊谦二（即小熊英二之父）入伍的那天，"根本没人关心。场面没有丝毫雄壮的气氛，连挂在身上欢送入伍者的布条都没有"。"那种事情，在中日战争的时候还办过，到了太平洋战争开始后，就消失了。为了找寻粮食就得花上许多时间与劳力，大家已经没有那种余力，加上召集令也过多。先不说年轻现役士兵的送行场合，已经有相当人生经验的年长军人被召集时，即便举办盛大的欢送活动，本人与家人都不会开心。送行时如果哭泣，就会被骂是'非国民'，但即便不哭，也不代表人们是开心地送家人上战场。周遭的人们都了解这种状况，所以也不再办什么送行会了。"

自己的丈夫、儿子，又或者是孙子上战场，这无论如何都不该是件开心的事，在生离也许就是死别的这种情况下，哭泣流泪自然不过；不过，绝对而神圣的爱国可容不下自然，它甚至不承认自然不接受现实。比如谦二一位早逝的室友，为了征兵体检回到老家，结果验出当年绝症肺结核，征兵军官看到报告之后破口大骂，斥责那个离死不远的青年"因为你是不忠者（所以才患上结核病）"。1940 年开始，日本政府又规定国民在经过东京皇居的时候必须"宫城遥拜"。已经从乡下来到东京谋生的谦二，有一趟搭电车经过皇居，听到乘务员高叫"现在通过宫城前"，便跟着全车乘客一起弯腰朝着窗外的天皇居所鞠躬，但他注意到背对宫城那排电车吊环下的乘客挤得实在转不过身，于是"只好以屁股朝着宫城行礼"。他说："这种形式上的东西，大家都没当一回事，逐渐地就自然消失了。"

爱国主义有时确是一种形式，套在纷杂混乱的现实和自然之上，它或者会对后者提出一些远离常识、玄而又玄的解释（比方说一个人在当兵前被验出肺结核是因为他不忠）；又或者干脆遮蔽大家耳目，让国民用灌进脑子里的兴奋剂去代替他们用感官接触到的世界（比方说监控审查新闻媒体，拿掉一切不利的新闻，换上些振奋人心的故事）。问题是当你活在那样的时代，面对着由于战争而日渐残破的生活，苦苦挣扎；可是当一切本来可以用作解释这种生活、这个世界的思想和世界观都被抽掉夺去，只余一套爱国就是至高美德的意识形态的时候，你还可以怎么办呢？明明一个人最大的问题是怎么样养家活口，怎么样在物资短缺的情形下经营生计；但国家却告诉你人生最重要的事是为国牺牲，谋求一个非常远大崇高但也因此永远看不清的目标。你失去了凭自己的眼睛去了解时势的能力，疲倦得动不了大脑，那形式至上的爱国主义则是唯一剩给大家的思想工具。这时你不会去反省这场战争到底是怎么回事，它究竟对不对；你也不会去反抗那要你笑着送亲人去死的主义，拒绝它的聒噪。你只能麻木冷漠，劳形于生活压力与包围着你的宣传口号之间。

　　自从日军侵华，每有重要胜仗，日本各地邻组町会都要举办"提灯笼游行"。但是仗打得越久，人们的反应就越是冷淡；而且愈是底层，人们就愈是无感。终于到了美军攻克塞班岛，"从宣告'玉碎'的广播播音员阴郁的声音中，可以感到已经发生了前所未有的事态……日本战败这件事，从理论上已经可以隐约地推测出来"。不过谦二周边的人当时都没有这么推测，因为大家都太累了，"已经没有能力思考这样的状况了"。

　　小熊谦二果然如他所言，是"底层的底层"。他的母亲在他7岁那年离世，他的父亲干的是随着时局而起伏的买卖，他有五个兄弟姐妹，其中一个早夭，另外两个没活过20。他自己中学上到一半就要提早毕业，小时候家里一个月未必吃得上一次肉，年纪稍长则开始工作分担家累，一路走来都是奔走捱苦。战争末期，终于轮到他这个身体本应过不了检查的小子入伍。可是他没有被日本军国主义的"圣三一"劫持，没有把希望寄在"圣战"之上，因为他是一个更加贴近自然和现实的人。就和他所见过的其他底层一样，他的关切在于今天晚上有没有东西吃，而不是国祚是否恒久。他被剥夺了思考的能力；但就算有，那也没多大用处，他只能被严酷的国家机器推来推去。真正使得他与别人不同的，是他一直没有忘却现实生活的本相，即便战后。于是他能养出基于现实的常识，至少知道一个人前赴战场告别家人，并非一件值得欢庆的事。

谦二到了前线没多久，日本就宣布无条件投降。按照规定，留在中国东北的军队要向苏联投降。这批驻在中国东北的军人不只是战俘，原来更是日本赔偿苏联的物资。在"关东军"交给苏方的陈情书里便有非常客气的这么一句话："（受俘日军）返回（日本内地）之前的时间，将极力协助贵军之经营，敬请尽情调度使用。"于是谦二就得跟着大伙前往西伯利亚，与当时全苏境内那 1000 多万成分不好、政治上不可靠的奴隶劳工一样，成为苏联恶名昭彰的劳改体系的一员。在物资短缺、天候严寒的情况下劳动，有不少日本战俘病倒，其中一位是谦二的同袍好友京坂：

"他开始患上夜盲症，清晨整队出发作业，沿着雪埋的道路走向工作场地时，他必须牵着我的手前进。不这么做的话，在天转大亮之前他什么都看不清楚，必然会滑倒。那段时间他的脚开始水肿，每每悲伤地对我说，他的脚套不进鞋子，我总是努力帮他把脚塞进鞋子，打理整齐。到了 12 月中旬，他终于开始出现失禁症状……"京坂死前几天，正是日本在过正月的时候，虚弱的京坂喃喃自语"好想吃麻薯啊"。但他究竟是哪一天死的，死的状况又是怎样，谦二全都不记得了。"那就像一则传闻而已。所有人都失去了关心他人的能力，失去了人类该有的情感。当然，没有守灵仪式也没有葬礼，毕竟当时我们过的，并不是人类该有的生活。"

是谁令他堕入这种非人境地？是谁在战败早已注定的时刻还要把这些年轻人无谓地投到前线？那些决定这些事的人用了一套很了不起的语言和信仰来迫使这些青年在告别家人时必须高喊"我将堂堂为国尽忠"，让无数家庭支离破碎，更剥夺了人们正常思考和行动的能力。经历了这一切的谦二不像那些学历比较高的军官，会因为某些"抽象的问题"而陷入不可自拔的忧郁苦境，他只是每天都在努力地活下去，想办法吃，想办法睡。他是一个很平凡的人，一个活得很具体的人；唯有一个活得这么具体的人，才会在没有毛巾的时候把"日之丸"国旗当作洗浴时的浴巾来使用。又唯有一个会把国旗当成浴巾的人，才会在事后醒悟："所谓的国家，与人心不同，只是一种无机的物质。"

看起来这是一个很合理的结论，从自己的体验开始便好，不需要针对"皇国"思想展开缜密的分析，也不需要什么高深的教育来装备自己；你看见自己的家庭因为战争而破败，而国家依旧要求大家继续牺牲；你发现柴米油盐的供应一天比一天紧张，而报纸和电台却依旧频传捷报；你到底还需要些什么来证明自己生活在一个名字叫作"国家"的神话底下呢？这难道不摆明了是个谎言吗？

不要以为苦难必定会使一个人清醒，也不要以为最实际的生活经验就必然会产生最起码的常识。有一些和小熊谦二一样上过战场，像他一样遭受过战争打击的日本兵在后来会变得特别"对青春无悔"，特别怀念那段全国上下"都很有信仰"的军国主义岁月。这大概就像有些人，明明被运动荒废了青春，明明遭逢过家庭的沦陷，但后来却居然怀念起那段"有信仰"的年代，甚至觉得那个时代要比今天更加美好。信仰应该是自主的抉择，当你只有一种信仰可以追随，并且必须追随的时候，这还能叫作"有信仰"吗？同样道理，你的青春不由自主，没有半分选择余地，因此它甚至根本就不是你的，你又凭什么对这被夺去的青春感到"无悔"呢？

《活着回来的男人》里头还有一则更加可笑的故事。话说谦二的二姨美登里在20世纪30年代移民巴西，初时尚与家里来往书信，但自战争爆发就没了音信，此后一直失联。后来他们才晓得原来"二战"结束之后，"巴西的日裔移民们分成不承认日本战败的'战胜组'，以及承认战败的'战败组'，彼此之间相互对立。造成这种状况的原因之一，是战前的'神国日本'教育深深浸透，加上不懂葡萄牙语，导致情报来源有限。在巴西两者之间的对立逐渐激化，甚至发生互相暗杀、袭击的事件"。美登里的丈夫正是"战胜组"的领袖之一，"对于日本寄来的信件，都认为是美国的谋略，根本不阅读就直接烧掉。战胜组的人们好像对日本寄来说明战争已经结束的信件，采取不足为信的态度"。

回到日本之后，小熊谦二打过好几份工，载浮载沉，许久才在一家体育用品店扎扎实实地干了下去，趁着日本经济起飞，自己也当上了小老板，但始终是个平凡而具体的人。大部分时间，他都在为生活忙碌，不关心政治；可是只要有空，他就会看一点书，为的只是更加了解自己活过的时代，于是他看其他士兵的回忆录，也看索尔仁尼琴的《古拉格群岛》。由于做过战俘营奴工，所以他成了"国际特赦组织"的会员，关心世界上其他处境和他相似的人，在组织寄来的抗议联署信上签上自己的名字。由于他觉得当年战俘营的情形和纳粹的集中营有点像，所以他一直很关注集中营的状态，于是在他退休之后，终有余裕能够出国旅行，就立刻跑去波兰看看奥斯维辛。他吃过战争和国家主义的苦，认为裕仁天皇和当年一批战犯都没有负上该负的责任，所以他一直不喜欢对往事含含糊糊的保守派政党，常年是左翼政党的选民。就是这样子的人，才会在知道吴雄根的消息之后，决定陪那个来自中国的陌生人一起起诉日本政府。

　　我在《活着回来的男人》里面看到的小熊谦二，他的每一个行动、每一个想法都是来得这么自然，仿佛一切合该如此，尽皆常理而已。你只需要认清现实，在有点能力的时候试着了解形成自己所处的现实的力量，同时再加上一点点同理心，你就会自然而然地变成这样一个常人。诚然，在他儿子小熊英二的笔下，小熊谦二就只不过是个最凡常的普通人罢了。不过我们全都晓得，一个普通人的常识有时反而是最不容易的，就连许多学养深厚的知识分子都不一定能够拥有。比如说，在没有办法的情况下，你能把一块被大家叫作国旗的布只当成是条布，拿它来洗澡抹身吗？光是这么想，都好像十分危险。

目　录

国际版序

致各地通过本书而有幸结识的诸位：

不知各位听到"日本兵"一词时，脑海中会浮现出何种意象？是否就像亚洲各地人们共有的印象一般，觉得他们是一群自大且残忍的人？

我并不打算否认这一点。只要是人，多少都会有欺软怕硬、残忍、好色的一面。日本兵也是人，他们自然也会带有这些侧面。而且把人们放到战争或殖民地统治的状态下，人性中的这些层面会更强烈地展现出来。我个人认为，这种事情与所谓的"民族""人种"并没有多大的关系。

不过，评判人的时候，只看这个层面，则有欠公允，也称不上是正确的认知。在战场上虽然是残忍的士兵，在家乡却可能是一位慈祥的父亲。单看任何一个方面，都无法正确理解一个人。

因此，为了正确理解人类，只看战争时期，是不够充分的。对于日本，或者日本人，也是同样的道理。他们前往各种战场之前究竟过着什么样的生活？思考些什么事情？如何离开故乡来到战场？
战争结束回到日本后，他们又过着什么样的生活？如果不综合各种
面向来看，就无法正确地理解。

我这本书撰写的是我父亲的生命史。他出生于 1925 年，被卷
入战争之前，我父亲在小商店工作，接受征兵后被送往中国东北，
后来遭苏联拘留于战俘营，在西伯利亚度过三年强制劳动的日子。
回到日本后，在不断更换工作期间，还染上了结核病，一直过着在
底层挣扎的生活。在此之后，他开了一家小商店，也有了自己的家庭。
我所写的，就是极其平凡、一介小人物的生活。

借由这本书，我希望读者们可以从中读到两件事情。

其一，希望读者不要把我父亲想成一个特殊的人。他在人生晚期，
曾与中国朝鲜族的原日本兵共同对日本政府发起了诉讼。听到这段
故事时，有些人会说："像这种有良心的人，真的是非常特别的人吧。"
可是，因为我是他的儿子，所以我知道自己的父亲并非圣人。

人类的社会，不是由一小部分"好人"与大多数"坏人"组成。
只要是人，无论是谁，都有好的一面与坏的一面。只看好的一面，
便把对方当圣人来对待，就和只看坏的一面，就把对方当坏人来对
待是一样的，都不是正确的认知。

我父亲采取的行动，潜在性上是所有人都可能采取的行动。比
起赞扬一个人的行动，更重要的是把这种可能性扩散到更多人身上。
如果把我父亲当成一个特殊的人物，因而把他与其他大部分的人们
区分开来，便会妨碍这种可能性的扩散。

其二，希望读者能够注意到对社会背景的分析。这本书与其他
的传记不同的是，我针对当时的经济、社会状况、法律与政策、外
交关系等等，对父亲的人生轨迹造成了何等影响做了分析。毕竟我

是一位历史学者，也是社会学者，因此即便是撰写自己父亲的传记，也一样留心以公平的态度分析处理。

为什么必须进行这样的分析？先前我说过，人既有好的一面，也有坏的一面。一般而言，当人们处于战争或殖民地统治等坏的情况下时，也就容易暴露出人性丑恶的一面。当然，在这种情况下若要维持人性美好的一面，个人的努力将会非常重要。但是，更重要的其实是如何才能创造一个让更多人都能发扬人性善良面的环境。为了达成这个目标，就必须思考如何才能消除战争或殖民地统治，消解贫困与不平等的状况，因此，分析是绝对必要的。

这本书，并非只是单纯记录下我父亲体验过的"战争"与"生活"。所谓的"战争"与"生活"，是由政策、外交、制度、物价、收入、社会状况等要素共同构成的。为了刻画这些情况，在父亲不同的人生时期，国家施行了什么样的政策与制度？这些措施对人们的生活与经济造成了何种影响？其结果是否带来苦难、贫困与相互不信任等苦果？在书中都以分析的角度来撰写。此外，对于我的父亲试图改进自己人生的努力之中可能受惠于哪些政策或制度亦有提及。在这一点上，本书不仅只是说明过去的历史，希望也能给当下社会带来一定的省思。

最后，我想稍微说明自己尊敬父亲的哪一点。这本书是通过对父亲进行长期访谈后写成的，在父亲所说的诸多事情中，最令我佩服的是他对他者抱持的想象力。

例如，当我访谈他最痛苦的时期，也就是在西伯利亚战俘营的体验，当时在饥寒交迫下，他的朋友不断死亡，他也一度处于濒死的状态，但是当他叙述这些经历时，我父亲却未曾出口骂过俄国人，说出他们宛如恶魔一般之类的话语。相反地，他却谈起当时苏联社会处于如何贫困的状态，缺乏民主化，可能也存在不公平的现象。而这些也影响到了他们这些战俘的境遇。对我父亲而言，俄国人与自己一样，都只不过是不好的制度与政策的受害者罢了。

我的父亲并没有显赫的学历。不过即便拥有学历或具备知识的人，也不见得能有如我父亲那样的见解。有知识的人，可能会夸耀自己的伟大，或者使用知识只是为了责骂他人愚蠢，指摘他人是恶魔。父亲当时对俄国人会有如上的看法，靠的便是他持有的对他者的想象力。父亲拥有这种想象力，是我非常尊敬的部分。

而这种同理心的想象力，正是当下这个世界最需要的。当下的世界，因为国家不同、文化或宗教不同、出生地不同、学历不同、经济形态不同等因素，被不断地切割区隔。如果我们想要突破这些区隔，想要创造出一个更美好的世界，这种对他者的想象力便是必要的。而为了拓展这种想象力的可能性，知识和分析就很重要。我通过本书想传达的事情之一，就是希望通过描述父亲这样的人物，向读者展示这种想象力的可能性。

我们都是人，即便国籍不同、言语不同、阶级不同，但同属人类。如果能唤起大家注意这个理所当然的事实，让本书对大家有所助益，笔者将深感荣幸。

小熊英二　2015 年 7 月

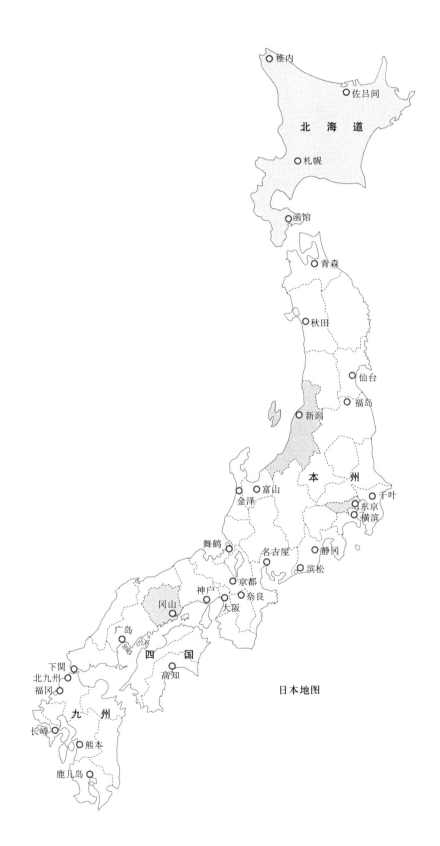

稚内

佐吕间

北 海 道

札幌

函馆

青森

秋田

仙台

福岛

新潟

本 州

富山
金泽

千叶
东京
横滨

舞鹤

名古屋

静冈

滨松

京都

神户
冈山
奈良
大阪

广岛

四 国

下関
北九州
福冈

高知

日本地图

九 州

长崎
熊本

鹿儿岛

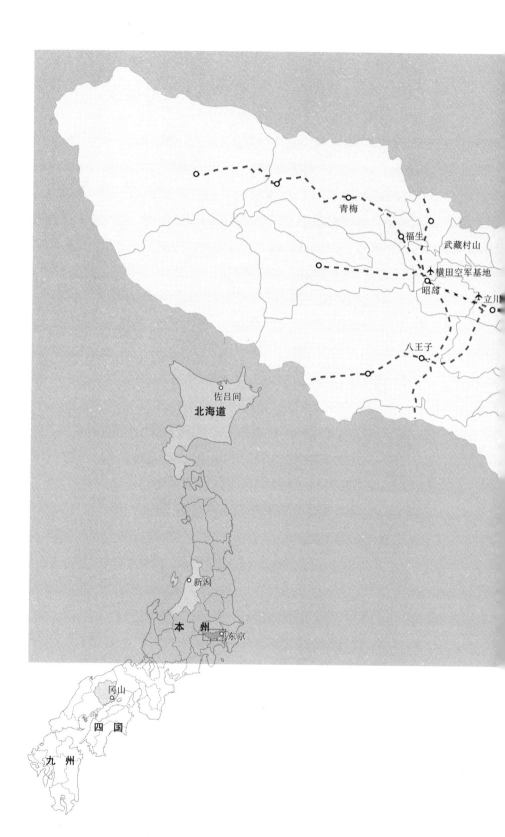

青梅

福生

武藏村山

横田空军基地

昭岛

立川

八王子

佐吕间

北海道

新潟

本　州

东京

冈山

四　国

九　州

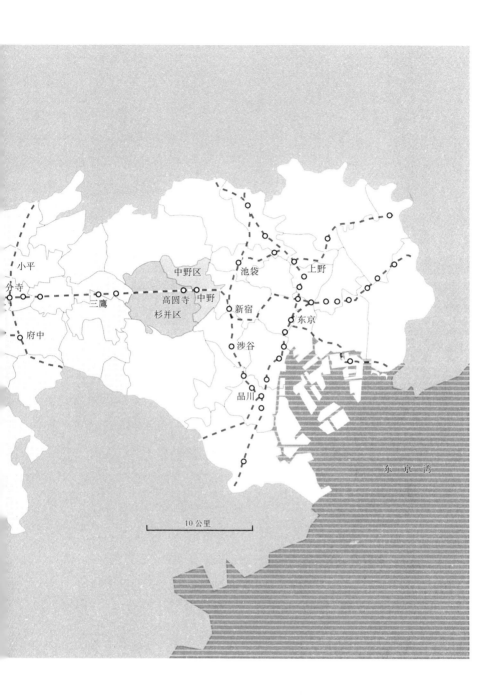

东京首都圈地图

本地图显示了小熊谦二生活和工作的不同地区。

小熊氏家谱

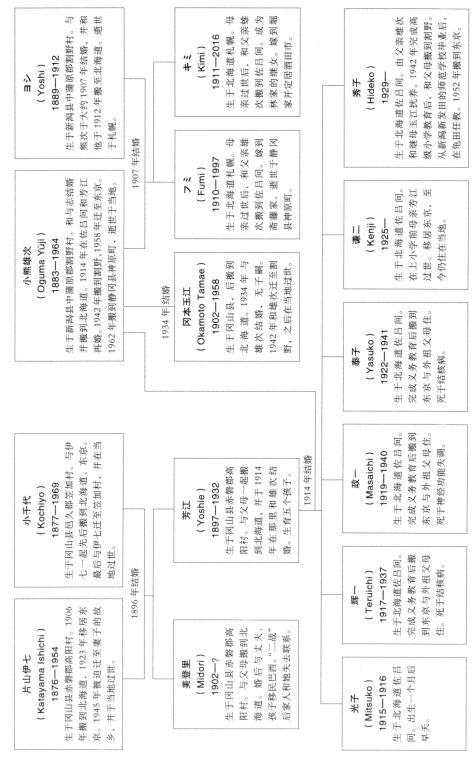

年 表

公元年份	日本纪年	世界	日本	小熊谦二
1868	明治元年		明治维新	
1876	明治 9 年			伊七出生
1877	明治 10 年		西南战争	小千代出生
1883	明治 16 年			雄次出生
1905	明治 38 年			雄次和与志结婚
1906	明治 39 年			伊七移居北海道
1912	明治 45 年 大正元年			与志过世
1913	大正 2 年			雄次带女儿前往网走
1914	大正 3 年	"一战"爆发		雄次和芳江结婚
1917	大正 6 年	俄国革命		
1918	大正 7 年	"一战"结束	西伯利亚干涉（至 1922 年）	
1919	大正 8 年		《结核预防法》实施	
1923	大正 12 年	慕尼黑啤酒馆暴动	关东大地震	
1925	大正 14 年		《普通选举法》实施	谦二出生
1929	昭和 4 年	大萧条开始		
1930	昭和 5 年	印度"食盐进军"		
1931	昭和 6 年		"九一八事变"	辉一前往东京
1932	昭和 7 年			谦二到东京；伊七在军队贩卖部开店
1933	昭和 8 年	希特勒取得政权		政一前往东京
1935	昭和 10 年			泰子前往东京
1936	昭和 11 年	西班牙内战开始	"二二六事件"	
1937	昭和 12 年		中日战争开始	辉一过世；小熊家搬到中野
1938	昭和 13 年			谦二入学早稻田实业学校
1939	昭和 14 年	"二战"爆发		
1940	昭和 15 年	纳粹攻陷巴黎		政一过世
1941	昭和 16 年	德国和苏联开战	太平洋战争开始	泰子过世；伊七中风
1942	昭和 17 年		中途岛战役	早稻田实业学校遭受空袭
1943	昭和 18 年		日军自瓜达尔卡纳尔岛撤退	谦二自早稻田实业学校毕业，入职"富士通信机"

公元年份	日本纪年	世界	日本	小熊谦二
1944	昭和 19 年		菲律宾战役	谦二接到征召入伍
1945	昭和 20 年	"二战"结束	日本投降	谦二被拘禁在西伯利亚
1946	昭和 21 年	纽伦堡审判	东京审判	战俘营好友坂吉二死去
1947	昭和 22 年	印度独立		战俘营俘虏发起"民主运动"
1948	昭和 23 年	柏林危机	东京审判下达判决	谦二从西伯利亚被遣返
1950	昭和 25 年	朝鲜战争爆发	修订《生活保护法》	
1951	昭和 26 年		《旧金山和约》	谦二住进结核病疗养所
1953	昭和 28 年	斯大林逝世；朝鲜战争结束	电视放送开始；《麻风病预防法》实施	谦二收到巴西的阿姨的来信
1954	昭和 29 年	阿尔及利亚战争开始	抗议比基尼环礁核试验	伊七过世
1955	昭和 30 年	亚非会议（万隆会议）	自民党开始长期执政	
1956	昭和 31 年	苏伊士运河危机		谦二从疗养所出院
1957	昭和 32 年	斯普特尼克 1 号发射		谦二移居东京
1958	昭和 33 年			谦二入职立川商店
1959	昭和 34 年			全家搬进第六都营住宅
1960	昭和 35 年	"非洲年"	第一次安保斗争	
1961	昭和 36 年	柏林墙兴建		谦二和宽子结婚
1962	昭和 37 年	古巴导弹危机		英二出生
1964	昭和 39 年	曼德拉被判终身监禁	东京奥运会(第18届)	雄次过世
1965	昭和 40 年	美国开始轰炸北越	《日韩基本条约》	立川商店破产
1966	昭和 41 年	"文化大革命"		立川运动开业
1968	昭和 43 年	布拉格之春	激进学生占领大学校园，东大纷争	小千代过世
1969	昭和 44 年	阿波罗 11 号登上月球	《冲绳返还协定》（1972 年执行）	全家搬到武藏村山市
1970	昭和 45 年		第二次安保斗争	
1972	昭和 47 年	慕尼黑惨案	联合赤军事件	刚一过世；全家搬到立川市
1975	昭和 50 年	越南战争结束		
1978	昭和 53 年			全家搬到南阳台
1979	昭和 54 年	苏联攻打阿富汗		谦二阅读《古拉格群岛》
1980	昭和 55 年	波兰团结工会运动		谦二同情团结工会
1981	昭和 56 年	里根当选美国总统		谦二参加"赤塔会"旅行
1982	昭和 57 年	福克兰战争	日本历史教科书引起国际争议	南阳台机动车监理所引起反对运动

公元 年份	日本纪年	世界	日本	小熊谦二
1983	昭和 58 年			谦二与京坂的哥哥会面
1987	昭和 62 年	韩国"6·29 民主化宣言"		
1988	昭和 63 年	东欧民主化	政府对曾被拘留在西伯利亚的人进行赔偿	谦二加入"非战兵士之会"
1989	昭和 64 年 平成元年	柏林墙倒塌	昭和天皇逝世	谦二参加南阳台的环保运动
1990	平成 2 年	苏联解体；东西德统一	股票价格暴跌，泡沫经济崩溃	谦二收到政府赔偿金，分给吴雄根
1991	平成 3 年	波黑战争停火；海湾战争		谦二再访中国
1995	平成 7 年		日本国会纪念战争结束 50 周年的决议引发争议；阪神大地震；东京地铁沙林毒气事件	
1996	平成 8 年			谦二参与吴雄根向日本政府索赔的诉讼
1997	平成 9 年	亚洲金融危机		吴雄根诉讼案第一次开庭；立川运动歇业
2001	平成 13 年	"9·11"事件		
2002	平成 14 年	日朝峰会	高等法院驳回吴雄根等人的诉讼案	谦二中风
2007	平成 19 年		《结核预防法》《麻风病预防法》终止	
2008	平成 20 年	2008 年经济危机		
2009	平成 21 年		民主党执政	
2010	平成 22 年	希腊经济危机	《西伯利亚特措法》制定	
2011	平成 23 年	埃及革命	东海大地震和福岛第一核电站事故（3·11 地震）	谦二收到《西伯利亚特措法》赔偿
2012	平成 24 年	欧债危机	自民党重新执政	谦二在南阳台家中安装太阳能板
2014	平成 26 年			
2015	平成 27 年	叙利亚内战加剧	抗议新安保法案	宽子过世；本书日文版、韩文版、繁体中文版出版
2016	平成 28 年	韩国烛光晚会抗议		
2017	平成 29 年	特朗普就任美国总统		本书简体中文版出版

第一章

入伍之前

1944 年 11 月 25 日。东京市中野区早晨 7 点 30 分。天气：多云。

10 月 30 日刚满 19 岁的小熊谦二，自家门前围绕着亲友，这天他将以陆军二等兵身份入伍。前一天是 24 日，东京开始遭到空袭，一整群美军的 B-29 战略轰炸机，飞过谦二家的上空。

五天前的 11 月 20 日，入伍通知书送达。除了打电报请人在新潟县的父亲来，几乎没有任何准备的时间。

几年前町内会或国防妇人会还会举办挥舞"日之丸"国旗的壮行会，现在已经不举行了，因为入伍召集逐渐频繁，大家都变得不再关心。加上前一天的空袭，东京被一股紧迫感笼罩着，聚集过来送行的亲友不到十名，谁也没表现出振奋人心的壮行气氛。

穿着卡其色国民服的小熊谦二，以当时惯用的语句宣告："我会堂堂为国尽忠。"与大家打过招呼后，他回头向祖父母报告："我出发了。"祖父感极生悲，放声痛哭了起来。这在当时是极为不寻常的，甚至可以说是禁忌般的举止。祖母对他说："去吧，谦（谦二的昵称）！"仿佛推着他一般，送他出门前往中野车站，祖父则返回家中。

当小熊谦二结束在西伯利亚被俘的日子，再回到日本时，已经
是四年后的事情了。

一、从北海道到东京

小熊谦二，1925 年 10 月 30 日出生于北海道常吕郡佐吕间村
（现在的佐吕间町）。佐吕间这个地名，起源于爱努语的 saromape
（苇原的河流）。1911 年栃木县谷中村的矿毒受害者们[1]，全村被搬移
至此垦殖，以形成栃木聚落而知名。

小熊家原为新潟县中蒲原郡的素封家[2]，但谦二的祖父因为操作
稻米期货失败，赔上了田产，家道中落。当时小熊家有三男两女，
生于 1883 年的次男小熊雄次，便是小熊谦二的父亲。

小熊雄次拥有小学学历，18 岁时前往札幌，在金井吴服店做学
徒，打杂学习。后来因为征兵体检，又回到新潟，成为卫生兵，并
加入当时战火正炽的日俄战争。战争结束后的 1905 年，他在新潟
结婚，再次回到札幌开了一家书店。不过经营失败，而且受到附近
火灾延烧波及，书店遭焚毁。到了 1912 年，他妻子也过世了。雄
次带着当时两岁与一岁的女儿，于 1913 年辗转来到北海道的网走，
在公所大门前开业的一家代书行觅得助手工作。

当时在北海道开拓地，要转售土地时，得在公所办理许多手续。
但是几乎没有人能够自行填写表格，所以在公所近旁往往有许多代

---

1 谷中村位于栃木县利根川及其最大支流渡良濑川交会点，上游足尾铜山的矿毒（硫酸铜）
   溢流后因无法清除，明治政府选择谷中村作为蓄水沉淀池，该村因而于明治四十年
   （1911）废村。——译注
2 "素封家"意指有相当资产者，或地主阶级。——译注

片山旅馆（1913 年 3 月 4 日摄）

书行执业。许多读者应该都还有印象，即便到 20 世纪 90 年代，仍然留有许多这种代书行。成长于素封家的雄次，虽然只受过小学教育，却已拥有这种知识劳动阶级具备的能力。

　　当时有许多人长期住在日式旅馆或饭店，雄次也是如此。在旅馆主人的照顾下，雄次将次女让给对方当养女，但是此后生活也没有什么改变。过了一段时间，雄次终于得知网走附近的佐吕间新开拓地即将设立新的公所，他推断公所成立后，该地区显然需要代书行，便于 1914 年移居到佐吕间。

　　在辗转来到北海道的人当中，不乏拥有技能与才智的人，他们各自投身木工、商人等技术行业。如此一来，这些人便在开拓地公所周遭，形成了新的市镇，其中之一便是中佐吕间，这个区域比农民所住的边陲地区更富庶。好不容易来到佐吕间的雄次，住在中佐吕间的片山旅馆，并在公所前新建的事务所小屋上班，做代书业务。

片山旅馆的主人名为片山伊七。伊七在 1876 年出生于冈山县，1906 年移居北海道。在新开拓地佐吕间的建筑热潮中，片山旅馆也热热闹闹地聚集了从各地集合而来的木工、牛马贩子与商人。伊七本人也当过开拓地农民，后来转为经营建筑业，并以建筑业所得资金兴建了旅馆。伊七的妻子小千代则担任旅馆的经营者。

雄次在 1914 年 12 月，与片山旅馆的长女芳江再婚。结婚时雄次 32 岁，芳江时年 18。

听说芳江的双亲伊七与小千代当初很反对这桩婚事。因为片山家只有两个女儿，所以希望芳江能招赘一个女婿，日后可继承经营片山旅馆。现在芳江却想嫁给一个带着孩子四处漂流的 30 多岁的异乡男人，这实在不是什么太好的选择。最后的解决方法是，约定两人婚后生下的小孩中，长男可以作为小熊家的继承人，次男则必须成为片山家的养子。

话虽如此，后来雄次顺利出人头地，靠着代书业务获得了资产与人脉，当上了佐吕间"购买组合"的理事长，最终还成为北海道东部地区"产业组合"中具有相当权势的人。

所谓的"产业组合"，是在政策层面上为了帮助小户农家对抗贫困而成立的协同组织。《产业组合法》于 1900 年立法后，农村便成立了农业性的、都会则成立了消费性的"购买组合"或"产业组合"。这些便是现在日本"农业协同组合"与"生活协同组合"的起源。由农政官僚柳田国男推动，为了拯救农村脱离贫困而采用"产业组合"为施政手段的事迹，至今仍颇为人称道。

雄次与芳江夫妇，共育有三男三女。男孩们起名辉一、政一与谦二，女孩们则是光子、泰子与秀子。现年 88 岁的谦二说明如下：

> 长男与次男的名字，是由冈山的战国大名"池田辉政"的名字中各取一字而成，而谦二的谦字，则是由新潟的战国大名"上杉谦信"而来。冈山是片山家的故乡，新潟是小熊家的故乡。辉一是小熊家的长男，政一是片山家的长男，谦二则是小熊家的次男。如果又生了四男，大概名字就会叫作"小熊信三"吧。当时庶民百姓的命名方法，大概就是这种样子。毕竟不管是父亲还是外祖父，都只有小学教育[1]程度。

在这些孩子当中，长女光子出生后大约一个月便死亡，剩下的五人当中，如后述，其中两人在 20 岁左右都死于疾病。

1923 年，片山伊七与小千代放手旅馆生意，前往东京经商。放弃的理由不明，但根据谦二的说法，似乎是因为伊七的建筑事业失败，背负了什么欺诈的罪名，所以才被迫离开的。

1930 年前后，谦二的母亲芳江染上结核病，1932 年 7 月病逝，享年 35。当时结核病还属于没有治疗方法的绝症。

患病的原因是过度劳动与营养不足。在没有家用电器产品的年代，生产与养育六个孩子是莫大的负担。芳江的母亲小千代事后回忆："芳（芳江）告诉我：'妈，最近我觉得身体好疲惫。'那是让她生了六个小孩，还过劳操持家务之故。"对此，谦二则表示：

1　明治维新至"二战"前日本学制之一，相当于小学后期至初中二年级阶段，1941 年改为初中。——译注

　　父亲雄次大概认为自己让太太过度操劳，因而导致了她的死亡吧。不过当时的日本，大家都处于过劳状态，要以此责怪父亲，其实也不太公允。加上父亲长期过着贫困的生活，即便累积了一些声望，似乎也从来没想过可以雇个帮佣来帮忙。

　　即便芳江生病，雄次仍忙于事业，完全没有余裕照料孩子们。雄次在芳江过世后又有了第三次婚姻，后逐个将孩子们送往住在东京的伊七处所。大概是判断自己在佐吕间既无庞大产业，而"产业组合"中的职缺又有限，如果让孩子们留在当地，往后大概不是变成农民就是从事畜牧业，与其如此，还不如将他们送往东京。

　　首先是在1931年把高等小学校毕业的长男辉一送往东京，隔年连刚进小学的谦二也去了；稍后政一与泰子也被送往东京，最后只有幺女秀子留在佐吕间。雄次好像与片山夫妻达成了协议，由雄次寄养育费到东京，让片山夫妇抚育这些孩子们。

　　他们被送到东京时，正值20世纪20年代到30年代，日本经历了第一次世界大战后的经济增长与衰退，市场经济正式渗透到社会各阶层，而金融贸易也进入国际化的时期。一方面来说，可以看到都会区中产阶级市民抬头，成为日后消费文化的起源；但从另一方面来看，这个时期也发生了农村人口急速外流、都市人口大量膨胀的状况。"农业组合"与"购买组合"也是因都市与地方贫困不安定，以及出现贫富差距问题为背景而兴起的。这些状况正预告了战争与革命的时代即将到来。

二、谦二的小学记忆

谦二还住在佐吕间时，就几乎没有任何关于母亲的记忆。从他懂事起，母亲已经结核病发，被隔离疗养。在谦二的记忆中，只有似乎是母亲的女性坐在廊缘上的身姿这样模糊的印象，而父亲总是忙于事业，几乎没有父子共处或受父亲照顾的记忆。

1932 年，外祖母小千代终于来到佐吕间，她是为了女儿临终的照护与其后的丧礼，以及带走谦二而来的。

当时年仅 6 岁的谦二，对自己要被送往东京一事完全不知情，说自己"带着好像要去远足般的轻松心情"。日后听小千代说，当时搭公车从佐吕间前往火车站途中，谦二曾说了句"还是别去了吧"，让小千代感到相当困扰。至于初次到达东京的印象，则是"总之是人很多的地方"。

外祖父片山伊七在东京市杉并区高圆寺的蚕丝试验场（现在的"蚕丝之森公园"）附近，经营一家糕点店。对于前来东京却既无学历又无技能的人而言，许多人都选择经营零售商店。糕点店是其中最不需要技能的商店之一。

在这个时代，还没有政府认定的调理师证照，所以可以自由开业。但也因为如此，离开农村来都市创业的人口过多，零售商店也过度密集。20 世纪 30 年代初，东京市内平均每 16 户就有一家糕点店，每 23 户就有一家米行。经营状态也同样不稳定，同一时期浦和市的小商店，平均营业年限为一年十一个月，即便是闹区银座，也仅有四年左右。

根据谦二的回忆，片山伊七是一位"干练的人"。虽历经了开拓地农民、建筑业、旅馆业后，来到东京，但他完全没有学过如何

谦二实岁 6 岁，母亲芳江刚在这一年的 7 月病逝（1932
年 8 月中旬摄）

制作糕点。除了在高圆寺租屋处自制豆沙包外，伊七也从锦丝町的
糕点批发商购入糖饴与馅子玉等便宜点心，陈列于店头售卖。年幼
的谦二也曾数度跟着伊七前往批发商那里。附有抽奖的点心则是附
近孩童最喜欢的人气商品。

　　伊七他们一家租住的房屋是一栋两层楼的房舍，隔成两户租给
两家商店。以现代的词语来说明，两户都是楼中楼那样的形式。面
对一楼入口的是大约三叠（三张榻榻米）大小的店面，并排着批来

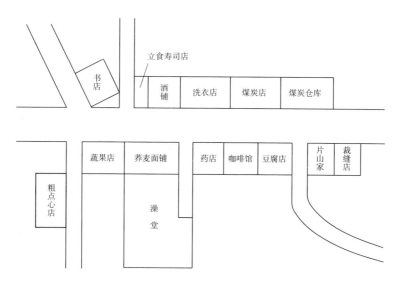

高圆寺自家周边

的糕点。接着以日式拉门隔开，后方是六叠（六张榻榻米）大小的起居间和三叠的厨房，再往里走就是伊七增建的工作间，可在此蒸豆沙包。二楼有晾衣台与店铺看板，一样隔为三叠与六叠两房。

在这个租屋中，先被送到东京来的长男辉一睡在二楼，一楼则睡着外祖父母与幼小的谦二。家具大概只有橱柜，不过伊七颇喜好新奇的产品，听说1934年前后，家中就有了收音机。

大约10户共用一管自来水，要向管理人借钥匙才能打开。洗衣服则靠1877年出生的小千代以大脸盆手洗，但因家务劳动颇多，所以大概是四至五天才会换洗一次内衣。要等到进入经济高度发展期，洗衣机普及以后，日本的庶民才开始每天更换内衣。洗澡则是每隔四五天才到附近的钱汤去一次。

饮食方面"只要有米饭与带有咸味的东西就可凑合上一餐"，大概都以腌渍物与米饭为主。谦二回忆说："大约三天吃一次鱼，

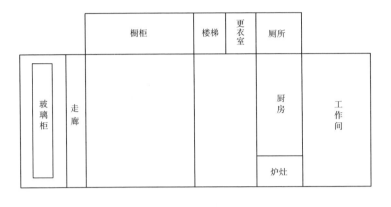

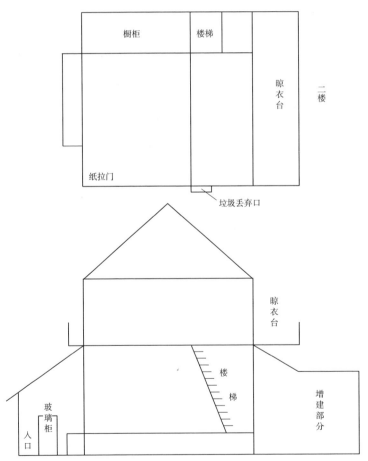

高圆寺住宅格局

但几乎没有吃肉的记忆。"因为物流不发达，鱼肉多为晒过的鱼干，鲜鱼大概只有沙丁鱼，而且并不真的新鲜。

一个月不见得能吃上一次肉，而且大多以猪肉为主。偶尔得到一只鸡，就会与左邻右舍分享。宰好的生鲜鸡肉，在没有冰箱的社会，分享是保存鲜度的最有效方法。蔬菜是在附近的蔬果店购买，鱼或肉则到蚕丝试验场附近的市场购买。小千代平时忙于家务，完全没有时间烹煮精致的料理。

根据谦二的说法，当时家境"大概恩格尔系数达到60%吧"[1]，即便如此，"也有自来水，饮食感觉比在佐吕间还来得好"。小熊家在佐吕间已经处于上层阶级的位置了，即便如此仍感到上述东京生活状况优于佐吕间，由此可以看出当时城乡的巨大差距。

顺带一提，佐吕间村是一个面海的行政区域，但当时缺乏将鱼运入内陆的物流手段，所以谦二不记得在佐吕间曾吃过新鲜鱼肉。当时的佐吕间也没有自行车，人力以外的输送手段就是马或马橇，但马需要饲养，也须雇用马夫，相当耗费成本。要以这种手段将鲜鱼运到佐吕间，价格必定奇高无比，以佐吕间居民的收入，大概不会有人购买，因此更无鱼肉流通。

租下他们隔壁房舍的一家人是西服裁缝师。附近的居民包括片山家，日常穿着上，女性是和服，男性是工作服和和服。不过男性为了参加婚丧喜庆，会备有一套西装。当时鲜少事先做好可挂在店面任人选购的"吊挂成衣"，大部分都得靠裁缝师。根据谦二的说法，当时仍穿着普通内裤，"兜裆布是征兵体检与入伍后才被命令穿着的"。

---

1 恩格尔系数60%，表示收入的六成都花费于饮食，属于极度贫困状态。——译注

邻居裁缝师养有六个孩子，生活似乎也非常辛苦。这一家人原本住在东京东部一个叫作深川的下町（现在的江东区深川），关东大地震后才移居到现在的处所。当时的东京庶民一般都是租屋而居，许多人居住的下町在地震中被烧毁，也有不少人移居到东京西部的世田谷或杉并等农村地带。

根据谦二的回忆，他家附近就是一个小商店街。街上有蔬果店、豆腐店、煤炭店、药店、澡堂等等，大部分都是卖日常用品的商店，不过也有洗衣店、寿司店、咖啡馆、书店等。这个时期，除了如片山家开业的这种零售商店外，由于要到东京市中心上班的中产阶级上班族也开始住在高圆寺周边，所以洗衣店、咖啡馆等就是为了服务这些中产阶层的客户开设的。

谦二自己说，因为片山家本身不是中产阶级，所以没利用过洗衣店，也不曾在寿司店吃过一餐。

　　当时的庶民，既没有年金制度也没有健康保险，为了给生病或老年生活做准备，都省吃俭用地存钱。店里的出纳与家计状况都由我外祖父（伊七）记录，每到夜里就会问外祖母（小千代）："今天在什么地方花了什么钱啊？"当时的小银行数量比现在多上许多，家附近就有中野银行、不动银行等等。老居民之间，则还有互助会的习惯。

根据谦二的回忆，当时附近的农地也在逐渐消失，其上不断盖起新的房屋。1922 年，日本国有铁道正式在高圆寺设站启用，加上连接新宿与荻洼的西武轨道也开通（"二战"之后变成都电杉并线，后与地下铁丸之内线竞争，1963 年此路线废止），因此，到市中心上班的人们便不断移居到这些郊外住宅区。

　　当时的高圆寺一带混居着好几个类型的人，一是像隔壁裁缝师一家那样，因为地震，房屋被烧毁，从东京东部转来此处者；二是像片山家一样出身于全国各地，移入东京的人；三是到东京市中心上班的中产阶级，因此人口也急速地膨胀。本来这个区域过去属于东京府丰多摩郡，谦二移居过来的1932年，刚好遇到市郡合并，此地被编入东京市，改制为杉并区。

　　顺带一提，附近的咖啡馆，白天会提供咖喱饭与炸猪排饭等所谓的"洋食"，所以小千代管它叫"洋食屋"。一到夜里，会有两三名女服务生端酒出来服务。当时还是小学生的谦二，曾经偷偷掀开店门口的遮布，向内窥探——店内装饰着人造樱花，在彩色灯泡照耀下的昏暗店内，可以看到女服务生与顾客们。

　　住处旁有主要干道青梅街道，附近其他道路的宽度大概都只能勉强供两轮的人力板车通过。当时马路上跑的有自行车、人力拖车、公车巴士、有轨电车等等，偶尔也会有大卡车通过。

　　私人轿车尚未普及，出租车也几乎都是左驾的外国汽车，由驾驶员与揽客员两人一组共同做生意，驾驶慢慢开着车，揽客员与路旁行人搭腔聊天，招揽顾客乘车。日语称为"大八车"的多人拉的大板车大多被单人的人力拉车取代，当时已经不常见到，但听说日本快要战败，对都会居民执行强制疏散的时期，却不知从哪里又冒出了令人讶异的大量"大八车"，被人们拉着满街跑。

　　在谦二的记忆里，伊七的身影从未出现在集会或社区大会等居民组织上。谦二说不知道是否因为该地区属于新兴区域，"所以还没有出现类似居民组织的团体"。

　　1925年，日本施行《普通选举法》，伊七身为25岁以上男性，按理应该也有参政权，但谦二完全不记得伊七去投过票，或者被特定候选人拉票的情形。谦二只依稀记得 1935 年左右，看过大规模拒绝买票与贿赂的"选举肃正"活动，并依稀记得那些标语。

谦二来到东京时，长男辉一已经 15 岁，比起谦二，看起来已经是个小大人了。辉一在伊七的手下帮忙买卖，大概两年之后便在被称为"大中野市场"的中野公营市场里开店卖天妇罗。不过这并非料理餐饮店，而是为来公营市场购物的妇人们（也就是"上班族""商店主人""临时雇员"的"太太"或"饭店女老板"们）——提供炸好的天妇罗这一家常的晚餐配菜。

伊七把辉一放在自己身旁，让他学习商人该理解的知识，希望借此帮助他往后能够自立。根据谦二的说法："不管是父亲雄次或者是外祖父伊七，当时的庶民百姓，完全没有让孩子接受教育的想法。心中单纯的考虑就是该如何让孩子学会养活自己而已。"

中野公营市场面朝着西武铁道路线的"登记所前"站。谦二说："入口处有糕饼点心店与药店，市场内有天妇罗店、酒铺、蔬果店、陈列裁缝工具的日用杂货店等，各式各样的店铺，足以应付各种需求。入口处有类似阳台的夹层，每个月 1 日与 15 日的促销日，会有扮装艺人在上面敲锣打鼓促销。"

西武铁道路线沿着青梅街道通过，马路对面有一处叫作中野新桥的"三业地"。艺伎中介屋、包厢茶室、日本料理餐馆（料亭）等，集中了这些需要向政府申请营业许可才得以开业的"三业"店家，成为娱乐街区。"有钱人来找艺伎饮酒作乐，那边属于另一个世界。"

辉一经营天妇罗店的公营市场，由当时的地方政府所设置。现在发展中国家也能看到许多类似的市场形式，由公家机关提供建筑物，让小商店聚集开业。日本各地都还保留着这类市场，特别是冲

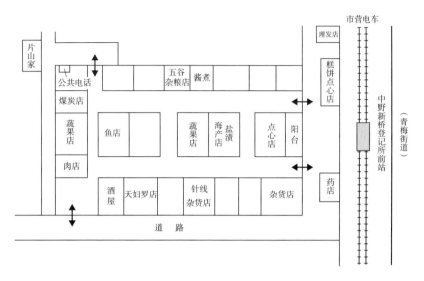

中野公营市场格局

绳的那霸市牧志公营市场最具名气。

　　由个别零售商店销售给个别消费者的经营形态，往往无法与大资本进行对抗，小商店经常处于经营不稳定的状态，很容易发生非法销售或者价格大幅波动的情形。特别在 1918 年，因为发生"米骚动"，稻米价格暴涨，进而引发都市居民暴动，事件之后如何稳定商业买卖的价格，变成政府的重要课题。在这个背景下，公家机关带头领导，试图让商人们达成共识，并且在"米骚动"的隔年，在东京的六个处所设立公营市场。辉一开天妇罗店的中野公营市场，正是这项政策的一环。这与农村的"产业组合"一样，都是通过引导大家相互协调，获得一致共识，从而实现市场秩序稳定的一种尝试。

　　同样属于这种协同一致尝试的另一种形式就是城镇商店街。距离片山家最近的车站是西武线山谷站（现在的丸之内线东高圆寺站附近），车站附近就有名为"共荣会市场"的商店街，街道上方搭有可遮风避雨的拱顶。街道宽度可让行人通过，两侧都是一楼为店面、二楼为住家的住商混合店铺，林立着鱼店、蔬果店、针线杂货铺等商家。当时的东京，零售商店的店家们为了与百货公司对抗，也出现过联合出资搭设拱廊街道、共同筹组商店街的案例。

依据谦二的回忆，经营天妇罗店的辉一，拥有庶民的开朗性格。他参加了由公营市场青年们组成的棒球队，还留下了穿着棒球制服的照片。此外，在高圆寺举办盂兰盆会舞时，他还会在临时搭建的高台上，配合《东京舞曲》的祭典音乐，负责敲打太鼓。

谱于1932年的《丸之内舞曲》，隔年更改标题与歌词成为《东京舞曲》，并录制成唱片发行，成为东京的"当地歌谣"。

根据谦二的说法："对隔壁裁缝师一家这种土生土长的东京人而言，一边唱《东京舞曲》，一边跳纳凉舞蹈，实在充满了乡下人的俗气感，他们其实很看不起这种活动。这种祭典会风行起来，或许也说明了东京市内已经聚集了许多来自全国各地的人了吧。"

1932年7月，从佐吕间被带来东京的谦二转学进入杉并区第三小学校，成为一年级学生。小学内男女分班，每一学年四个班级当中，两班为男学生，由男老师指导；两班为女学生，由女老师指导。谦二也买了日式的双肩背书包，但其实是里面夹着厚纸板、外面包上人造皮的产品。

学校的班级里混有零售商店、工匠职人、临时雇佣等家庭背景的孩子们，当然还有被称为"月薪族"的中产阶级的小孩。在谦二的记忆里，同学中已经没有父母亲是农民的人了。至于"月薪族"学生所占的比例：

穿着棒球制服的辉一（中间）

记得不是很清楚，大概有四成吧。若能对照毕业纪念册，光看服装与脸孔就可以分辨出来。

当时的学校，不像今天这样采取平等主义。我到毕业为止，从来没参加过才艺表演会。担纲演出的大抵都是"月薪族"的孩子们。现在的话都是全班学生共同分配任务，当时却没有这种考量。戏剧演出是为了让地方上有权势的来宾观看，而非给自己双亲参观。何况自己的外祖父母都忙于工作，原本就不可能来参加这种表演活动。

大概是五年级的时候，孩子们在校园内玩耍后去洗脸，只有"月薪族"的孩子们才拿得出手帕擦手。路过的女老师不假思索脱口而出："某某君很有教养噢。"而我们这些非中阶级的孩子们也只是想着"有手帕就是好的吗"，其实也没什么自卑感。

临时雇佣或摆地摊的家庭，比起片山家这种开店铺的零售商人家更贫穷。谦二也曾看过摊贩的孩子们跟着双亲一起拉人力拖车的场景。隔壁裁缝师一家人原来居住在深川的老家，附近有许多朝鲜人，是"二战"之前唯一有朝鲜人当选众议员的地区。不过居住在高圆寺的谦二，却没有见过朝鲜人或中国人的印象。

没有店铺的地摊商人，沿着附近的青梅街道，每逢周末就摆摊成为夜市。周末以外的时间，就去应聘临时雇佣赚钱。这些摊贩们靠着一张嘴叫卖香蕉或者钢笔，边拍着摊位木板助威边叫卖，叫卖方式如下："来喔来喔，这钢笔，因为工厂遭火灾，抢救时半路掉进水沟泡了水，卖相看来不好，实际上是货真价实的高级品。买到赚到喔！"

"因为大家都还是孩子，所以同学们对双亲职业上的阶级差异，并不太在意。"虽说如此，但商人及工匠职人的孩子们并不与"月薪族"的孩子一起玩。谦二与家中经营小商店的孩子们玩在一块，一起打陀螺或玩"啪叽"（一种旧时供儿童玩乐用的纸牌），也会玩一种叫作"水雷舰长"的战争游戏。玩耍的场地不是在弃耕后尚未盖上新住宅的"空地"，就是在自行车无法通过的商店街内侧巷子里。

伊七与小千代叫谦二时都只喊"谦"，听起来好像很怜爱这孩子，但其实因为工作与家务繁忙，根本没时间照料小孩。如果老缠着外祖父母，就会被骂"烦人"而被赶到外头去，放学回家也没在读书，只是忙着和附近的孩子们玩耍。

小孩子们会以五年级学生为领袖形成集团，以周围 100 米内的方形区块为"地盘"，一群孩子就在此范围内玩耍。如果迷路跑出自己的"地盘"，就会被隔壁"地盘"的孩子集体驱逐。所以即便父母亲没有照看着自己的孩子，较年长的孩子也会监督自己集团的

前排由左至右为外祖父片山（57 岁）、谦二（满 8 岁）、
政一（16 岁），后排为辉一（18 岁）（1934 年 9 月 1 日摄）

成员，不至于出现被孤立、独自在街上徘徊的状况。而六年级以上
的学童，会自然离开这群孩子，开始为今后独立工作进行准备。

　　"月薪族"阶层的孩子们，往往可以让父母为自己购买《少年
俱乐部》之类的杂志，而商人与工匠职人的孩子们就只能轮流传阅。
谦二与隔壁裁缝师家的男孩一起与"家中有气派大门，父亲工作是
买卖股票的男孩"成为好友，这个好友会唆使自己父母为他买书或
杂志，他们就轮流阅读。谦二除了购买自身必要的物品之外，几乎
没有任何零用钱，也从未自己买过书本。

谦二（左）摄于杉并第三小学运动会

"月薪族"阶级的孩子之间虽然也会有所交流，但光是居家的形式就截然不同。商人的住处往往店面后方就是起居间。"'月薪族'的家庭，房屋会有围墙、大门与玄关，自己家中也有浴室，孩子们也具有较好的教养。"

好不容易盼到巡回来到附近的纸戏说书人，谦二说："纸戏大概都是一次讲三个故事，开头是搞笑漫画，接着是悲剧式的少女故事，第三个就是类似'少年老虎'与'黄金蝙蝠'等动作戏的故事。"

伊七与小千代都喜欢看戏，也曾为了看歌舞伎，把谦二一起带到数寄屋桥附近看表演。在杉并线山谷站附近的共荣会市场中，有一处叫作"光风亭"的小戏馆，也兼有寄席表演[1]，外祖父母会带着谦二，到这个戏馆去看侠义英雄的武打戏剧。另外也曾经带着谦二搭杉并线去新宿的伊势丹百货。

　　除此之外的娱乐就是电影了。在中野闹区的锅谷横町有一家叫作城西馆的电影院，属于松竹电影系统；另外还有一家城西馆电影院，属于日活电影系统。外祖父母也喜欢看电影，经常带着谦二前去观赏。因为当时没有针对儿童拍摄的电影，所以谦二跟着外祖父母去看了由当年大众小说《人妻椿》改编而成的电影[2]。随着电影的普及，电影院逐渐取代郊区的剧场，就连共荣会市场的"光风亭"也于1937年前后改名为"光风电影剧场"，成为播放电影的戏院。

　　小学生时代的其他娱乐，便是附近神社的祭典："当戴着阿龟与火男[3]跳舞的祭神音乐响起，神社也会开办夜市。平常并不会去神社参拜，但有夜市时就会跑去玩。当时与现在不同，孩子晚上能出去玩的地方，只有神社祭典的夜市。"

　　可是，像这样都会底层的庶民生活，也随着战争的脚步声逐渐产生了变化。

三、升学时代来临

　　谦二进入小学的前一年——1931年9月——中国东北发生了

1　传统曲艺或说书、讲相声等表演。——译注
2　小岛政次郎撰写的《人妻椿》，1935年连载于《主妇之友》杂志，1936年被松竹电影公司改编成电影。(本书脚注如无特别说明皆为原注)
3　阿龟是高颊凹鼻的女面具，火男是歪嘴的男面具。——译注

"九一八事变"。当他转入杉并区的小学时，孩童们之间正流行着"肉弹三勇士"[1]这个词汇。大家传阅的书籍大多是类似山中峰太郎的《亚细亚的曙光》，或平田晋策的《昭和游击队》这种书。

虽然如此，"当初的战争，并非如往后那样荒唐无稽"，根据谦二的说法："战争变得诡谲，是从中日战争爆发之后开始的。"

例如 1932 年 5 月号《少年俱乐部》杂志刊登了一篇由军事评论家平田晋策撰写的战局推演文章，题名为《日美如果发生战争》。[2]当这篇文章以单行本出版后，谦二也向同学借来阅读，内容是根据日本与美国之国力、军事力，以及当时两国的基本战略计划为基础，推估未来将会在西太平洋地区发生会战。但到了 1941 年夏天，偶尔读到的一篇战局推演文章，内容却写着日军在美国西岸登陆，并且攻陷美国首都华盛顿。

1930 年前后，虽然开始强化爱国教育，但也没有往后几年那样的高压方式。虽然教育敕语[3]"重复不断，听到耳朵快长茧了"，教师也教导学童历代天皇的名号，但谦二只记得四五代天皇的名字，而且也不记得需要向"日之丸"国旗敬礼，或者得进行宫城遥拜[4]。

　　小学五年级还是六年级的时候，学校盖了收藏天皇照片"御真影"的奉安殿[5]。当时只是觉得"盖了一座好奇怪的建筑物啊"。

1　在上海 1932 年"一·二八事变"中，三名日军以爆破筒炸毁上海中国军队的铁丝网并且身亡，日本人称其为"肉弹三勇士"。——译注

2　平田晋策，《われ等若し戦はば》，《少年倶楽部》昭和 7 年 5 月号，1932 年。

3　天皇颁布的教育诏书，是日本"二战"前揭示教育基础理念的敕语。——译注

4　朝天皇居所方向行礼。——译注

5　天皇照片日文称"御真影"，"奉安殿"则是建于学校内、专门供奉"御真影"的建筑，外侧可防火，内里衬有高级木料，建筑结构非常扎实。——译注

至于上下学时得向校园中供奉天皇照片的奉安殿敬礼，是中日战争开始之后的事情。昭和十三年（1938）2月，小学六年级时参加了前往伊势神官的毕业旅行，记得搭火车很开心，其他就没留下什么印象了。

原本正月、纪元节、天长节、明治节等四大节日时，一定会举办仪式，由校长奉读教育敕语。奉读的时候，学生们必须低头列队聆听。当时的小孩经常流鼻涕，而且大部分人都没有带手帕或面纸的习惯，所以校长读教育敕语时，总是可以听到此起彼落吸鼻子的声音。

1936年2月，谦二小学四年级时，日本发生了"二二六事件"[1]。不过大家更有印象的，却是发生于同年5月的"阿部定事件"[2]，附近的大人小孩，大家都以此为话题。"局所"[3]这个词汇，也在孩童之间流行开来，虽然小孩根本不了解这个词汇的意思。

即便战争的脚步迫近，但庶民百姓的生活依然悠闲。甚至与1930年前后的不景气相比，"九一八事变"后出现的军需景气，反而促成了经济上的好转。

片山家也从这个景气中得到了好处。1932年，伊七从屯驻于中野的电信第一联队"酒保"中取得商机。所谓的"酒保"，是指军队内的贩卖部，士兵们休息时会到此处购买饮食，伊七不知从哪里获得了在此售卖豆沙包与乌龙面的权利。自家制的豆沙包拿来此地，

1　由日本青年军官中的皇道派发动的政变，号称要为天皇"清君侧"。事变失败后，军事大权落入统制派军人手中。——译注

2　女服务生阿部定与情人幽会，在性交中勒死男方，并切下男性生殖器后逃亡。——译注

3　此处指"阴部"，当时报纸以"局所"或"下腹部"等较隐晦的字眼表达。——译注

保证可以卖得出去。能够在公家部门做买卖，对零售业者来说是相当安定的差事。伊七还雇用了三个员工，为此扩大了事业。

另外在 1933 年，次男政一从佐吕间小学毕业，终于来到了东京的伊七身边。政一在陆军参谋本部陆地测量部 [1] 觅得"技手"一职。技手是由小学或者高等小学毕业生中招募而来，受聘者像徒弟一般，是一种培养下级军官的方式。虽然无法晋升到中坚干部以上的职位，却是相当安定的职业。至于政一是通过什么方法获得这个职缺，谦二说他也不清楚。

辉一与政一虽是兄弟，个性却迥然不同。辉一是庶民性格，相当开朗，对谦二而言是无话不说的好大哥。与此相对，政一就有点难以取悦，根据谦二的说法，是一位"有志于成为知识分子的人"。

依照谦二父母结婚时的约定，已经决定让次男政一成为片山家的养子，所以他的名字成为"片山政一"。不过讽刺的是，政一与辉一不同，他并不想成为商人。与完全不关心升学的伊七和辉一相反，政一进入陆地测量部，一边工作一边到中学夜校上课。

另一方面，辉一跟着喜欢围棋的伊七学下棋，政一则在夜校上课之余，自己独力学习棋谱，夜里一个人与自己下棋。日后谦二看到辉一的日记中写道："自己与政一宛如'水与油'一般，互不相容。"

两个人的差异，大概是因为原本的性格就不相同。但与从事零售商的辉一相对，政一在学历直接关系到薪资与职位的官僚组织中工作，这种不同的境遇多少也造成了影响。

1935 年，次女泰子从佐吕间的小学毕业，终于也来到了东京。泰子从杉并的高等小学毕业后，通过身为"产业组合"大佬的父亲

---

1 "二战"结束后改为国土地理院。

牵线，进入位于丸之内的农林中央全国组织任职，成为事务员。泰子个性温柔，一边工作，晚上也到女子商业学校上课。

如此乍看之下安定的生活，却在谦二升上小学四年级的 1935年被乌云笼罩。就在泰子来东京后没多久，长男辉一结核病发。

当时结核病尚无疗法，只能提供让病人静养与补充营养的处理方式。在还没有健康保险制度的那个时代，家中出现结核病患者，对庶民而言是相当大的负担。所幸，靠着雄次的经济能力，辉一得以进入江古田的疗养所，但辉一仍在 1937 年 8 月，满 20 岁这年过世了。

辉一死于结核病，或许与遗传自母亲的体质有关，但营养状况与都市环境也有影响。可是外祖父伊七却不这么想。伊七似乎认为辉一花费心神研究围棋到深夜，对他的健康造成了损害，因为这个理由，伊七非常后悔教辉一下围棋。伊七把自己的棋盘与棋子都送给了别人，此后再也不下围棋了。辉一的衣服等遗物，也全都被处理掉。

在辉一过世之前的 1937 年初夏，片山一家由高圆寺移居到中野区租屋。伊七在辞去"酒保"的工作后，为了接续辉一在中野公营市场经营的天妇罗店，因而迁居至此。为此，原本开在高圆寺的糕点店也关门了。开业之后经营了五年，在当时的零售商店来看，也算经营了相当长的一段时间。

中野的租屋是平房，有六叠的客厅与厨房，另外还有四叠半与三叠的两个隔间。大小其实与高圆寺一栋两户的房舍差不多，但厨房有瓦斯炉与自来水，比起旧屋有所改善。

在北海道干过建筑业的伊七，靠自己的力量扩建了这个家，另外设置了约八叠大小的工作间与浴室。他更发挥与生俱来的精明干练，在 58 岁之龄还掌握了如何炸天妇罗的技巧。八叠大小的工作间内有一个冰柜，可以放置炸天妇罗用的沙丁鱼和乌贼，冰柜使用的冰块则由卖冰的商家送来。

天妇罗店的日常经营状况如下：早上六点到七点之间起床，整个上午先在自家的工作间准备天妇罗的食材，也就是切菜、剖沙丁鱼拔骨等作业。接着将这些材料带到公营市场的店面，下午就在店铺炸熟，让傍晚来购物的顾客可以买到刚炸好的配菜。下午四五点炸天妇罗作业大致结束，之后便轮流看店。一边工作一边上夜校的政一与泰子，两人都很晚回家。因此全家人团聚共享晚餐的机会也非常少。

卖剩的天妇罗，隔天就在店面便宜出售。购买的顾客也都知道这是前一天卖剩的商品。当时货物流通不易，天妇罗用的沙丁鱼鲜度不高，据说事先拔骨时，骨头与鱼肉很容易分离。至于商品的品质，就由买方自行判断了。

政府方面的行政管理，对这些买卖也不至于太啰唆。某次，东京市保健卫生课的人员来到店面指导伊七，提醒说为了防止陈列于店面的天妇罗被掉落的灰尘污染，应该设置一个玻璃柜来盛放炸好的商品。但伊七抗辩说，将炸好的天妇罗放进玻璃柜，热气会充满整个柜子，顾客就看不到商品。从此之后就没有再接到任何管理方面的指导了。

售卖价格方面，蔬菜天妇罗每个日币一钱，沙丁鱼天妇罗每个两钱到三钱。因为单价便宜，所以若不准备足够多的数量就无法赚钱。公营市场并没有休市的日子，如果休息，就等于少去一天的收入，因此只有遇上私人婚丧等事宜才会休业一天。

移居中野后，小千代的外甥，当时16岁的时冈精也立刻来到东京。他住在片山家，并成为天妇罗店的雇员。

时冈生于小农家，只有小学毕业，但他自行购买市面上售卖的早稻田中学授课录，自学成才。当时失去辉一的小千代向时冈提议，请时冈到东京来一同居住，并且来做天妇罗店的店员，但一心想到东京求学的时冈，却对这样的提议不太感兴趣。时冈希望成为作家，撰写以农村为主题的小说，听说连轮流看店的空闲时间都会拿来写作。

移居中野后的 1937 年，谦二升上小学六年级。搬家后，谦二仍旧搭电车回杉并第三小学上课，是个毫不起眼的学生。成绩大约中等，并不擅长运动。既没有值得夸耀的特殊技能，对将来也没有特别的期望。在家也不太读书，与立志成为作家的时冈相反，只读过《怪杰黑头巾》[1] 这类作品。

雄次与伊七都认为，小学毕业后再让谦二读两年高等小学，之后便可以找工作赚钱。谦二本人也这么想。可是最后谦二竟成为兄弟姊妹中，第一个进入日间部中学就读的人。

就学的契机是次男政一。1937 年 10 月前后，政一告诉伊七："今后不就读日间部的学校是没出路的。"强力劝说让谦二升学。如前所述，政一担任陆地测量部的"技手"，在学历决定能否升迁的世界中，一边工作，一边上中学夜间部。

想要进入不属义务教育的旧制中学就读，必须负担不少费用。1929 年时，小学教员的月薪是 46 日元，而东京市立中学在这一年的入学学费，光基本所需的直接费用就要 146 日元 19 钱。即便考试合格入学了，也有许多人因为经济上的问题而中途退学。即便升学到这个层级，除了进入政府或大企业的极小部分人员以外，这学历在其他职场中几乎没有什么作用。只读过小学、靠着自己白手起家的伊七或雄次会认为升学只是浪费金钱与时间，也并非毫无道理。

1　高垣眸著，1935 年发表的青少年豪杰小说，后数度被改编成电影与电视剧。——译注

但是，时代正在遽变。在 1937 年这个时点上，中等教育的升学率有 13%，只看旧制中学则有 7% 的升学率，不过都会区域的升学率却猛然上窜。在谦二的记忆中，杉并第三小学的同学们，从五年级左右就开始准备升学考试，同学年的学生有近半数都准备升学。

造成这种情况的背景，是战争所带来的景气促使军需产业抬头，日本经济的重工业、化学工业随之发展。白领阶级的学历与职位升迁息息相关，而随着白领阶级雇用数量的提升，能够筹措学费的工薪阶层也开始增加。今天的谦二也说："伴随升学率的提升，在东京，连像我这种成绩不佳又没有清晰人生目标的孩子，也能够升学了。时代已经逐渐走到必须继续升学的阶段了。"

伊七接受了政一的建议，与雄次商量，让雄次提供学费。虽然说这段时期经济景气，但只依靠伊七的经济实力，断不可能供应谦二升学所需的费用。在谦二的记忆中，同学年的升学班学生中，"月薪族"的孩子们占了大多数。

就这样决定了让谦二继续升学，但他开始准备升学考试已经是六年级的 11 月份暨第二学期即将结束的时候。升上六年级后，准备升学的学生坐到教室黑板的正前方，不升学的学生就被安排到教室两旁的位置，升学组每天下课后还有两到三个小时的补习授课。

谦二也参加了补习，但与早就参加的学生们相较，程度差距颇大。国文课姑且不论，算术课还有特殊的"鸡兔同笼"问题，以他的程度根本无法应付。

最后谦二报考了"早稻田实业学校"[1]。因为周围的优秀儿童大多瞄准东京师范中学（现在的筑波大学附属中学）或府立六中（新

1　简称"早实"。实业学校类似职业技术体系学校。——译注

宿高中）那种学校，谦二怎么看也考不进这些学校，所以干脆报考"早实"："当时的早实只是间职业技术学校。外祖父也认为，既然是商人的孩子，进早实其实也是适合的选择。"

结果，谦二成功考上了早实。可是："入学后一看，明明是职业技术学校，却没几个学生想钻研职业技术。几乎绝大部分的学生都跟自己一样，缺乏明确的人生目标，只是程度刚好到这里，便考了进来。"谦二从中野搭西武杉并线到新宿，开始了早实的走读时光。

接下来暂时持续了一阵平稳的日子。与同学一起到神宫球场看东京六所大学的棒球联赛、出外远足踏青等等。到中学三年级时，谦二喜欢上了西洋电影，每周两次，前往新宿的二番馆，看过《望乡》《午夜花的世界》[1]等电影。谦二进入中学后依然不太爱读书，每当想成为作家的时冈拜托谦二针对自己写的小说给予评论时，他就回答："我只能帮你抓抓错字而已。"不过他逐渐也开始关心报纸上的国际新闻，甚至会注意西班牙内战的消息。

可是，大家以为很快就能获胜的对中战争，却一直没有结束的迹象。最初只是看到新闻报导时会略感焦躁，但随着时间推移，战争终于给日常生活带来了负面的影响。

四、走向统制经济与爱国教育

根据谦二的说法，日常生活发生变化的第一个征兆，是从 1938 年开始，街头逐渐看不到出租车。在此之前，为了能够买到更新鲜

---

1 《望乡》（*Pépée Le Moko*），1937 年法国导演朱利安·杜维威尔（Julien Duvivier）的作品，又译《逃犯贝贝》。《午夜花的世界》（*Too Hot to Handle*），1938 年美国导演杰克·康威（Jack Conway）之作品。——译注

的鱼来炸天妇罗，伊七还会与公营市场的鱼贩合搭一辆出租车去筑地市场买鱼。不过，从这年 5 月起，随着施行《国家总动员法》，汽油也改为配给制，没有"切符"（即油票，政府公认的购买许可证明）便无法购得。

汽油售卖的管制，对天妇罗店造成了直接的影响。公营市场的店铺并没有接瓦斯管，所以炸鱼时使用的燃料就是汽油。无奈之下，伊七勉强改用焦炭来生火，但焦炭火力不仅弱，而且点火后还得一直注意不让火熄灭，使用起来非常辛苦。

军需景气与物资不足造成了通货膨胀，1939 年 10 月，日本政府公布了《价格等统制令》。除了政府规定的约 10 万种商品的公定价格外，只能由"业者组合"商议并通过官方许可设定协定价格，贩卖者不得自行设定价格。这个政策导致了物资流通的停滞，谦二还记得，1939 年后半，连炸天妇罗的油与鱼，都变得难以购得。

公营市场在统制经济之下沉寂。但另一方面，与公营市场隔街相对的中野新桥娱乐街区，却聚集着发了战争财来此找艺伎饮酒作乐的人们，呈现出一段时期的繁荣景象。

　　昭和十三年（1938），市场门前的西武铁路线车站名称，由原来的"登记所前"改为"中野新桥通"。听外祖父说，对面的娱乐街区因为"战争景气"，攒了一笔权利金付给西武铁道，所以才改成他们街区的名称。

谦二周围街道的商店，连红豆汤都买不到。同年 11 月，配给制度在全国施行，连木炭、衣服、稻米等日用品也都开始实行配给。

伴随战争的长期化，计划性配给也逐渐失去功能。因为物资本身不足,加上汽油也不够,物流体系陷入停滞状态。随着时间的推移,就算持有配给票或米谷存折,到配给所却无物可供配给,这样的事情频频发生。

1939 年秋天,外国进口米开始出现在日本人的餐桌上。第二次世界大战前,日本并未实现国产稻米完全自给,对都会区的下层民众而言,食用从朝鲜、中国及台湾地区进口的米,是极其普通的事情。可是从这年起,输入的米粮不足,日本甚至开始进口东南亚的长米。

日本政府从该年开始发出《白米禁止令》,禁止贩卖去除 70%以上杂质的精米,并奖励食用芋头等"代用食"。

同时,管制经济的基层组织,也就是各种"组合",也随之集结而成。如果不加入区域性的"菜肴天妇罗组合"(属于餐厅系统的"料理餐馆天妇罗组合"则另有组织),就无法取得食用油与燃料。加入这些"组合"的商店,原本都是敌对的竞争商家,现在却变成不共同加入便无法维持营业。

到了 1940 年 6 月,东京等六大都市,连砂糖与火柴都引入了配给制度。各种物资的票券就等同购入许可证明,但仍得自备购入费。

另外,家庭消费方面,如果不加入"町内会"或"邻组",就无法获得配给。对伊七他们而言,这是他们在东京首次体验到被编入町内会组织的感觉。

但与实际家户数相比,配给量往往不足,而且也发生许多需要的物资无法取得、却配给了不需要的物资的供需失衡状况。外祖母小千代会前往"邻组长"家的集会,转达附近居民们的各种不满。1941 年,稻米实行配给制,人们也开始食用小米与麦子。谦二说:"对庶民而言,比起关心战争输赢的新闻,这些日常所需带给人们的冲击更大。"

伊七的老家虽在冈山，但因运输力不足，加上主要谷物类都被纳入国家经济管制，所以无法请老家寄来粮食。老家能寄来的，顶多就是一些杂粮食物。

糖类与汽油等稀少物资会优先送给军队。都会区除了粮食不足，也缺乏运输能力，各地方的物产往往只能留在产地，无法流通。当物资分配不平均时又导入了管制经济，必然会造成"拉关系"与"黑市买卖"横行。当时以"闇值"这个词汇，来指以管制外的高价格进行买卖，而这个词汇大概从1939年前后开始广为流传，与公定价格的走向不同，"闇值"呈现出剧烈的通货膨胀状态。

战争当中与战争结束后不同，战前仍觉得以"闇值"买卖东西是有违道德的，因此不敢明目张胆地干。但实际上，通过邻组长或组合长，物品仍以高价在黑市中流通，或者"有头有脸的人物"会出面，大肆进行物资买卖。这种情况更招来人们的强烈不满，街头巷尾甚至流传着"这世道有星星（陆军）有船锚（海军）有关系就有头有脸，只有笨蛋们才需要排队"这样的川柳[1]。

　　虽说只要有米谷存折就能够买米，但稍后去米店，店家却推托说我不认识你，所以无法卖米给你。街上四处贴满了"浪费是大敌"的标语，但暗地里却有人能够四处钻营。"有头有脸"与人际关系变成社会上最重要的事情，虽然物资不足很苦，但这种窘迫的身心状态与各种不公平，更被大众所讨厌。

依据谦二的记忆，附近居民对战争的反应大概都很冷淡。即便

1　日本的讽刺短歌。——译注

有邻组或者町内会组织，也仅是传阅一下"回览板"[1]应付一下，几乎没有人认真地进行什么活动。1937年12月，日军攻陷南京时虽然举行了"提灯笼游行"大会，而且是由在乡军人会与町内会组织办理，但谦二周遭却无人参加。

高层扯了许多理由来告诫我们，但愈往底层传达，反应就愈冷淡。

到了1940年，开始了"新体制运动"与"宫城遥拜"等要求。电车通过半藏门时发生了这样的事情：乘务员宣布"现在通过宫城前"，接着电车乘客全部都行礼如仪，但站在背对宫城那排电车吊环下的乘客，因为车内太挤无法动弹，只好以屁股朝着宫城行礼。这种形式上的东西，大家都没当一回事，逐渐地就自然消失了。

能够听到的战争新闻，都只有战胜的消息。在学校里，当攻下南京、侵攻武汉时，就会在教室内挂着的地图上，于该地区插上一支小旗子。可是，不管插上多少旗子，战争总是不结束。

"菜肴天妇罗组合"这方面，过了半年到一年，也就停摆了。到了1940年中，即便通过"组合"订购，也买不到燃料或食材，伊七在当年底，不得不关闭了天妇罗店。

因为无法取得物品，越来越多商店都处于虽然开店但实际停业的状况。附近还能正常开张的，大概只有卖棕刷与扫帚等

1　传阅的板报。——译注

物品的杂货店。想上街吃顿饭几乎不可能。一听到消息说哪里的商店进货了，大家的眼睛瞬间都亮了起来。

在这种情况下，许多商店都倒闭了。除了粮食生产或贩卖生活必需品等，属于国民生活不可或缺产业的劳工之外，其他劳工都被迫转换至军需产业，劳动力重新配置。受到这种冲击，高圆寺附近的咖啡馆与洗衣店等，原本服务都市中产阶级的服务业商店都消失了。隔壁的西服裁缝店也已倒闭，得靠着长大成人的孩子们去工作，才能维持全家生计。

根据 1941 年 12 月发布的《企业许可令》，所有的民间事业都采许可制，任何企业都必须获得政府认可，1942 年 5 月依据《企业整备令》这则行政命令，展开对企业的整理合并。这些条例不断被引入民众生活中，其结果造成非军需企业不是转业就是倒闭，而财阀系统的军需企业，则朝着整并与统合迈进。1942 年 4 月发布《金融事业整备令》，打着"一县一行"的口号，各地方为数众多的银行都被大银行吸收整并。片山家附近的小银行，也在这个时期消失了。

随着社会上的这些变化，片山家也不断遭遇不幸。1939 年末，在陆地测量部任职的次男政一，因为脑瘤而倒下。政一入院与病魔缠斗了约半年，于 1940 年 6 月过世，年仅 21。当时中学三年级的谦二，与比他大一岁的姊姊泰子，为此落泪哀伤不已。

为了埋葬政一，伊七于 1940 年 7 月在东京多摩灵园建了"片山家"墓。多摩灵园最初是东京市公园科因应东京人口膨胀而设立的规划性墓园，于 1923 年启用，其用地跨越现在的府中市与小金井市。伊七拉了两位一样从北海道移居到东京的朋友，大家一起在规划区内购买了使用许可。在这个陵园内，日后也陆续安置了在中

谦二满 16 岁，外祖母小千代 64 岁（1941 年夏天摄于
冈山）

日战争中战死的士兵与军官的坟墓。

　　或许因为失去了两个哥哥，剩下的姊姊泰子对谦二更加疼爱。
可是隔年的 1941 年 3 月，换成泰子结核病发。差不多在同一时期，
某日谦二一如往常从早实下课回家时，刚收掉天妇罗店生意的伊七，
突然脑中风倒下了。

　　片山家狭小的租屋中，躺下了泰子与伊七两个病人。伊七虽然
留下右半身麻痹的症状，但总算捡回一命。但是泰子病情逐渐恶化，
1941 年 10 月，便以 19 岁之龄过世了。

从佐吕间送来东京的兄妹四人中，三个人都病死了。一边工作一边到学校夜间部上课，加上战争体制下的营养不足与生活不安定等，都可能是造成他们死亡的原因。"哥哥与姊姊接连过世，我也思考着不知何时会轮到自己。果真如此，那外祖父母应该是最难过的。"

可是，生于明治九年（1876）的伊七，虽然女儿留下的子女接连死亡、自己也因中风而半身不遂，但他从来没有狂乱或哭泣过。

> 大概认为在孩子面前，不应该表现出这种态度吧，外祖父一直都隐忍着。外祖母多少有些抱怨，但外祖父总斥责外祖母："抱怨这些无济于事的事情，还是于事无补啊！"

担任天妇罗店的店员，与片山家一同居住、立志成为作家的时冈精，也因为结核病倒下。他来东京后有一阵子身体状况不佳，医生诊断是患了胸膜炎，他照样继续工作。天妇罗店关闭之后，时冈为了征兵体检回到冈山老家，在体检时才发现自己染上结核病。当时的征兵军官对着因结核病而体检不合格的时冈破口大骂："因为你是不忠者（所以才患结核病）！"他就这样留在冈山老家，到1944年夏天也过世了。

此后，家中就只剩下65岁的伊七与64岁的小千代，以及16岁的谦二。能够帮忙赚钱的帮手全都过世了，天妇罗店也不得不关闭，这一家人就靠着伊七做生意赚来的存款，以及雄次送来的生活费勉强糊口。

谦二就读的中学里也发生了一些变化。1937年展开"国民精神总动员运动"。"之后的一年左右，各种口号开始变多，1939年左右起，空气中的氛围逐渐改变。"

即便如此，在谦二中学二年级左右，旧制中学内部仍然留有一些自由空间。国语教师针对日俄战争中的乃木希典大将，曾说："乃木先生在日本被描述得很伟大，但在外国，特别英国等国家，则被批判身为军人却因为自己统帅能力不足，造成大量士兵牺牲。"等于间接地进行了批判。贸易课程的教师，总是穿着和服，经常闲聊，批评时局。1939 年 9 月，第二次世界大战的欧洲战场开打，谦二说："听来感觉好像事不关己。"

不过到了 1940 年德国战胜法国后，"不落人后的风气逐渐增强"。同时，学校中也开始受到国民精神总动员的影响。

谦二也参加了现今称为社团的活动，那是只有四名团员的商业经营部，但从这年开始，文科社团的人被命令全部都得转到体育性社团。无奈之下，谦二只好选了看来最轻松的篮球部，但他一次都没去参加过，为此还被校方叫去，吃了两记耳光作为处罚。

战争愈是进行，就离生活与经济现况愈远，空洞的口号与精神主义四处横行。1941 年，早实的班级名称由原来的"ABCD"变更为"忠孝信义"。社团原本称什么"部"，因为这个词来自英文的"俱乐部"，此后也改为军队式的"班"。

总是穿着国民服[1]的公民课教师，授课时只是重复不断说明要对天皇竭尽忠诚之心，最后甚至获得一个风评："大家都说在他的考卷答案最后，只要加上'天皇陛下万岁'就可以拿到满分。"每周有两小时的军事训练课程，谦二的朋友只因为在训练教科书上蒙上了精美的书套，分配到校园授课的预备役军官便感到欢喜不已，为

1　所谓"国民服"，是依照 1940 年《国民服令》规定制作，类似军服设计的男性标准服装。

此就给了谦二的朋友很高的成绩。

谦二喜欢的西洋电影，也受到国家管制的影响。1941年11月首映的《华府风云》（*Mr. Smith Goes to Washington*）是最后一部美国电影，此后便禁止进口美国片，可放映的西洋片只剩下以前进口的法国电影或德国电影。由于这些旧电影胶卷被四处传递播放，画面毁损得相当严重，胶卷断片再重接也不在话下，因此经常出现故事跳接的状况。

姊姊泰子过世后一个多月的12月8日，谦二在家中准备上学时，从广播中听到公告：偷袭珍珠港成功。美日战争正式爆发。

五、战时就职

谦二在美日开战当天到早实上课，公民课教师穿着往常的国民服，满脸笑容地进入教室，说了句："干得好啊！"学生稍微附和一下，他便一直兴高采烈的样子。之后，昭和天皇的《宣战诏敕》被报导出来，这名教师立刻到校园里大喊万岁。

但是大部分的教师都表现得相当平静。特别一名叫作塩清的贸易课程教师，当时课堂上有学生提问"为何九军神只有九个人"，他直截了当地回答："啊，那是因为一个人被俘虏了。"

偷袭珍珠港时，日本从接近夏威夷的航空母舰上派出了五艘续航距离短、每艘只能乘坐二人的袖珍潜舰进行攻击。因为派出的这十人都没能返航，所以报导时强调他们是不抱生还期望、勇敢出击的"九军神"。可是"九个人"这个没头没脑的数字，让中学生们不由得心生疑问，所以才有人提出上述的问题。但当时被俘这种事情，都被当作一种不可告人的禁忌，因此塩清教师如此直截了当的回答，反而让学生们大吃一惊，谦二的朋友甚至喃喃地说：“老师这样回答，不会出问题吧？”

这位叫作盐清的贸易课程教师曾撰写过股票投资的书籍，是土生土长的东京人。如前所述，他总是穿着和服，绝对不穿国民服之类的服装。或许他从经济指数上早就看出这场战争是没有胜算的。谦二回想，这位教师曾说，“我讲课的内容你们终究会遗忘。比起这个，我的杂谈闲聊反而还会留在你们心中”，因此总是在教室中闲谈与评论时事。

这位老师的杂谈之中，特别让谦二印象深刻的是“报纸得从下方的栏位读起”这句话。因为战争时期实行言论管制，报纸版面中这些跃然纸上的标题，每则都想强调日本与德国的胜利。但是，如果“依照盐清老师建议的方式”阅读，就会看到不同的面向。

　　　国际版特别是如此。报纸上方栏位所看到的大标题，写着德国胜利的消息。可是，底下不起眼之处，却小小地写着对德国不利的消息。大概记者们也想通过这样的方式来传达真实的报导吧。老师告诉大家：“要读懂新闻内在的真实，不要被新闻牵着鼻子走。”这样的习惯，我之后一直记在脑子里。

这位盐清老师，在谦二毕业后的 1943 年夏天，辞去了早实的工作。辞职的原因是——与派到学校负责军事教育的军官们有着紧密关系的“教练班”学生爬到“相扑班”视为神圣场所的相扑土俵（比赛时的圆形擂台）上，两班学生起了冲突，“相扑班”的学生被当成“主谋”，遭受处罚，学生们因为不满这样的处置，发起了罢课行动。

"教练班"的学生们倚仗着学校教官的权威，一副唯我独尊旁若无人的样子，以前就曾引起其他学生的不满。学生们看守住从车站前往学校的上学路段，呼吁大家不要去上课，发起罢课活动，最终，事态竟然发展到没半个人去上学的状况。

战争期间发生这种特殊的情况，让学校教官们震怒不已，他们认为这是因为早实还残留着"自由主义风气"，并且在一连串反击罢课的手段中一并清算塩清老师，结果逼着塩清老师辞去教师职务。

太平洋战争开战后半年左右，官方持续发布着日军胜利的消息。但 1942 年 4 月，东京首次遭遇空袭。美国海军的航空母舰钻过了大意的日军警戒网，接近东京近海，并派出了双引擎轰炸机队。

这次空袭以轰炸机队指挥官杜立德中校之名命名，被称为"杜立德空袭"（Doolittle Raid），共有 16 架轰炸机攻击了东京、名古屋、大阪、横须贺等地的军事设施。其中负责攻击东京赤羽第一陆军造兵厂的飞机误炸了早稻田中学与早稻田实业，造成了两名早稻田中学的学生死亡。

当天是星期六，谦二刚好轮值担任扫除，早实下课后他仍留校打扫。十二点半左右，突然发出了惊人的声响，震波冲击之下全校的玻璃窗都碎了。但很幸运的，直接打中校舍的燃烧弹并未爆炸，只撞穿了二楼天花板，然后卡在一楼天花板与二楼地板之间，就这么停了下来。附近的医院也因空袭发生火灾，包含谦二在内的早实学生们，都跑去协助患者避难，帮忙撤出医院物资。

> 炸弹直接打中校舍时，我人在一楼，幸好只是吓了一跳，逃过一劫。如果炸弹爆炸，大概就死掉了吧。因为谁都没想到会真的发生空袭，所以也没有发出任何警报。结果第二天变成

过度反应，敌机根本没来，却从一早就响起警戒警报，甚至还发出了空袭警报。

这次的空袭与隔年的正式轰炸相比，规模还算小，但仍造成87名日本人死亡，466人受伤，262户房舍遭毁损。比起实际受害，心理上受到的震动更加强烈。

"竟然让帝都遭受空袭！"海军极为重视此次袭击，认为应该加强警戒范围，进而强行攻击中途岛，但日本海军反而在中途岛海战中失去四艘航空母舰，吃了个大败仗。当局隐瞒事实真相，只公布了日军被击沉一艘航空母舰、一艘受损严重，但早实的学生中也传出了"其实好像被击沉了两艘航空母舰"的谣言。

1942年12月，比原来的旧制中学五年课程缩短了一年三个月，谦二从早实"提早毕业"了。国家为了确保劳动力与兵力，开始执行缩短学业期限的政策。在毕业典礼上，从校长到诸位老师，几乎都没人讲任何鼓舞大家的豪言壮语。

毕业后的谦二，于1943年1月进入"富士通信机制造"任职。该公司的前身是"富士电机制造"，是由德国的西门子公司与古河电机工业两家企业合并而来，其中通信机部门在1935年切割独立出来，成为富士通信机。

当时的富士通信机，属于军需产业的新锐企业。提早毕业的谦二等人，与其他因为转业或倒闭而被转职到军需产业的零售业者们一起，在征兵年龄之前被分配到这家公司。谦二原本也没有自觉已经被分配到军需产业里：

　　招聘启事送到学校后，我也没有考虑太多，朋友说了句"能去这公司不也挺好"，我就去应征，而且也被录用了。同期进入公司的约有20人，其中12人是早实毕业的，而且有五个人都是提早毕业班的学生。可以说糊里糊涂地被好友带进公司。录取之后还因为上下班距离远而有点后悔。

不过，发生这种状况的背后，仍然有国家政策的影响。中日交战之后，因为劳动力不足与劳动力再分配之故，过去由市村町等地方行政单位经营的职业介绍所，从1938年7月开始便全部移交国营，企业的招聘活动或送达学校的招聘启事，也都在国家的管控之下。

随着国家接手管理劳动力分配，政府于1939年3月发布《赁金统制令》（薪资统管令）。这是为了避免员工自军需产业离职，以及防止因劳动力不足与物资管制造成薪资与物价交互螺旋上涨的状况。最初适用的对象是军需相关、拥有50名以上从业人员的矿工事业所。1940年10月第二次改正法令后，几乎所有产业的事业所，只要拥有10名以上从业人员，都有向国家提出给薪规则的义务。1940年1月，为了调度军事费用，模仿纳粹德国的制度，开始施行自"事业者"[1]直接征收税金，称为"就源征收"的制度。

依据《赁金统制令》的规定，谦二初次任职的薪水，与就职企业无关，中学毕业的月薪就是42日元，第二年起调升至45日元。因为政治管制的原因，这种相同学历就给予相同薪资的"官厅型系统"，从过往就广被民间采用。每个月得到会计科去领取月薪现金袋，不必打卡，只要申请就会发给加班费，但谦二说在他周遭几乎没有因为想要加班费而留下工作的人。

1　包括自然人与法人。——译注

富士通信机的职场位于京滨工业地带，神奈川县南武线的武藏中原站是最近的车站。在早实学过贸易与初级会计的谦二被分配到财务部会计主管的手下，在邻接制作交换机与通信机器工厂旁的事务楼上班。

在事务楼中工作的人被称为"职员"，另一方面，工厂的从业人员就被称为"工员"，分成熟练的工人"职工"，以及高等小学校毕业、从各地方前来的"幼年工"，都在工厂内上班。事务楼的职员是月薪制，工厂的工员则为日薪制。

虽然富士通电信机不至于如此，但当时许多企业的职员与工员不仅薪资有差别，甚至连进公司使用的大门都不同。日本战败之后，废除"职工差别"成为日本劳工运动的重大课题。

根据谦二的说法，事务楼的职员组成大致可以分成三类：由大学出身的人担任干部职员，类似谦二这种中学出身的是事务职员，另外还有高等女学校出身的女子职员，比例上大概各占三分之一。财务部的部长是东大毕业，会计科的主管则是庆应大学毕业。谦二说："我自己穿的衣服，就只有这么一套万年国民服，到公司之后只是把上衣换成事务工作服。大学毕业的那群人，每个都穿着西装。"

因为是军需产业，陆军与海军的监督官各自有自己的办公室。"军人们不懂实际业务，我想应该只是形式上的监督，不过公司的干部为了让他们开心，经常会去嘘寒问暖。"像这样的官民勾结，成为军需物资横流黑市的温床，同时，也成为"二战"结束后人民与"监督官厅"[1]间关系的基础。

谦二现在成为片山家唯一正在赚钱的人。赚来的薪水全部都交

1　对各种行业各自具有监督权的政府主管机关。——译注

给伊七。原本就不在脸上表露情感的伊七，对于谦二可以开始赚钱
一事，从他脸上照样还是读不出开心的样子。

就这样，谦二成为片山家与小熊家中，第一个"中学毕业的月
薪族"。早上6点40分起床，带着外祖母小千代做的便当出门，每
天搭乘电车、转乘一个多小时，过着上班的生活。伊七与小千代，
从六岁起就一直以昵称"谦"来叫唤这个唯一平安成长的孙子，对
他怜爱有加。

谦二身为一位事务员，表现十分优秀，工作也处理得相当稳妥。
如果从西伯利亚回来后，没被富士通信机赶走的话，战争结束后或
许也会继续"上班族生活"。可是因为征兵之故，这种公司员工生
活也只持续了不到两年的时间。

六、我出发了

谦二开始就职于富士通信机的1943年1月，日军已经由瓜达
尔卡纳尔岛（Guadalcanal）撤退了。这次撤退的公开说法是"转进"。
就算是年仅17岁的谦二，也觉得这是个"诡异的词汇"。广播上的
评论家们也这么说："转进实在是很好的一个词。要是没通过升学
考试，就转进其他学校吧。"

这一年的5月，阿图岛（Attu Island）守军全数被歼灭，官方
公开说法为"玉碎"。从夏天开始，谦二自家附近，开始陆陆续续
有一些家庭收到装有战死于南方的丈夫遗骨的小木箱，实际上许多
只是装着战死之地的沙子而已。他还留有当时某位遗孀带着三个小
孩回乡下的记忆。

大约同时期开始，附近的召集令也多了起来。不过，再也没见

到穿着烹饪服的爱国妇人会挥舞"日之丸"国旗送行的场面。

那种事情，在中日战争的时候还办过，到了太平洋战争开始后，就消失了。为了找寻粮食就得花上许多时间与劳力，大家已经没有那种余力，加上召集令也过多。先不说年轻现役士兵的送行场合，已经有相当人生经验的年长军人被召集时，即便举办盛大的欢送活动，本人与家人都不会开心。送行时如果哭泣，就会被骂是"非国民"，但即便不哭，也不代表人们是开心地送家人上战场。周遭的人们都了解这种状况，所以也不再办什么送行会了。

昭和十八年（1943）秋天起，大学文科生不能再缓征，经常可以看到学生们在车站喧嚣嘈杂。因为如果遭到征召，就得回到本籍地入伍，所以学生们会到车站欢送将搭车回本籍地的同学。从公司下班搭车通过新宿车站时，可以看到车站对面聚集了二三十个人围成一圈，或唱军歌，或唱些掺杂猥琐内容的民谣、艳曲，虚张声势地逞强喧闹。看起来弥漫着一股异样的气氛。

富士通信机公司里接到召集令的人也越来越多，最初公司还会举办壮行会，到1944年的后半几乎都不再举办了。地区的町内会活动等呈现低迷状态，防火演习也只是走走过场虚应了事。白天在家的女性会跑出来参与接力传递水桶的训练，但在上班的谦二则从未参加过这种演练。

随着物资调度越来越窘迫，配给米减少，麦子、小米、芋头等替代食品的比例随之增加，带有盐分咸味的东西就被当副食配菜，配着扒饭进食。精米被禁，政府宣传糙米更有营养，但直接吃的话

上方为 1943 年富士通信机为入伍员工办理送行会，下方为 1944 年下半年所摄，中央斜披带子的人就是出征者，公司员工已明显减少许多。两张照片的前排右二均为穿着国民服的谦二。

肚子又受不了，所以每家每户都准备了一升的酒瓶，放入糙米后，再插入棒子捣成精米。

特别是糖类，几乎处于完全缺乏的状态。谦二于 1944 年夏天，某日从富士通信机回家的路上，很稀奇地看到有人在卖刨冰，便与友人一同买来吃，虽然糖水在冰上染出了颜色，但吃来一点甜味都没有。即便如此，仍然从 45 日元的月薪中，掏出 50 钱买下一碗。以现在大学毕业生首次就业的平均薪水来换算，等于一碗刨冰大概要日币 2000 日元。那一年的秋天，谦二在新丸子的咖啡店还吃过干柿子，价格也同样是 50 钱。

物资流通受到管制，因此糖类或烟酒等非生活必需品，如果不靠关系就无法获得。军队还有配给糖类，所以如果有认识的人，还可以从这方面获得。1943 年夏天，通过附近熟人的关系，拿到了"真正的奈良渍（日本奈良风味的泡菜）"，谦二都还记得那时的感动。在新丸子吃到的干柿子，大概也是商店通过某些关系，偶然之下取得后拿出来销售的。

因为无法取得作为燃料的煤球，所以没办法在中野自己家的浴室烧水洗澡。附近的澡堂也是，因为燃料不足所以不再替换热水，晚上去洗澡时，热水都散发出一股恶臭。夏天用的衬衫也没有新品替换，破掉就以补丁缝上将就着穿。富士通信机的大学毕业职员，大概从 1944 年夏天开始也不再穿西装，换上了国民服、打上绑腿。

虽然生活上有不安与不满，但连表达的手段或余裕都缺乏。一方面谦二还没有参政权，另一方面谦二也不记得伊七是不是参与过选举投票。1942 年，"大政翼赞会"推荐候选人，是由政府拿出临时军事费充作选举资金，举行了所谓的"翼赞选举"，但谦二却不记得周遭有任何关于选举的话题。

另一方面，父亲雄次于 1942 年 9 月左右辞去了"北海道产业组合"的工作，回到故乡新潟。雄次在组合中获得相当的成就，借着"产业组合"的公事仍有机会来东京，一年可与谦二见上几次面。但是依据谦二的记忆，雄次辞职的理由似乎不太光彩。雄次信赖的一个部下在 1941 年挪用了组合的经费，而且被察觉，雄次只好以私人财产填补这个财务空缺，并且负起责任辞去组合的工作。

已经 60 岁的雄次，存了一笔在当时算相当充裕的存款，带着这笔钱回到老家新潟。但从战争时期开始一直到战争结束，飞快的通货膨胀早就让雄次这笔财产云消雾散。谦二如此说明：

> 　　当时，非官僚或高级军官的庶民，并没有所谓的年金制度。
> 所以工作期间必须尽量存钱，以备退休后的花销，大家都是如
> 此思考，我的外祖父与父亲也是如此。但却因为通膨，这种人
> 生规划全部破灭。父亲也是如此，如果知道日后会如此，当时
> 应该会决定继续留在北海道吧。可是，面临这种连国家都可能
> 随时破灭、如此大时代的变化，只有极少数的人能够妥善应对。
> 大部分人，都只能凭着过往经验来思考应该如何规划人生而已。

　　无法应对大时代的变化，任谁都是一样的。谦二与富士通信机
的同僚们，偶尔会谈起战争情势，大家都只停留在茫然描述自己带
着点希望的观察。

　　1944 年 7 月，塞班岛守军也"玉碎"了。从宣告"玉碎"的播
音员阴郁的声音中，可以感到已经发生了前所未有的事态。到这个
时候，大家终于察觉到敌人正在急速地接近东京。

　　如果照这个情况下去，美军以塞班岛为基地便可以空袭东京，
日本战败这件事，从理论上已经可以隐约地推测出来。可是"不管
是自己还是周遭的人，已经没有能力思考这样的状况了。失去思考
能力，又缺乏各种资讯，或许让大家都不愿去想结果了吧"。

　　报纸上一成不变地仍在报导各种充满希望的战况。塞班岛陷落
后，东条英机内阁虽然垮台，但"既没有内部资讯，大家都不知道
发生什么状况，所以也没留下深刻的印象"。

　　虽说如此，当时的报纸也不是全面性地只有迎合上面的报导。
《每日新闻》在 1944 年 2 月刊登了一整版以《要胜利或者灭亡，战

局终于走到这一步》与《拿竹矛抵抗已经跟不上时代了》为标题来解说战局的报导，促请转变作战方针。这则报导触怒了东条英机首相，事件甚至发展到对执笔的 37 岁记者处以惩罚性征兵的地步。

可是自己家中应该有拿到《每日新闻》的谦二却不记得有读过这篇报导："或许曾经读过，但当时为了筹吃的东西，已经耗费所有精力，完全没有余裕管其他事情。生活尚有余裕的上层，或许读了会有点什么想法吧。"

塞班岛失守后，为了对预期中的东京空袭有所准备，大家开始沿着青梅街道在人行步道上挖掘防空壕。虽说挖防空壕，也不过是在人行道上挖个能让人屈身进入的洞穴，平时就在上面盖上木板撒上土，只是这种程度的防御工事而已。

后来收到各家也要挖防空壕的通知，我们的住处是租来的，几乎没有庭院，因此也没有可挖掘的场所。没办法，只好把一楼起居间的地板掀起，在下面挖洞，如果真的遇到空袭，就把榻榻米与地板掀开，跳入洞中。可是，如果当时真的遭遇空袭，屋子被烧掉，跳进这种防空洞内，大概也会被烧死或闷死吧。空袭时会发生什么状况，大家都不清楚，上面的人下达的命令，大家都形式上应付一下，大概也就是这种程度而已。

1944 年 10 月，美军舰队接近台湾海面，日本的海军航空队发动总攻击。日军方面大概损失了 600 架飞机，整体航空战斗力遭到毁灭性的打击，而美军方面只有两艘巡洋舰严重毁损。但是大本营海军部却宣称击沉了 11 艘美军航空母舰，对于这个相隔许久的大胜仗，国内甚至还举办了提灯笼游行大会。

不过随后，已经被军方宣布击沉的美军舰队却出现在菲律宾海面上，美军登陆了莱特岛。日本政府与军方认为这是击灭美军的大好机会，呼吁进行"决战"。但出动的日军联合舰队在战斗中却一面倒地被美军击溃，增援的地面部队也因为补给断绝，几乎全数阵亡。

根据谦二的回忆，这时富士通信机的职场中也以战况作为话题。作为员工特殊配给的芋头辗转送抵事务楼，同僚们一同前往食用的时候，东大毕业当时约35岁的科长还说："我军是不是被美军设计陷害了？"

因为没想到大本营发表的战果是虚假的，所以才会猜测，是不是被美军的佯攻作战给骗了？大概是这样推测的吧。当时就连一般民众，也多少察觉了不自然之处。

自己既没有支持战争的自觉，也没有反对的想法。不知如何就随波逐流。虽然政府提说有重大战果，但局势反而更加恶化，总觉得非常诡异。但是没有深入追究的习惯，也没有可供探讨的资讯。像我们一般的普通人，大概都处于这种状况。

从莱特岛的战斗开始，航空部队便出现了"特攻"。谦二说：

在平民的立场上，既无法站在否定的立场，也无法站在肯定的一方。从搭上特攻飞机的人的心情来想，当然无法否定他们的报国心，但战况是否已经走到不这么做就毫无办法的地步，在这层意义上，也无法肯定这种战术。我自己因为受到盐清老师影响，报纸都习惯从下方栏位开始阅读，所以理解战况正在恶化。虽说如此，因为信息极度缺乏，所以也没办法具备准确的判断能力。

到了战争末期，战局开展十分迅速。从官方宣布上述"台湾冲航空战"获得重大胜利的报导后，大约经过了 10 天，11 月 1 日，东京上空就首次出现了 B-29 轰炸机。那是从塞班岛基地飞来的侦察机型，为了正式空袭做准备调查，因此只来了一架飞机。

B-29 轰炸机装备有加压舱与涡轮螺旋桨，在 1 万米高空高速飞行。与此相对，日军主力高射炮有效射程高度不过仅有 7000 米，战斗机虽然可以爬升到这种高度，但须耗时约一个钟头。B-29 轰炸机就在没有受到任何阻击的状况下，完成侦察任务返航。

那时候我正在富士通信机上班。当天天气晴朗，高空中一条白线似的飞机云前端，可以隐约看到 B-29 轰炸机。虽然发出空袭警报，但同僚们都跑到户外，抬头仰望天空。明明只有一架飞机，为何日本军队却没有任何迎击动作，大家在不可思议的心情下，茫然仰望。也有人说："为何不击落它？"但大多数人都失去思考未来情况的能力。虽然不至于相信"神州不灭"这种说法，但也没想过日本就要战败了。

1944 年 4 月，谦二也接受了征兵体检。结果是第二乙种体格，若是在平时，这是不会被征召的体格。但是，10 月 30 日刚满 19 岁的谦二，在 11 月 20 日收到了陆军寄来的入伍通知。

富士通信机的事务员们，已经陆续收到召集令，暗忖自己不知何时也该收到的谦二说："当时只是'啊，终于收到啦'的感觉。"

伊七与小千代，什么话都没说。

学历只有中学毕业的谦二，既没有像理工科学生般有免除征兵的方法，也不像大学生般会以海军预备学生资格被录用、当作军官来对待。除了被当作最底层的二等兵受征召之外，没有其他选择。

入伍通知命令谦二在五天之后的 11 月 25 日早上九点到世田谷区的驹泽练兵场（现在的驹泽公园）报到。谦二急急忙忙地打了通电报给在新潟的父亲雄次，之后就忙于整理自己的随身物品，连到附近与近邻打个照面的时间都没有。

为了领取入伍者的特别配给品，谦二拿着配给票前往配给所一次领回整套配给。配给品有"日之丸"国旗一面、五合瓶的日本酒（约 900 毫升）一瓶等等。已经到了这个时期，因为物资不足，连"日之丸"国旗都无法在市面上取得。

五合的酒，在早实的同年级朋友家中，几个人分着喝了。至于"日之丸"国旗，原本是在入伍时让亲友集体写下鼓励的话语，但谦二的周遭已经没有这种习惯。富士通信机也没有举行什么壮行会。"只有五天时间，不过就像平日一般度过而已。"谦二自己回想着说。

入营前一天的 11 月 24 日，88 架 B-29 轰炸机终于首次正式轰炸东京。他们轰炸完目标"中岛飞机武藏制作所"后，曳着飞机云通过了片山家的上空。谦二还记得整群的飞机云，让他奇妙地觉得"好美"。

11 月 25 日早晨终于来临。多云的天空下，中野的自家前，伊七与小千代以及雄次等，不到十名亲友来送谦二入伍。

附近的居民因畏惧空袭，且对一介青年入伍之事已经习以为常，根本没人关心。场面没有丝毫雄壮的气氛，连挂在身上欢送入伍者的布条都没有。穿着卡其色国民服的谦二，说出"我会堂堂为国尽忠"

这句应景般的招呼语后，转头跟外祖父母说："我出发了。"

这个时候外祖父伊七突然放声大哭。一起生活的三个外孙接二连三地病死，最后留下来的谦二就要被军队征召离去，而且恐怕没有什么生还的机会。不管是外孙们的死亡，还是商店倒闭，甚至连自己中风也都没一句抱怨，只是不断坚忍着的伊七，到这个时候终于忍不住大声哭了出来。

为入伍者送行时，家属哭泣这种事，是当时不可能看见的光景。外祖母小千代说了声："去吧，谦！"然后推着伊七回到家中。

谦二入伍后，他在中野生活时所住的房子，为了防止空袭时造成火灾蔓延，被列入街区整理标的，在日本政府的命令下拆毁了。1945年4月，伊七与小千代在强制疏散政策下，被迫回到出生地冈山县的某亲戚家里。赚来的存款因为通货膨胀而消失，只能住在农家庭院内的"土藏"[1]中勉强地过着生活。谦二与他们再次相逢，得等到他结束西伯利亚强制劳动拘留，终于返回日本的时候。那已经是四年后的事了。

---

1 筑有厚墙、外涂泥灰，防火防盗的日式仓库。——译注

第二章

前往战俘营

1944 年 11 月 25 日，小熊谦二以陆军二等兵的身份入伍，前往驻扎于东京都世田谷区驹泽的野战重炮兵第八联队兵营报到。兵营里入伍较久的老兵告诉他："这里只是暂时的宿舍，你们要去'满洲'。"

军队是另一个世界。换上军队发的军服后，除了内裤之外的私人衣物，都要交给家人带回。入伍几天后的探亲惜别日，新兵们一面把换下的私人衣物交给在兵营前空地等待的家人们，一面惜别。

谦二的父亲雄次与外祖父片山伊七都来了。外祖父自从脑梗塞之后，右半身便不太听使唤。谦二说他永远忘不了拖着右腿来送他的外祖父的身影。

父亲听到谦二得前往中国东北，立刻脱下自己的背心递给谦二。不过谦二告诉父亲，"我们禁止携带私人衣物"，拒绝了父亲的背心。在与父亲和外祖父最后的惜别中，谦二内心暗自落泪。

回到兵营，谦二等人于该处滞留数天后，12 月 3 日早上从涩谷站搭上火车，往西前进。四天之前的 11 月 29 日，东京首次遭到夜间空袭。

一、那种事我办得到吗？

谦二搭乘的军用列车，途中在名古屋接受了妇人会的茶水接待，稍后在深夜通过神户，12月4日抵达门司港。他们暂时在兵营中等待，12月8日登上货船，被送往朝鲜半岛的釜山。

在海上迎来12月8日的谦二，跟着大家在甲板上集合，见习军官站在甲板的最前端进行训示（类似精神训话）。偷袭珍珠港、发布日美宣战诏敕的12月8日，被称为"大诏奉戴日"，每年的这天各地都会举行训示，而今年则是最后一次的"大诏奉戴日"。"那个年轻的见习军官是运输指挥官。这个时期应该已经相当缺乏军官了。海面风浪大，船舰载沉载浮，见习军官也就跟着浮沉上下。训示时，光是要站着都很辛苦。"

谦二一行人于8日傍晚抵达釜山，在釜山港西边的学校中度过一晚，再搭上货运火车，继续前往中国东北。这些军用列车因为运输时刻表调度的关系，途中停下好几次，在车上睡了好几夜之后，大概在12月28日，谦二抵达了屯驻于牡丹江（现在的黑龙江省牡丹江市）的电信第十七联队。

与谦二一同受到征召的新兵们，大致来自福岛、新潟与宫城等地。父亲雄次仍把户籍的本籍登记在新潟，因此谦二的本籍地也是在新潟。旧日本军依照本籍所在地驻扎的联队实行部队征召，谦二本籍的新潟县新发田属于步兵第十六联队管辖，而此部队属第二师团所管，师团司令部设于仙台，因此福岛、宫城、新潟的新兵们都在一起。谦二说：

> 早实的同学们隔年都被东京的部队征召。与我同期进入富

新兵受训期间寄给父亲熊次的照片（1945 年 2 月摄于牡
丹江）

士通信机的"早实组"也是。他们留在本土，于极短的时间内，
为所谓的"本土决战准备"挖掘了许多防空洞，日本战败之后
便立刻返回故乡了。自己偶然地因为本籍地设在新潟，所以被
派到中国东北，日后又被扣留在西伯利亚。所谓人的命运，有
时候一点微小的差异就会造成重大区别。

　　入伍的时候，军队老兵告诉我："你们得去'满洲'。"并且
特地宣布："这些家伙很辛酸，先让他们去和家人道别。"原本
部队的调动目的地是军事机密，不应该告诉我们，可是面对着

我们这些 19 岁左右的新兵，大概是同情我们吧。毕竟老兵自己也是与家人分别，待在军队里面。

抵达牡丹江时，谦二等人只穿着军装，却没有配备枪支或其他装备。从东京的军营带来的，只有一个粗竹筒，上头命令以此代替饭盒与水壶。

抵达牡丹江时，我们脖子上用绳子挂着竹筒，当地老兵稀奇地看着我们，其中一个人还说："内地物资已经缺乏到这种程度了吗？"实际上，也正如他所说的，我们是只穿着军服、没有武器的集团。

谦二一行人被送到电信第十七联队，隶属屯驻于中国东北的关东军，是"第一方面军"的直辖部队。过往号称陆军最精锐部队的关东军，早已把精锐部队都调往南方战线，为了填补这些空缺，才补充第一年入伍的新兵，进行紧急的部队编成与训练。

在军队驻扎地，军官与士官们可以分配到个人房间，剩下的士兵则在被称为"内务班"的单位过着集体生活。会检查个人信件，也检查个人物品，除了在厕所之外没有个人隐私。平常内务班有十几名班兵，受新兵教育的"初年兵"与入伍较久的"老兵"比例大概是一比一；但大量动员的时候，新兵数量大为增加。谦二所属的电信第十七联队的中队，有五个"内务班"，里面大概有 150 名新兵。"精锐部队已经调往南方，关东军只剩下骨架。虽然我们不是年纪较大的召集兵，总还算是年轻现役兵，但类似我这种体质不佳的人很多。"

在谦二受到征召的 1944 年，连征兵体检时属于第三乙种体格者也被纳入征集对象，而且最高服役年龄由 40 岁提升至 45 岁，征召年龄则从 20 岁以上降低至 19 岁以上。谦二正是因为这项修正而被征召入伍。谦二所属的中队共有五个内务班，其中第四、第五班内以体格不佳的现役兵居多，谦二配置在第四班。

当时日本陆军入伍后，需要在内务班接受被称为"新兵教育"的新兵训练，然后根据在军队内的成绩与入营前的学历执行选兵，施行方式大致如下：

拥有中学毕业以上学历者，入营三个月后接受干部候补生考试，合格后即成为一等兵。接着再根据接下来三个月的勤务成绩，分成可升军官的"甲种干部候补生（甲干）"与可成为士官的"乙种干部候补生（乙干）"，入营满一年时各自就任所属军阶。

只有高等小学校或更低学历者，如在三个月新兵训练中表现优秀，可于"一选拔"成为一等兵。再过三个月的第二轮选拔中，优秀者会被拔擢为上等兵，打开自己晋升士官的大门。

在三个月后的新兵选拔中落选者，再过三个月可接受第二轮选拔，此时相当比例都可以升为一等兵。两次选拔都落选者，入伍一年后全部自动升为一等兵。但是执行勤务状况恶劣、被视为反抗上级命令者，之后就成为"万年一等兵"，永无升迁希望。军队除了是学历社会之外，同时也是竞争主义的社会。

谦二自中学毕业，所以拥有接受干部候补生考试的资格，他早在东京入伍的时候就已经被委托担任六名新兵的"指导"。谦二在富士通信机上班期间是个优秀的事务员，工作上也相当迅速勤快。

可是在中国东北时，因在严冬时期长时间坐车，他出现了严重的腹泻症状，体力非常差。

体力变差了之后，判断力也迟缓了，脑袋里面一片朦胧。虽然一开始就被派任"指导"任务，但自己接受命令时反应却非常迟缓，一点都不机灵，还犯了许多错。对军队而言，我就像毫无用处的豆腐渣一样。

谦二的勤务状态不佳，当三个月的新兵教育结束后，他仍参加了干部候补生的考试。每个中队都会派出几个人参与竞争，这也是原因之一。"参加干部候补考试的人，考试当天都前往联队本部，大家依照着成绩高低顺序，并排成四列纵队，我自己大概排在倒数第五个。"

谦二当然没有通过考试，成为被称为"干落（干部落选）"的人。六个月之后第二轮选拔他又落选，结果带着二等兵的身份迎向日本战败。两次考试都失败的人，大概只占全体的四分之一，算是相当糟糕的士兵。

负责训练新兵的，照理来说是下士班长，但实际情形却是由在军队时间较久的"老兵"君临一切。内务班的生活，从听到号音起床后，接着更衣、点名确认人数、用餐、训练、扫除、就寝等，都有一定的规定，只要动作迟钝，步枪保养得不好，或者单纯只是老兵心情不好，便会立刻遭到殴打。"没有一天不被打。状况糟到要计算这是自己今天第几次挨打了。"

老兵的殴打被称为"私人制裁"，军方当然是禁止的，但实际上这种状况却四处横行，这也反映出当时日本军的状况。

中日战争之前，只要服役两年便可退伍，但当时随着战事扩大，退伍变得相当困难，甚至出现许多"三年兵""四年兵"等。因为不知何时才能退伍，被困在内务班的这些老兵们开始变得狂妄，这种状况下，比起在意阶级，老兵之间形成更加重视年资的风气，这也是造成"学长们对学弟严苛训练"的原因之一。

根据谦二的说明："并非所有老兵都打人，但他们之中许多因为无法提升官阶而性格扭曲的人，动不动就揍新兵。对于迟迟无法晋阶的一等兵，我们都不称呼他们为一等兵，而叫老兵大人。"

1945 年 2 月底，军方发出禁止"私人制裁"的通告，但"二年兵、三年兵还是闹得很凶，虽然禁止了，却没什么效果"。战争扩大与战况恶化，也是造成"私人制裁"横行的原因之一，只靠形式上的通告无法达到任何遏止的效果。

让谦二印象深刻的，除了这种老兵对新兵的霸凌之外，问题更大的其实是日军的"形式主义"。他如此说明：

> 我们需要记诵一种叫作"典范令"的《步兵操典》与《作战要务令》，以及所谓的《军人敕谕》，而且必须一字一句完全按照原文背诵，至于是否理解内容，则完全不予考虑。老兵们说："军人应该遵守的有哪五项，都写在《军人敕谕》里，被问到的时候，不能回答'报告：是忠节、礼仪、武勇、信义、朴素五项'，而必须要按照原文背出'第一，军人须以尽忠节为本分；第二，军人应礼仪端正……'。"记录战斗要领的《步兵操典》中的"警戒四周"也不准说成"警戒周围"，所有都是形式主义，把上边交代的事项按完整的形式做出。

> 装备品方面，要以档案登载"额数"的部分非常啰嗦，但只要档案上形式完整，往后就不会出问题。在内务班内如果缺少备用品，便会产生责任问题，所以需要到其他中队偷来补齐额数，偷窃问题层出不穷。

例如，在日语称为"物干场"的晒衣场，除由新兵负责晾衣服之外，还得派出担任"物干场监视"的兵员，否则自家中队的衣物很容易遭他队窃走。吃完饭后洗餐具，万一餐具掉了千万不能就这么弯腰去捡，因为一弯腰，其他还放在洗手槽内的餐具就可能被偷走。为了防止这种状况发生，得先以脚踏住掉下去的餐具，等洗完餐具后，请附近的同伴帮忙看守，这时才能去捡拾。

我自己的汗衫也被偷过，最后靠老兵帮我偷了一件回来才得以应付过去。这些虽然称不上是大事，但也因此让人无暇思考。总之，只要不让上级来追究责任就好，满脑袋只能考虑这件事。

进入军队后，谦二也开始抽起配给的香烟。新兵几乎没有自由时间，在上厕所时抽根烟，是唯一能喘口气并不受责骂的时光。

新兵训练期间，谦二把自己的照片寄给父亲雄次。"当时的军队很重视表面功夫，新兵的时候必定得拍张照片寄回给家人，证明自己'精神鼓舞、勤勉军务'。而且因为有检查制度，所以没办法在信件中提起自己每天挨打。"伊七年纪已经大了，能够委托收取信件的只剩下雄次，因此军队寄出的信件都寄到雄次住处。

谦二受完三个月的新兵训练后，便被派驻到位于牡丹江西南约20千米处的宁安，分配在第二航空通信联队，该联队隶属于负责该区域的第二航空军，主要负责机场与飞机间的无线电通信，以及机场内外的地面通信等任务。

因为体力不佳导致成绩低下的谦二，仍然是二等兵的身份。东京入伍时与他一同担任新兵任务指导的同期，都已经成为干部候补生，这更让谦二倍感凄凉。在第二航空通信联队里，优秀人才都配

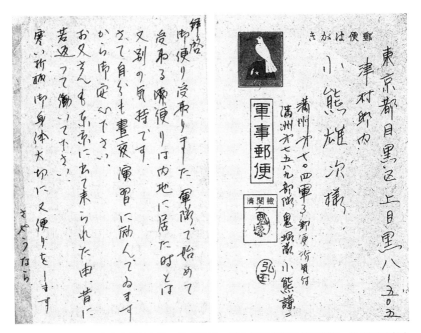

1945 年 2 月从中国东北寄给父亲雄二的明信片，因为军队有信件检查制度，只能书写定式化的内容，其中有"因为昼夜勤于演习，请勿挂心"的字句。

置在第一中队，谦二则配置在第八中队。

　　谦二被送往距离宁安火车站东部 2 公里位于原野中的兵营，火车站旁有座小型飞机场。经过三个月紧张不已的新兵教育期、令人眼花缭乱的繁忙之后，抵达宁安却突然有了大量空闲。他们这个区域已经没有飞机，通信联队几乎没有什么像样的工作需要处理。

　　我只看到过一次飞机。昭和二十年（1945）5 月左右，好不容易来了一架单引擎飞机，但立刻又起飞离开。就见过这么一次。因为不能让军队就晾在一旁随意玩耍，所以偶尔会派大家去机场做一些整备性的土木工作，其他时间几乎无事可干。另外也干点农活，或去采些可食用的野生灰菜。

就当我们每天过着闲晃的日子时，4月从其他中队送来了来自日本内地的新兵，又狠狠地训练了一段时期，我们也差不多，简直就像为了当俘虏才被送来一般。

第二航空通信联队的士兵虽然以正值役龄的年轻役男为主，但也有不少像谦二一般从日本内地调来补充的新兵。因为缺乏军官，原本需要大尉才能担任中队长，但谦二所属的第八中队则由受速成教育升上来的少尉担任。至于大队长，则征召已经退伍的军官再度"回锅"，是一位上了年纪的少佐。[1] "当我们从事农作时，曾经看过年纪一把的大队长骑马经过。只见过大队长这么一次，而联队长什么的，见都没见过。"

虽然受过暗号通信与卫生兵的初步训练，但没什么机会进行实际演练。受新兵训练时还有一把自己的步枪，但在第二航空通信联队，大概四五人才有一把步枪。配给我们的武器，只有一把被称为"牛蒡剑"的步枪刺刀。印象中从来没戴过钢盔。

新兵训练时有教导大家如何操枪，但从未做过射击训练，一直到战败之后都没有开枪的机会。谦二唯一的射击经验是在早实三年级时，当时作为中学教育的一环，有接受军事训练学习射击的义务，只限于那么一次。新兵禁止外出，连宁安附近的各种商店都没去过。既没去过慰安所，也完全没接触过中国人。

1　日本军衔中，"大尉"等同于他国的"上尉"，"少尉"同他国的"少尉"，少佐则为他国的"少校"。——编注

如前所述，关东军为了填补主力调往南方战线后的军力空缺，自 1945 年 1 月起新设了大量部队。大致是以现存部队的基础干部搭配日本内地调来的新兵与当地征召的老兵，补充成新编部队。不过从实际状态来看，装备与训练都十分缺乏。

谦二所属的第二航空通信联队是历史较久的部队，他们一方面送出基础干部，一方面也补充新兵，但实际状况就如上所述，即便战况逐渐迫近，他们却连挖掘战壕进行防卫的准备都不做，谦二认为这肇因于他们完全没受过较正规的训练，他说：

> 军队就是一种"公务机关"，上头交代编成部队，命令驻扎于此，便依令做成文件，如果没命令，便啥都不做。说穿了，新兵训练时如果不依照命令动作就会挨打，既没教大家要自己思考，也不期待我们思考。这种状态下如果敌人进攻，该如何应对，我们自然从未想过。

上面这段感想，在当时士兵的回忆录里经常出现。即便在塞班岛或莱特岛等激战的南方前线地区，敌人攻到眼前时也没做什么防卫准备，屯驻部队"无所事事"的例子层出不穷。谦二的处境，并非什么特殊的例外状况。

这期间，日军的战况持续恶化。菲律宾战线彻底崩毁，2 月是硫磺岛，4 月是冲绳本岛，美军陆续登陆。东京则在 3 月 10 日受到大规模空袭，造成了 10 万人死亡。

对于战争情势，一般士兵更没机会了解状况。1945 年 3 月，谦二从早实时期的同学处收到明信片，上面写着"最近舰载机在东京上空盘旋"。指的是 2 月 15 日美军以舰载机空袭东京一事。因为寄到军中的信件都必须通过检查，"在当时这算是很可能会被军方拦下没收的写法"。4 月时谦二收到另一封明信片，告知祖父伊七因为强制疏散而前往冈山。

自从分配到第二航空通信联队后，谦二多少有了点时间，可以前往"酒保"（贩卖部）读报纸。当时"酒保"已经没有食物，"顶多就卖点卫生纸而已"。好歹是中学毕业的谦二，总还能在"酒保"阅读些新闻内容。

但报纸上通篇写的都是日军在冲绳靠着特攻战术击沉敌方航空母舰与战舰的消息。日本战败之后才知道当时这些消息全是"说谎"，让谦二确实吃了一惊。

日军已经不能客观报导情势，即便谦二从中学时期便关注的国际新闻，也只优先报导对日本有利的部分。1945 年 7 月，英国保守党在下议院选举中输给工党，丘吉尔率领内阁总辞。这个时候第二航空通信联队的军官集合屋的前方黑板，也写上"丘吉尔内阁总辞"的大字。

3 月 10 日，东京大空袭，这天也是纪念日俄战争中奉天会战胜利的日本陆军纪念日，正在接受新兵训练的谦二等人，于礼堂中接受中队长的训示。毕业自陆军士官学校、已快 30 岁的大尉，告诉大家："我们在人生最后关头，绝不可成为'捕虏'，应该选择自杀。这种时候就带着手榴弹冲进敌阵中，尽量多带几个敌人一同上路。"顺带说明，日本的官方文书中虽然采用"俘虏"（Furyo）这个字眼，不过包括军队等大部分场合，一般都采用"捕虏"（Horyo）这个词汇。

即便如此，年仅 19 岁的谦二，仍缺乏客观判断当时情势的能力。对于自杀时带几个敌人上路这样的训示，他只能在回兵营的路上不断想着：

那种事我办得到吗？应该没办法吧。

成为俘虏就必须死，在这种大前提下，各种想法都卡在这点上。所以要么自杀，要么被敌人所杀，又或者带几个敌人一起上路等，只能在这几个想法上打转。

5月的时候，听到希特勒战死、德国投降的消息。希特勒实际上是自杀的，但当时德国政府发布新闻，说希特勒在总统官邸前与苏联军队交战时战死，传到谦二耳边的正是这条新闻。谦二对此的感想是："希特勒还算是个坚持理想、首尾一贯的人。"却没想过德国输了之后，日本将会如何。

7月26日，联合国发表要求日本无条件投降的《波茨坦公告》，谦二在"酒保"读到报纸报导，内心如此暗忖：

虽然是小篇幅的报导，不过仍记有可以保留日本原领土四个岛屿的字样。当时读了觉得"竟然可以保留中日甲午战争之前的领土，在这种条件下饶过日本啊"。连续几年不断听到"鬼畜美英""所有日本人都会被杀光"等宣传之后，他们竟然能留下日本这个国家，这种处置让人感到异样的宽大。

这种状态下，谦二的平稳日子在8月9日遭打破。这天天未亮，苏联军队就越过国境了。

二、没跟着原部队走是我的幸运

苏军带着压倒性的兵力进入。因为德国已经投降，苏军调度原本驻扎欧洲的兵力来到亚洲，集中了 158 万兵力，5556 辆坦克、自行火炮、3446 架飞机；相对于此，关东军只有约 70 万兵员，坦克与飞机合计不超过 200。

苏联的行动完全出乎关东军的意料之外。根据关东军高层的评估，苏联应已在欧洲战线上消耗许多军力，即便要发动作战，最快也得等到 9 月之后，慢则得等到第二年。即便如此，7 月 10 日起，关东军为了进一步扩充兵力，开始"彻底动员"25 万名居住于中国东北的日本人，但这也只是在名目上增加部队人数，其实这些人都没有适当的军备。

因为关东军中央没有预测到苏军进入，因此前线部队也未采取该有的战斗态势。到 8 月 3 日为止，前线部队已经传来苏军开始大规模集结的消息，但关东军中央仍未改变判断，其结果就是 8 月 9 日的行动对日军而言变成了一场奇袭。

这一天，谦二担任兵营的夜间守卫。清晨五点时，他结束了一个钟头的轮班，并对接下一班的人报备没有异常状况，然后便回到寝室，打算在起床号响起前稍微补觉。就在这个时候，喇叭突然响起。虽然这个响声其实是警告发生非常状态的喇叭声，但因为没人知道发生什么事，谦二仍以为这只是普通的起床号，大叫着："起床！"

被叫醒的班兵们也跟着吼："起床！"全员醒来后，准备一如往常到兵营前方列队接受点名，不过终于传来不准外出的命令。大家在营舍里等待时，才理解那是紧急号音。六点半左右，大家终于知道苏军已经进入。

过了许久，传来新的命令，要大家把粮秣与通信设备等物资都运到宁安车站去。处在最底层的士兵们也不会判断情势，就照着上头交代的命令开始行动。

部队的物资与装备，不管大小都塞到货车上。全体总动员，利用板车或人力搬送。军队里面严格要求"整齐秩序"，原本进入营舍内要换穿拖鞋，绝对禁止穿军靴踏入，但从 10 日开始大家都直接穿着军靴踩踏，能够感受到非常时期的一股紧迫气氛。

谦二等人受命搭上开往牡丹江的列车，时间已经来到 8 月 10 日的下午，关东军发出退至"南满洲"的命令。"有屋顶的火车货车上载满了物资，物资的上方再坐着士兵。我身上既没有步枪也没有头盔。干部们大概是搭乘客车车厢。"

火车来到牡丹江前，前方传来市区正遭受苏军攻击的讯息，列车便停了下来。谦二趁着火车停下时跳下货车观察状况，可以看到缓缓降低高度轰炸牡丹江的苏联军机。列车在空袭过后才驶入车站内，市区在雨水中燃烧，火焰将夜晚照得犹如白昼一般。

牡丹江约有 6 万名日本人居住，许多人都带着家眷挤到车站来想要避难。但日本军却完全没有让"地方人"——当时日本军方对民间人士的称法——搭上火车前往避难的想法。"至少我们搭的货车没有搭载任何避难民众。几乎所有的避难民众都被抛在车站，当时连考虑他们的想法都没有。"

当时的"满洲国"大概有 150 万日本人。关东军从最初便认为不可能阻挡苏军，计划一边撤退一边在朝鲜半岛边界前进行防卫作战。若事先通知日本侨民避难，退却的民众会让苏联察知日军的后退战术，因为这个理由，所以该想法未被采纳。事实上等于在战斗展开之前，就已经放弃保护日本侨民了。

苏军进入后，关东军虽曾运送日本人逃离，但实际上都以军人与官僚的家属优先。"满洲国"当时的"首都"新京（现在的长春市）约有

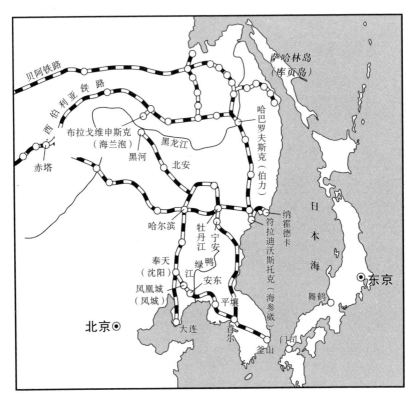

"满洲"铁道路线图

14 万名日本人，自 8 月 11 日凌晨至正午为止，发出 18 班列车，运出了
38,000 人，其中军人家属占了 20,310 人；大使馆相关家属 750 人；满铁
关系家族占了 16,700 人。[1] 简单地计算一下，其中一般市民还不满 300 人。

　　像牡丹江这类位于国境附近的城镇，因为状况更加急迫，详细
情形至今不明。牡丹江于 8 月 13 日遭苏军占领，发生了残杀日本
人的事件。住在牡丹江的作词家中西礼，以自己当时的体验为基础，

1　半藤一利，《ソ连が满洲に侵攻した夏》，文藝春秋，1999 年。

写了一本小说《赤月》，内容便提及军人及其眷属到车站搭乘特别
安排的列车逃离，而一般民众却不准搭乘这些班车。

谦二等人搭乘的军用列车，遵照关东军的指令，经由哈尔滨于
15 日抵达奉天（今辽宁省沈阳市）。他们虽然没有听到昭和天皇宣
告终战的"玉音放送"（《终战诏书》），但也听到日本投降的传言。
不过其他军官们矢口否认，"不可能发生这种事情"。

在这种情况下，谦二一行人在位于奉天与安东（今辽宁省丹东
市）之间的凤凰城（今辽宁省凤城市）等到 8 月 17 日。谦二从长
官处听到战败的消息，就是在这天。关于当时的感想，谦二如此说明：

> 听到通知时，不觉得日本战败了，感到一阵懊悔。不过大
> 约过了 20 分钟，内心开始想着："等等，这么一来我不就可以
> 回日本见家人了吗？"渐渐感到开心。这种心情不能表现出来，
> 只能沉默着，但大家内心都这么想。

除此之外谦二的另一个想法是，"哎呀呀，如此我就不用带着
万年一等兵的身份活下去了"。

> 当时日本的在乡军人会影响力庞大，在地方社会中，大家
> 仍相当看重从军时的军阶。特别是在农村，"那个人好像在'一
> 选拔'中就获选为上等兵，如果想要嫁新娘的话，果然还是要
> 选这种人啊"，大概就是这种调调。像自己这种劣等兵，即便退
> 伍回到日本，也只是"见不得人"的角色。现在日本战败了，
> 往后大概就不会有这种想法了吧。

当秩序激烈变化时，人们既无法预见将来，而且经年累月的思考模式也难以改变。从战败后的日本社会来看，预测今后无须背负"原劣等兵"身份便可活下去的安心感，只是延续"二战"前日本社会的思考方式来预测未来，既无法成立，预测也失准。

但另一方面，谦二在这个时间点上预测日本内部的军队型社会将会消失，则是正确的想法。当我们观察历史可以发现，庶民的判断往往会在细节上出现错误，但对整个大环境的判断却屡屡正确。

后来，谦二隶属的第八中队长、那位年轻少尉，于第二天中午试着以军刀切腹自杀，但却没能成功。人类腹部有脂肪堆积，刀其实不易通过，遑论要整个切开腹部。江户时代的切腹，只是形式上以刀刺向腹部后，立刻由介错人负责把切腹者的头砍下。不知道这种情况的年轻少尉，虽然试着切腹，结果只是负伤，而且花了两周才痊愈。

被告知日本战败后，谦二等人移动至鸭绿江河口北方的辽宁丹东，分散开来住宿。谦二他们住在当地日本居民的公司员工宿舍内，因为无事可做，只好与附近居民闲聊。从当地居民处，谦二才得知广岛与长崎遭原子弹轰炸，而日本联合舰队已经毁灭，只剩下"长门"等船舰。谦二听说原子弹具有惊人的破坏力，但并不十分理解情况究竟有多严重。

大家一直在员工宿舍等候，大约8月28日，日本军的长官下令，要大家把武器拿到宿舍一处缴交。谦二身上的武器只有一把刺刀，不过事实上这就是对日军的解除武装。

等待期间，中队本部发给士兵8月份的军饷。从军期间，士兵的军饷都以邮政储金的方式存入个人户头，随着邮局机能崩解，首度以现金方式发放。士兵们没事可干，便拿着领来的薪水向中国人买食物吃。"因为连储金簿都没看过，这时才知道自己的薪水是每个月 15 日元。因为军队也是行政机关，从薪资明细档案到中队长印章，连撤退时都带着一同离开驻地。"

从居住处的员工宿舍，可以清楚看到连接中国东北与朝鲜、横跨鸭绿江上的火车铁桥，但几乎没有列车通过。士兵们吃完晚餐后，会闲聊"如果列车可以通过那铁桥，我们就可以回家了"。中队事务股比较资深的准尉对拿钱买食物吃的士兵们说："你们啊，这样会没有回家的车钱喔。"谦二当时只想："反正国家会把我们接回去，为何话题会扯到得自费回家？"

在安东等了一阵子之后，大家照例搭上时刻表状况不定、走走停停的军用火车，9 月 15 日左右来到当时的奉天。在奉天街上，谦二首次见到苏联士兵。

9 月 20 日左右，包含谦二在内的日军俘虏，都被集合至位于奉天北陵某所带围墙的大学校舍里。这里似乎是医科大学或是师范大学，但不清楚是什么校舍。

来到该处的不仅有谦二所属的第二航空通信联队，附近以部队为单位的俘虏，或者零散的个人等等都被集合至此。"跟往常一样是由部队长官直接下达命令，恐怕是苏联军队为了维持日本军队的形式，所以仍由部队长官下达移动与集结命令。"

好不容易把集结的俘虏们编成 1000 人左右的"大队"，准备移送到某处。谦二说：

　　编组工作应该是日本军自行完成的，在北陵校舍中，关东军的军官们处理事务工作。大家都以为这是为了移送归国而进行编队，完全没有任何情报，士兵之间也没听说过要移送西伯利亚的谣言。集结地虽然有苏联军队步哨，但日军军官既然没有下达命令，大家也无法想象将被送往西伯利亚。

关东军司令部在 1945 年 8 月 29 日对苏联方面提出的陈情书中，有关受俘日军的处置一章，有这样一节记载："返回（日本内地）之前的时间，将极力协助贵军之经营，敬请尽情调度使用。"[1]

原来，近卫文麿受天皇之命于 7 月底签订了《和平交涉要纲》，将居住于"满洲国"的日本军人、军属（为军队工作但非正式军人）当作赔偿的一部分，为苏联提供劳务服务。战败之前，日本政府还希望苏联能居中调节，帮助日本与联军诸国展开和平交涉。

苏联方面在 2 月的雅尔塔会议上向盟军阵营承诺，对德战争结束后，将在二至三个月内对日宣战，但实际上德国投降三个月后苏联才发起进攻。日本投降后，斯大林发出一份日期为 8 月 23 日的极秘指令，要求依照过去已经计划好的方式移送日军俘虏。日本方面的对苏交涉，根本只是一厢情愿，不过当时的谦二根本无法得知这样的内部信息。

集结于北陵的俘虏们，许多都是在日本战败前遭"彻底动员"来的在中国东北的日本居民。根据谦二的回忆，9 月中的某天，出现了一群混杂穿着日本木屐的民间人士，来到了北陵。

"喂，还混着'地方人'啊！"士兵之间立刻传言四起。与这些人交谈后，才知道他们是在当地受征召的日本居民，战败之后他们便除去兵籍返回家中，稍后突然又接到通知，说要发退伍证明书，请曾经拥有军籍的人到当地警署领取，这些人到

1　白井久也，《検証シリア抑留》，平凡社，2010 年。

警局后就被武装的苏联士兵押送到北陵来。大概是为了达到苏军要求的移送人数定额，日本军方为了确保人数，再次动员征召。这些民间人士到北陵后，日军便要求他们换上发给他们的日本军服。

有人甚至只因太太托自己跑个腿，顺道去趟警署领退伍证，就这么被带来北陵集结地，接着又被送到西伯利亚。这些人非常痛恨通知大家前往领证的町内会长或邻组长，叫骂着："你们自己不去，竟抓我们替死！"还有人说："等回日本一定告死你们！"有些人比较敏锐，察觉该通知有异而不予理会，但这样的人毕竟是少数。愈是认真诚实的人，往往就愈信任上级，所以才会中计被带走。

谦二与这群被集合带来的"满洲国"日本居民谈起军队在牡丹江把日本居民留在原处，自行继续撤退的事情。大家纷纷反映"军队就是这样"，然后担心起自己的家人。然而，这次移送，"应该有人因此便与家人永别了"。

包括谦二在内，大部分的俘虏都没打算逃离北陵集结地。

苏联士兵在每个重要处都设下监视，晚上还可以听到枪响。居住在东北接受征召的日本人，有些能说中文，在当地又有家人，部分人似乎就此逃走了。可是我不懂中文，离开军队就等于没饭吃，在这样的考量下，还是跟着编成大队的众人一同行动。即便如此，还是没想到自己会被送往西伯利亚。

集结后经过一周左右，谦二搭上移送列车，离开了奉天。第二航空通信联队的士兵们先编成部队后出发，但谦二因痢疾复发，体力衰弱，所以军队把他与其他20名同样身体状况不佳的人留着，先行离去。"军队是官僚组织，理所当然把碍手碍脚的人弃置一旁，因此大家也深知他们不会保护民间人士。"

不过对谦二而言，这却是一种幸运：

> 现在回想起来，这是我活下来的理由之一。如果跟着原本编成的部队前往西伯利亚，因为不可能再补入新兵，所以在集中营内将会成为万年新兵，永远遭人任意使唤，配给食品时也将排在最后领取。当我阅读"二战"之后各种西伯利亚回忆录，读到很多这种例子，最下层的新兵死亡率非常高。如果随着原编成部队移送，自己既笨手笨脚，体力又差，搞不好活不过第一个冬天。

谦二等第二航空通信联队的残留士兵们，进入了新编成的"奉天第五十二大队"。这个大队由大队本部以及六个中队组成，谦二隶属第四中队。这支队伍由杂多的小部队、类似谦二这样的脱队士兵，加上7月、8月遭"彻底动员"的"地方人"等，集合而成。

> "地方人"的年纪大概都在30到40来岁，他们把像我这种第二航空通信联队的脱队士兵当作小孩来对待。因为他们直到不久之前都过着民间生活，军队内的习惯或特权对他们不通用，因此即便移送西伯利亚的战俘营，军队长官也不能光明正大行使特权，也不能在食品分配上乱动手脚。这大概是我能活下来的理由之一。

9 月 25 日左右，谦二所属的第五十二大队从奉天北部的皇姑屯车站搭上火车货车。谦二搭乘的这辆列车，前方由蒸汽机关车头拉动，几乎都是有盖的货车厢，只有两节车厢是有椅子的客车，由大队司令部人员搭乘。其他人员则挤在以板子隔成上下两层的货车厢内，每节车厢约有 100 人。货车屋顶上另外有木板走道，担任监视工作的苏联士兵便乘坐其上。这一年的 9 月 23 日是满月，谦二还记得出发前一天的晚上，在大学里眺望月亮的美丽景色。

谦二搭乘的列车由奉天出发，当时他们还相信这是一辆要将他们送回日本的列车。

三、赤塔流放地

列车出了奉天后朝北方前进，如果要遣送回日本，理当往南走。即便如此，俘虏们仍想象不到将被送往西伯利亚。

列车北行后，大家就想，应该是要通过哈尔滨转往海参崴港。可是列车通过哈尔滨后仍继续往北，这时又有传言说是因为作战破坏了铁桥，所以必须改由布拉戈维申斯克（海兰泡）转往海参崴。人类不太愿意相信事情进展逐渐恶化，宁可满怀期望地观察周遭状况。

俘虏们在货车厢内的两层底板上三三五五地坐着。因为是在极短时间内编成的队伍，不具备真正的部队机能，"只是把互相认识的人凑在一起的乌合之众"。

运送俘虏的列车，在铁道路线上连绵前进。因此当更前方的列车塞车时，后方列车便经常得停下等待，并借此补充煤炭与水。场景大概都是在辽阔原野中的某个火车停车场，停车后可能几个钟头都不动，一旦发车，又会奔驰不停，不知何时才再停车。

货车上没有厕所，所以得忍耐至下次停车，或者在地板的缝穴中解决。而且不停车就无法煮饭。搭乘火车时领到两千克的黑面包，一开始因为太酸，谁也不愿意吃，即便肚子渐渐饿了，大家一开始还是先从配发的米与杂粮吃起。

利用蒸汽火车头补水停车的时机，可以炊煮杂谷，日本的米饭只要没水没火，就束手无策。当时是我第一次见到俄罗斯黑面包，当发觉只要有水和这种面包就能活下去时，还觉得相当方便。列车不停的时候，大家便生啃谷类，最后终于也吃起黑面包。

毫无预警停下车时，大家便赶紧奔走取水烧饭，在火车停车场有帮机关车补水的水箱，因为没有水桶，俘虏们便拿着饭盒在水箱内取水。这些水是为了下次停车之前做好准备。

停车煮饭时，筹措燃料是一大难事。因为这支队伍不是真的军队，无法有效依军纪行动，所以几个谈得来的人便结伙到四周寻找枯草、柴薪或脱壳后的谷物外壳，权充烧饭燃料。但因前方列车的俘虏们也同样在火车停车场周遭采集燃料，许多时候木、草料都遭采尽，他们只好前往更远处搜集，有些俘虏甚至因此遭遇盗匪。当列车发出发车讯号时，总会让离列车较远的人大为慌张。

现在回想起来，面对要把自己送去西伯利亚的火车，因为它即将离开而感到着急心慌，也是相当奇怪的事情。但是处在那种资讯有限的环境下，也只能做出此种程度的判断。谦二说："当时完全

不知道会发生什么状况。因为言语不通，即便逃走也不知接下去该
何去何从，因此只能保持与大家一同行动。"翻阅西伯利亚拘留记
录资料，可以看到许多人指称苏联士兵提供假资讯，告诉日本人
他们搭乘的是"domoy（俄语"归国"之意）"的列车。据说因
此许多日本士兵不加抵抗，而任苏军运送。不过根据谦二的说法：
"没有从监视兵那里直接听到消息，当时大家一心一意想要回家，
到处充斥各种充满希望的谣言，这些传言广布的程度恐怕超过大家
想象。"

根据谦二他们奉天第五十二大队于"二战"后发行的会刊来看，
从奉天出发后，逃离大队的合计有数十名。[1] 根据谦二的回忆，刚从
奉天出发时逃走的人数最多，到北安（现在的黑龙江省黑河市北安）
出现了最后的脱逃者："苏联士兵在货车顶上架设自动步枪，因为
曾在夜里听过开枪的声音，推测应该有人打算逃走吧。猜想逃走的
是能说中文、在东北当地征召的日本人。"

火车停车期间，当地的"满人"纷纷前来，与俘虏们以物易物。
谦二也拿军队发的皮腰带和当地人换了食物，类似煮玉米或豆沙包，
交换这类可以立刻食用的物品。至于被集合到北陵的民间人士，有
些也拿自己换上军服前的私人服装与当地居民交换食物。

对因为腹泻而遭部队抛弃的谦二而言，在体力极差状态下的这
趟列车行程，显然痛苦不已："火车停下大家取水时，颇得要领的
机灵人很快就可以确保自己的饮用水，而我总是慢半拍。加上这个
刚编成的集团也没什么团体感，自己如果不做点什么求生，也不见
得会有人伸出援手。"

---

1 《北陵より舞鶴まで》，《チタ会会報》第 3 号，1982 年。

终于，列车经过哈尔滨来到北安。列车停在此处，大约等了一周时间。接着在 10 月 10 日前后终于来到国境上的小镇黑河（今黑龙江省黑河市），谦二等人于此下车。

在北安曾与往南送返日本居民的列车擦身而过，黑河已经没有任何日本居民。黑河街道上的建筑物已经遭受苏联军队的炮击破坏。从此处渡过黑龙江（阿穆尔河），便是苏联阿穆尔州的海兰泡。

苏军命令俘虏们开始将物资堆上驳船，准备渡过黑龙江。这些物资是苏联军队从中国东北掠夺来的战利品，有各式各样的物件，不过最大宗的仍是大豆与高粱等粮食作物。在俄国人的驳船上，由俘虏们背着每包大约 50 千克的物资爬上驳船阶梯后堆放。

这样的作业持续了快一周，最后俘虏们也搭上驳船渡河，那天是 10 月 14 日，因为是俘虏朋友的家乡举办庆典的日子，所以记得很清楚。

抵达对岸海兰泡的那天下着雨，但苏联没有准备任何住宿用的建筑，俘虏们只好在其他建筑物的廊檐下站着撑过一晚，第二天开始在原野中开挖壕沟。大家把手边的营帐集中起来设置屋顶，周围做好排水沟，一面搭建避雨的场所一面忍耐寒冷。接着在这里又花了一周左右进行作业，将驳船上的行李全部卸下。

从海兰泡有开往西伯利亚铁路干线的火车。在黑龙江两岸上下货作业了 10 天的奉天第五十二大队，乘着 10 月 25 日的夜间列车，深夜从海兰泡出发。

出发的第二天早上，俘虏们一边观察太阳的方位，一边讨论现在正在往西北抑或朝西南前进。但因列车路线不断变换方向，所以难以掌握前进的方位。不过当天下午，大家终于从太阳的方向，知道列车正往西行。

进入苏联领土后，警备格外森严，俘虏除了下车上厕所之外，都被禁止离开列车。进入苏联领土后换乘的列车连接有炊事车厢，从该处向各车厢提供装有热粥的金属制圆锅分食，因此也不可到车外去煮饭。在奉天分发的黑面包早已吃完，手边即便还有杂粮，也无法炊煮。如果发生什么状况导致粮食配给停顿时，就只好生吃杂粮。

被原本部队弃置的第二航空通信联队脱队士兵，因为长程移动而体力不支，有些人就这么从列车上消失了。谦二说：

> 大概离开海兰泡三天后，有个入伍四年的"万年一等兵"——会成为"万年一等兵"，大概都是思想或行为上有问题，属于很糟糕的士兵。这个人被列为"万年一等兵"的理由是他智商不太够，对部队而言带着这个人相当麻烦，所以也把他抛弃了。而且关于确保食物、作业分摊等，他全部不须参加。
>
> 这个人既不会打水，也无法收集燃料，更不会煮饭，光是在货车车厢内睡觉。俘虏同伴会多少照顾他，不过遇到情势紧迫的时候，往往自顾不暇，只能担心自己的事情。最后，他的存在感日益稀薄，大家几乎都不记得有这个人，某天他终于从列车上消失了。讲得好听一些，有人说他下车"入院"去了，不过列车在大荒原上奔驰，根本没看到有医院的小镇。在没有任何体制帮助这个人的情况下，他大概没能够生还吧。

再往后的西伯利亚时期也是如此，谦二从未亲眼见过人员死亡。"大概就是那么回事，跟电影、小说不同，他们总是在不知不觉间就消失了。"

离开奉天大约一个月，10月28日的午后，列车通过一个大市镇的中央车站，最终停在离市镇一段距离的火车调度场。俘虏们受命在车上等了约一个钟头，当天色昏暗下来，便开始依序下车，并分成三个集团。第一集团有第一、第二中队；第二集团有大队本部与包含谦二的第三、第四中队；第三集团则有第五与第六中队。

火车通过市镇的中央车站时，俘虏们才知道这个市镇名为赤塔（Chita）。赤塔为西伯利亚联邦管区赤塔州的首府，19世纪为俄罗斯帝国的流放地。在日本军的地图上看来，离开海兰泡之后便无都市，直到赤塔之前，没有任何稍具规模的市镇。

下车之后，听到告知下午五点的汽笛鸣响。处于不知未来会如何的状态下，谦二说，这声汽笛听来是一阵"非常悲凉的声响"。

当天虽然有配给早餐，但没有发放午餐、空着肚子的俘虏们，奉命走在寒冽阴暗的大雪中，当时谦二身上仅有一只背包，里面装着饭盒、水壶、用得又旧又薄的军用毛毯，以及少许的日常用品。

经过一个月的列车运输，抱着空腹走在寒冷阴暗中，实在非常痛苦。可以听到日本军官喊着"还剩几公里了"，激励大家继续往前。这里面也包含了运送死于货车上同僚遗体的小组。

> 让俘虏搬运遗体，可能是为了确认人员数量吧。苏联军队中的运输指挥官，应该确实收到将俘虏移往战俘营的命令。包括遗体一同确认送达，必须让战俘营的所长明确人数，然后才能领取"受领证书"。不管是日本军队还是苏联军队，只要是军队就是这种情况。

大陆城镇的空旷大道上，仅偶尔出现几盏路灯，几乎没有汽车与行人的影迹。队伍经过不知名的巨大铜像与水泥建筑物前，步行了大约两个钟头，终于抵达一处木造建筑。这段大约5公里的路程，此时却令人感觉如此遥远。谦二所属的集团在此停下，其他集团还须走到更远的地方，而且，此后再也未曾见过他们。

那时已是深夜了，累坏了的俘虏们也没有余力思考其他事情。他们在终于抵达的安心感中，分配决定各自要睡在三层床铺的哪个位置，吃过配给的食物后，立刻睡下了。

对谦二而言，从这一天开始，展开了他待在赤塔第二十四区第二分所的三年时光。

第三章

西伯利亚

1945 年 10 月 28 日，奉天第五十二大队的第三、四中队，以及大队本部的俘虏们共约 500 名，终于抵达赤塔第二十四区战俘营第二分所。两天之后，谦二正好满 20 岁。

一个已经在车厢内过世的俘虏，由同伴们扛着他的遗体，一路运送到战俘营。这位死者在战俘营全员的目送下，包着席子由推车送往墓地。

后来，因为劳动日益繁重，饥饿感也越来越强烈，大家不再有余裕举行这样的葬礼。深秋之后流出传言说，每当有人死去，守灵时大家会供上一碗插着筷子的白饭，但第二天天亮时白饭就会消失。饥饿与极度寒冷的西伯利亚之冬，已经悄悄降临。

一、每个人的生存能力不一样

日本战败之后，遭苏联带走的日本兵及其他人员（"满铁"职员、"满洲国"官吏、警官、军属等），人数上有各种说法，但大致有 64

万人。分散收容于西伯利亚（约 47.2 万名）、外蒙古（约 1.3 万名）、中亚（约 6.5 万名）、苏联欧陆部分（约 2.5 万名）等处，约 1200 处战俘营，以及约 100 处监狱与其他特殊战俘营。分布幅员宽广，东起堪察加半岛，西至第聂伯河，北到北极海沿岸，南至帕米尔高原山麓西部。

理所当然的，俘虏们遭遇的折磨也因地区而有所不同。西伯利亚需面对零下 45 摄氏度的极度酷寒，中亚得面对 40 摄氏度的高温炎热；湿地区域会遭遇大批蚊蚋，干燥地带则得忍受口渴，俘虏们被迫面对各式各样的苦难。除此之外，还得在饥饿之下开采矿山、铺设铁轨、进行土木工事与采伐森林等重度劳动的工作。

赤塔是赤塔州首府，也是铁路与道路干线集中的要冲所在。既是帝俄时期的流放地，也是苏联军队外贝加尔山脉军团司令部的军事重镇。俄国发生革命后的内战时期，曾遭白军占领，日本为了干涉革命政权而出兵西伯利亚时也到过此地。谦二曾经在赤塔郊外亲眼见到过往日本军第五师团建立的纪念碑。

赤塔市郊的松树林中有两栋并排的建筑物，据说被当作日本与"满洲国"的领事馆来使用。

那是西洋式的雅致建筑物，外出劳务作业时经常会经过。过了一年左右，才听说那是领事馆。

回国之后，曾读过在该领事馆工作过的人所写的回忆录。接近日本战败的时候，他们拿着双筒望远镜从这个领事馆向东侧监视西伯利亚铁路的军用列车。回忆录中还写到日方在战争期间从领事馆开汽车到城市内搜集情报，结果遭苏联的汽车紧紧尾随妨碍、最后被挤到砂地的道路上陷在路中的困窘情境。

苏联纳霍德卡（Nakhodka）的战俘营营房，多为半地下室构造。（版权：每日新闻社）

赤塔市中心街道虽然是石板路，但稍微离开市区就都是砂子路，还记得当时我们连走路都感到相当辛苦。

俘虏的战俘营依据地区进行区分，在赤塔周边有第二十四区（赤塔）与第五十二区（卡达拉）。根据日本厚生省撤退援护局的统计，第二十四区中的 34 个分所，共收容了"1 万人以上"，而死亡者约有 3200 人。[1] 被带往西伯利亚的约 64 万人当中，通说死亡人数超过 6 万，但这有许多派说法，正确的数值至今依然不明。

谦二等人拘留于第二十四区第二分所的日常起居大致如下：从

1　江口十四一，《序にかえて》，《捕虜体験記 Ⅵ》，"ソ連における日本人捕虜の生活体験を記録する会"編，1988 年。

早上六点起床开始，起床的信号已经不是钟声，而改以铁锤敲打一段挂在卫兵所的铁轨，借此发出的响声叫醒大家。

起床吃完早餐，七点半到八点左右，为了出发进行劳务作业，会在出口整队成五列。从秋天到冬天，西伯利亚这个时刻既黑暗又寒冷。

在卫兵所前排列整齐，警卫兵为了确认人数开始计算。可是因为苏联人没有背诵九九乘法表的习惯，不采用列数乘以列数的点名方式，而以五个人五个人加算的方式计算。因为实在冷到受不了，只能一直踏着脚保持列队状态。当时内心不断想着，这些家伙怎么头脑这么差。

接着分配各作业班的任务，出发进行劳务作业。来到战俘营最初的任务就是维修战俘营。这个木造的战俘营虽是为了大量收纳俘房而搭建，但设施建制并不完善。大家持续修盖厨房，整修卧铺，还更进一步在战俘营周围搭设栅栏。

最初的工作是搭建栅栏把自己关起来。可是周遭都是严寒的荒野，没有食物便饥饿到体力不支倒地，不管有没有这道栅栏，脑袋中根本没想过能够逃走。"二战"结束后读过一些人的故事，说他们自战俘营逃脱，那是受惠于相当良好的条件与自身拥有强健体力。即便如此，也没有人就这么逃回日本国内。大家都在脱逃途中被捕。

经过了约20天的整备作业后，开始派遣大家从事各种劳役工作。

工作分配，由苏联交代给日本的大队本部，然后层层移交给中队、小队、各班。班长再从 20 名左右的班兵中，指明几个人为一组，分配工作。今天去那边执行土木作业，明天去那边从事农务，有各式各样的派遣，指定了各式各样的工作内容。

战俘营就像把俘虏当作劳工，派遣到各企业去，本部则类似独立计算酬劳的劳工派遣企业。依据当地的各种企业团体的要求，把战俘营的俘虏当劳役派遣，提供使用。各企业团体依照苏联的劳动规定计算薪资，支付给战俘营。战俘营将俘虏的餐费、照明与瓦斯等燃料费、医疗费用扣除后，剩下的才发给俘虏们。整体的运作体系大致如此。但扣除的餐费与其他费用所占比例甚高，只有一部分拥有特殊技能的俘虏，从 1947 年之后，才能真的领到劳动薪资。

在苏联不只有日军和德军的战俘，连苏联内部的政治犯与一般囚犯也被当作劳动力来使用。日本从明治时期之后也曾把囚犯当成劳工来利用，如果没有这些囚犯的劳动力，就不可能出现北海道的道路建设与三池煤炭的开发。[1]虽说如此，但苏联活用囚犯劳力的规模，是其他国家无法企及的。据说 1949 年当时，在苏联的"奴隶劳动者"共超过 1000 万人。谦二等人也被编织到这个体系当中。

这个系统与其他国家处理俘虏的状况相当不同，但日军从将至兵都不理解国际法。以谦二的例子来看，他被当作劣等劳工使唤，根本没有依照正常规定支付酬劳，所以也没想过自己可以领取劳动薪资。

1　Daniel Botsman, *Punishment And Power In the Making of Modern Japan*, Princeton University Press, 2007.

有很辛苦的工作，也有很轻松的工作。采伐树木、在风吹日晒的荒野进行土木作业等，属于辛苦的工作。读过其他战俘营回忆录之后，才知道这还是比开采矿山或铺设铁道来得轻松些。

至于轻松的作业，大概就是温暖的室内作业或是农务作业，因为庄稼长得好，就可以收成马铃薯，获得食物。最好的工作，大概就是前往苏联军官的家中，帮他们丢弃冬天结冻的生活废水。赤塔没有上、下水道，生活废水全都倾倒家中，冬天很快便结冻成山，所以必须在春天融化腐臭之前，把这些冰块敲碎，丢进河川里，这就是工作内容。工作轻松，又可以从军官夫人那里获得食物。类似这种"爽缺"，大家都想做。

会周济食物给俘虏的俄国人，大多是女性，特别是阿姨们。许多人也在战争中失去了自己的丈夫与孩子。这些阿姨一定会问俘虏"几岁啦"，以只字片语的俄文回答说"20岁"后，对方便悲伤地摇着头说："年轻哪！""爸爸或妈妈都还在吗？"被这么一问时，内心不禁悲从中来，现在还记得那时的景况。

送到赤塔第二十四区第二分所的人员，是奉天第五十二大队的第三中队与第四中队。大队长是植苗驹雄大尉，大队副官是限部会大尉，几乎所有的管理业务都由限部大尉执行。少佐以上的军官另外收容于军官战俘营，所以此处以大尉为最高阶军官。谦二隶属的第四中队第二小队中队长为浦山大尉，小队长为田下中尉。

只不过，在大队的军官们，大概只有半数是现役军人，其他都是日本快要战败时，召集而来的当地日本侨民，算是应召的预备役。

中日战争开始之前，日军预算有相当限制，因此员额也不多。

大致由陆军士官[1]学校出身的现役军官，以及甲种合格现役兵组成，士兵服役两年后便可退伍。类似谦二这种体质不佳的第二乙种体格的士兵竟然也受到征召，代表当时战局已经相当严峻。

随着战局恶化，一些已经退伍的士兵与退役的军官，又再度被征召加入部队。这些人较为年长，被再次征召之前已经过着一般的社会生活。受到"彻底动员"集合而来的当地日本侨民，大概都是这样的人。

谦二隶属的第五十二大队军官中有许多都属于此类再度征召的军官。大队长植苗大尉与大队副官隈部大尉，是原隶属机场大队的现役军官，但第二小队长田下中尉，则是20世纪20年代军事限缩时期的短期志愿军官，后来成为预备役；当他成为"满洲国"侨民之后在当地受到征召时，大约40多岁。

第四中队长浦山大尉，原本是女子学校的英语教员，后来负责管理位于奉天的战俘营。第四中队的第一小队长也与第二小队长一样，同为被再度征召的当地日侨居民。第三小队长为现役中尉，第四与第五小队长皆为20岁左右的少尉军官。

而且，因为日本战败，日军全员都形式性地升了一级军阶。谦二因此成为一等兵，田下小队长从少尉升为中尉，浦山中队长从中尉升为大尉。对于这样的升等，大家都称"波茨坦中尉""波茨坦大尉"等等。

在奉天临时编成的第五十二大队，抵达战俘营之后才完成整编。谦二所属约有20名班兵的班，大概有以下成员：首先是班长高桥，

1　日本的"士官"意为他国军制的"军官"，日本的"下士官"才是他国军制的"士官"，例如"军曹"等于他国的"中士"，"伍长"等于他国的"下士"。——编注

他是现役军曹，曾待过从华北移防东北的部队，是拥有战斗经验的老士官。日本战败后，他与那些遭"彻底动员"的人一样，暂时离开了军队，但又在奉天受到征召并被送往西伯利亚。

班里面有丸谷伍长，他是当地征召的日本侨民。丸谷伍长周遭还有五六名住在奉天的日本侨民好友，大家都是当地征召而来。另外班内还有两位《满洲日日新闻》的记者，也在当地受到征召前来。

班内尚有一名原本应该是中尉的人，却隐瞒过去，以一等兵身份入队。这位佐桥原中尉，趁着战败后的混乱离开部队，在过去身为他部下的丸谷伍长家中"接受寄居照顾"。

另外，有一位与浦山大尉一同在奉天战俘营工作的日裔第二代、叫作饭冢上等兵的原翻译，也成为俘虏进到这个班来。他出生于洛杉矶，回双亲故乡广岛短暂停留时，却因战争爆发无法返回，之后还受到征兵的召令。但上级将他从普通部队中调出，送到奉天战俘营去当翻译。饭冢虽然有时候不太能准确掌握日语的情境，不过在战争初期日军占领新加坡，俘虏了白思华（A. E. Percival）中将与温赖特（J. M. Wainwright）少将时，他曾经担任过他们的翻译。他还说"白思华很小气"。

在大队本部里，也有一位出身夏威夷的川村伍长，是略为年长的原翻译，现在则担任炊事班长。如前所述，浦山大尉担任过女学校的英语教员，现在是饭冢与川村的长官。

在黑河执行物资搬运作业时，加入了另一位山本翻译，他担任对苏军的联络职务。传言山本曾在中国东北的公司从事贸易相关工作，所以能够讲俄语。50岁左右的山本个性温和，是一位深受敬重的"人望者"。

　　翻译这种工作，为了迎合苏联方面，可以把俘虏们想表达的意思略过不译，但山本却很忠实地翻译。通过他的口译，供食与劳动条件有很大的改进。虽然他是非常温和的人，但如果苏联方面有蛮横的举止，他也会委婉地训斥对方，详加说明应有的正确做法。这位"人望者"绝不会说什么豪言壮语，但任谁都会对他敬让三分。

　　这些人的经历，都是谦二在战俘营里闲聊中听到的，缺乏资料佐证。高桥军曹历经什么样的转折才来到奉天集合，又或者佐桥中尉为何隐瞒身份埋没人群中，这些事实都不甚明了。

　　都是闲聊时谈到进入军队前大家从事什么，无意间脱口而出的事情。不过大家最热衷的话题仍然是食物。"回到日本内地后想要吃什么"啦，"乡下红豆汤与御膳红豆汤有什么不同"啦，大概都是这类话题。而且这种闲聊都是 1946 年春天之后，稍有余裕时的事情，最初的那个冬天大家都累垮了，回营舍只想睡觉。

　　苏联方面也针对俘虏进行身家调查，特别针对原关东军特务部队出身的人，都会进行严密的监视。不过根据谦二的推测，"一般部队的人，即便伪造自己的军阶，只要不影响整个管理运作，苏军也不怎么关心吧"。谦二自己也仅在抵达战俘营时接受过一次身家调查，之后完全没有追踪调查。

　　第五十二大队因为是混合编成部队，所以混杂了各式各样的人，不过也因为这种多样的编成，此处的上下关系不像一般军队那么严谨。日本战败之前才征召而来的当地日本侨民许多彼此都认识，名义上挂着士官或军官，但分配食物与劳役时，并没有发生蛮横或偏颇的状况。"不管是轻松的工作还是辛苦的工作，能够赚点好处或没啥好处可捞的工作，身为班长的高桥军曹，都尽量做到公平分配。"

谦二所在的战俘营，军官们也是收容在其他建筑，拥有不同的待遇。不过这是因为苏联遵照过去于1907年批准的《陆战法规和惯例公约》（海牙第四公约）规定，军官与士兵享有不同待遇，而且不可驱使军官进行劳役。

因为不懂国际条约，当时感到很不公平，不过除此之外，因为自己所处的战俘营并没什么阶级差别，这算是相当幸运的一件事。在其他的战俘营，新兵不管粮食或劳役分配，都处于最差状态，许多人都因而死亡。

虽说如此，战俘营的人际关系大致还是相当冷酷淡薄。即便是同一班的班兵，因为大部分人白天没有一起作业，大家感情没那么好。加上该队内没有阶级与类似部队的固定上下关系，"不得要领"的人，劳动作业手脚缓慢的人，就容易被当作"包袱"。

例如在1947年夏天，我们被派遣至某丘陵地带达三个月，执行树木采伐劳务。两个人一组以锯子伐树。每一把锯子的锐利程度不同，判断错误选到钝的锯子，就难以砍断树木。那些懂得选出好工具的人、有体力的人、灵巧的人等等，到现场时就会组成团队。而像我这种既不得要领、又没有体力，而且不具技能的人，只能与状况差不多的"残渣"们组队。当时与我组队的是同样来自第二航空通信联队的新兵，两个人同样既没体力又不得要领。有能力的团队总是能够达成规定的作业量，我们却老是苦于达不到规定量。三个月后回到战俘营，大家都说"你瘦了好多"。如果这发生在最初的那个冬天，我大概早就死掉了。

　　度过了最初的冬天后，俘虏中具有经验及知识的人，开始担任电工、木工、理发师等技术职位，这些工作大多在室内，苏联方面也因为技术劳动者不足，对他们颇为礼遇。技能职务的业务达成率较体力劳务高，1947年以降有些人已经可以领到薪资，也有人能到赤塔市内的市集购物。

　　为了能够从事这些职业，有不少虽然没有经验但手脚灵巧的人，靠着自学与能力也成为临时的技术人员，他们被通称为"西伯利亚木工""西伯利亚泥水匠"等。谦二说："在战俘营内，原本就有一些过去从事泥水匠、木工与农民等各式各样职业的人。"

　　这些技能对俘虏生活也有所帮助。谦二所待的战俘营，在1946年左右曾经发给大家苏联从中国东北掠夺来的带壳稻谷。俄国人没有稻米脱壳与精米的知识，因此把工作委托给俘虏，而出身农民或木工的人们，以大棵松树做成磨臼，还制作了将米壳吹走的手摇风扇机。俘虏们在出品率上做了点手脚，成功增加产量，之后大概三个月期间，大家几乎都能吃饱。

　　但反观谦二，过去不过是个下级事务员，刚满20岁，既没有特别技能，也没有农业或土木工作的经验，而且办事往往都不得"要领"。

　　那是1947年春天，我被派到面包工厂运送燃料时发生的事情。类似这种有好处可捞的工作，在中队中大家都是照顺序轮流担任。面包工厂里大多都是中年女性，俘虏中办事机灵又得要领的家伙，会用俄语隔窗叫唤："女士，快给我！"女人们就会丢出一些面包。我对这种事情充满抗拒感，所以完全办不到。俘虏同伴都期待出这项差的人可以偷拿一些面包与小麦粉，当作"土产"带回战俘营。我大概只能把面包切成薄片塞在衬衫里带回来，顶多只能分配给两个人。

有些人竟然能从工厂带回两千克左右的完整面包，他们把面包装入袋子后挂在脖子上，垂下来藏在外套的衣摆内，回到战俘营身体检查时，面包连着外套整个脱下，骗过苏联士兵的眼睛。甚至还有把小麦粉藏在帽子里面躲过检查，在战俘营内烤来吃的人。拥有在底层累积的经验与生活能力的人，在这种状况下有更强的生存能力。

缺乏经验的谦二，屡屡遭遇失败。1946 年 5 月，他在户外作业途中找到了一处长有茂密野生灰菜的地方，他特别把早饭留下来与灰菜一起丢进饭盒中煮，却过于苦涩无法食用，只能哭着把饭菜都倒掉。煮灰菜时得先去掉苦味才能食用，这种乡下出身的人都知道的常识，谦二却完全不懂。

理所当然，俘虏们的劳动欲望并不高，工作效率相当低。1946 年 11 月开始，开始建造砖造集体住宅，从马铃薯田整地开始，全都靠人力作业，一直到谦二 1948 年夏天回国时，该建筑还仅搭到二楼。

我曾经在电视上看过日本俘虏在俄国建造歌剧院的节目，我个人不太相信这种表面上的说法。恐怕俘虏们只是曾经在该处工作过而已。后来日本的经济与技术获得国际上的好评，俄国方面才做出这种"日本人搭建"的传说吧。

不过上述带有某种幽默或余裕的状态，都是 1946 年春天以后的事情。"最初的冬天实在非常难熬。因为营养不良而死亡的例子，大概都出现在这个时期。"

二、国家应负起的责任

1945 年至 1946 年的冬天，处于最恶劣状况下的不限于谦二所处的收容所，几乎所有拘留回忆录都有相同的记载。出现这样的状况其实有几个理由。

首先，日本战败之后，苏联的经济也处于相当窘迫的状态。德苏战争中苏方的阵亡人数，从 1500 万到 2000 万的说法都有。苏联人口于 1940 年有 1 亿 9597 万人，1946 年人口则为 1 亿 7390 万人，大约减少了 11%。日本方面的阵亡者约有 310 万，约占 1940 年日本内地人口 7306 万人的 4%。

加上苏联领土西侧的工业地带与谷仓地区因为德军占领后采取焦土战术而遭到破坏，虽说苏联最终战胜，但经济状况也陷入窘迫之中。因为阵亡者过多，许多村庄的男子出征之后几乎无人生还。在 1940 年，集体农场的男女劳动力比率大约是 1：1，但至 1945 年则转为 1：27。[1]

需要将日军俘虏当成劳动力带走，或出现这么多同情谦二这种

1　白井久也，《検証シリア抑留》。

年轻人的俄国女性，都是因为有这样的时代背景。谦二如此描述：

> 1946 年 12 月，为了作业，曾经与几个俘虏伙伴一同住宿在俄国的某户民宅。一位应该是战争寡妇的女性带着一个小孩，过着二人生活。衣服只有身上穿旧了的那一套，令人惊讶的，真的是家徒四壁，房内没有任何家具。而且正值隆冬，泥土地面的房间竟没有床铺，睡觉时他们只把外套披着躺下。好歹总算还有个壁炉，除此之外就是几样煮饭用的锅与餐具而已。他们过着最低限度的生活，从战前到战后，在日本还没见过这种生活状态。

因为如此，原本应该供给俘虏的物资，便遭俄国人盗卖。已经不足的粮食与燃料经过盗卖后，送到俘虏手中时数量更为稀少。

> 送来战俘营的燃料与粮食遭到盗卖，其实是大家都知道的情况。送往战俘营的燃料与粮食，文件上虽然都记有运送吨数，但货车或卡车的司机会为了自己家中所需等原因，半路卸下这些物资，剩下的才会送到我们手上。
> 我自己也在 1947 年春天，被派去帮忙运送煤炭，还帮忙盗卖这些物资。俄国人司机利用我们，在自己家与有协议的其他住户处卸下煤炭。至于减少的数量，只要送往目的地工厂时不要减少过多，领取一方也不至于有意见。战争时期的日本似乎也是如此，因为统制经济的缘故，难以取得物资，大家都在盗卖与偷取物资。

苏联内务人民委员部（NKVD）发出过命令，必须送达规定量的粮食给俘虏[1]，但实际状况则如上所述。

何况，苏联这个国家在对日战争时，也掠夺了大量物资。谦二曾于 1946 年 3 月起被派去货物场，进行为期三个月的整理工作。

> 掠夺物资堆积如山。关东军军需物资的电缆线、铝条、电话机等等，由货车整车运来，就这么卸下来堆放着。当我找到装在进货用箱里、多达数十箱的日式房屋拉门用把手时，只能感到一阵愕然。大概是能拿到什么就拿走什么吧。

> 我们也偷走了一些铝条去制作汤匙。当时俘虏的干部曾经交代，如果看到铝条就拿些回来，送到锻造房后，那边的俘虏便铸做成盘子等餐具。不管是我们自己，或者是俄国人，大家都把盗窃视为理所当然。

> 在整理堆积如山的大量物资时，有人就说："就是靠这些才打赢德国的吧。"苏联士兵做法蛮横，但充满干劲，上级下达的指令，不管如何先靠冲劲完成。如果是在日本军队，上级胡乱给了办不到的命令，下级绝对不会有那种干劲去完成。

对照民众生活的窘迫，苏联强大的军事力量也给谦二留下了深刻印象。赤塔市街的东方驻扎着苏联的坦克部队，停驻着体积庞大、炮身修长的 T-34 坦克。"被派出工作时有机会接近一看，内心觉得真是了不起。日本的坦克不仅小，而且只是用铆钉把铁板钉在车上

1　ヴィクトル・カルポフ（Viktor Karpov），《スターリンの捕虜たちベリア抑留》，北海道新聞社，2001 年。

当装甲而已，根本完全无法战胜对方。"

而且苏联的军事力，在第二次世界大战时也受到盟国美国的支援。

在奉天第一次看到苏联军队的卡车时，对于他们使用这么大的卡车感到非常惊讶。前面是两个转向轮，后面则是负重的八个轮胎，在后部车厢下两个一组，共四组。十个轮胎的卡车轻轻松松便爬上山坡，相较之下日本卡车实在差太多了。在赤塔也经常看到类似的卡车，引擎盖上印着 USA STUDEBAKER 字样，才知道这是美国援助的物资。"如果没有美国援助，苏联应该会输给德国吧"，俘虏间聊天时经常互相恨恨地这么说。

对于这种不平衡的状态，苏联人似乎也充满不满，只是表面上没说出口。

大约是 1946 年夏天吧，有个表情严峻的俄国人，在我们作业时靠过来攀谈，用俄语说："斯大林，不好。"他与我们也没多熟悉，会对我们说这些，大概是因为无法与俄国人讨论这些事情吧。在斯大林时代，说这种话如被告密，就会被送到集中营去。

此外，苏联方面对于接收俘虏一事，并没有做好充分准备，等战俘抵达之后才开始整备战俘营即是一例；且不仅发生在谦二的战俘营，在其他各种回忆录中经常可以看到类似的描述。苏联在没有做好接受俘虏的准备下，便强制带走这些人，当作本国的劳动力。

俘虏们在战俘营虽然有领到冬季衣物，但其实这些是苏联军队从日本军掳获的防寒衣物与防寒靴，在西伯利亚根本不够保暖。

　　日军的冬季衣物跟苏军相比，实在差太多了。例如防寒靴，为了防滑在靴底打上铆钉，但寒气却会随着铆钉直传脚底。苏联的防寒帽都有两层，日军的仅有一层。苏联人常说，在西伯利亚如果额头受寒，就会要人命。日本竟然想靠着这种装备与苏联军队作战。日军曾经出兵西伯利亚，理应学到一些经验与教训，真搞不懂军部的人究竟在想什么。而苏联方面似乎也不知道这种状况，从隔年起，大家都想换用苏联的防寒物件。

　　另外根据谦二的说明，最初的冬天，户外作业时不断出现人员冻伤。但从第二年起，根据哨兵所的温度计，早上六点如果温度低于零下35摄氏度，便中止户外作业，苏联方面也开始再三注意预防俘虏冻伤。"恐怕俄国人也没想到，日本士兵如此不耐寒，竟然造成了这么多人牺牲。"

　　在这种准备不足与恶劣的待遇之下，自然出现俘虏们不想劳动且效率低的结果。根据苏联内务省预算收支统计，由俘虏劳动获得的收入，不仅无法维持管理费用，1946年度还出现了3300万卢布的赤字，必须由联邦支出预算来弥补。[1]

　　提出这个数字，并非想为苏方辩护。毕竟当苏联决定利用俘虏进行强制劳动时，就应当负起责任，但苏方却未做好接受俘虏的准备，也没有劳动计划，在这种情形下移送60万俘虏，只能说是异常拙劣的管理方式。其导致的结果，除了俘虏非人道的处境之外，还给经济带来负面的影响。即便俄国人个人不带恶意，国家仍难辞其咎，必须负责。

1　ヴィクトル・カルポフ（Viktor Karpov），《スターリンの捕虜たちベリア抑留》。

部分俄国历史学家曾经提出，"与遭德军俘虏的俄军受到的虐待相较，苏联对日本人俘虏的处置已经相当人道"，或者"关于俘虏待遇，因为苏联并未加盟 1929 年的《日内瓦公约》，所以无须遵守俘虏规定"等见解。[1] 根据苏联中央政府的指示，给予俘虏规定量的粮食，支付他们薪资，甚至有俘虏能到市集购物，这些情况确实可能存在，但这并不能成为否认日本俘虏境遇悲惨、被当作奴隶使用的理论根据。

不过同样，这样的批评也适用于日本方面。虽说大日本帝国统治朝鲜时出现赤字，但这并不能当作是日本曾在朝鲜施予善行的根据。而日军在亚洲各地掠夺当地居民的物资，加上轻视补给与管理拙劣，最终责任仍应落在把战线扩大到与自己国力不相称的日本政府上。即便第一线的士兵们不怀恶意，国家仍责无旁贷。而与上述俄国方面历史学家相似的发言，是否也存在当今的日本社会中？这点诸位不妨试着思考看看。

三、饭盒是活命的基础

在这种状态下，被摆在窘迫的苏联社会最底层的俘虏们，他们的生活也达到一种极限状态。根据谦二的说法："完全就是活在原始时代。"

抵达战俘营时，谦二还穿着日本军服，身上带着的物品只有饭盒、水壶、用旧的军用毛毯以及背包中稀少的日用品。虽说是日用品，

1　エレーナ カタソノワ（Elena Leonidovna Katasonova），《関東軍兵士はなぜシベリア抑留されたのか》，社会評論社，2004 年。

但既没茶杯也没牙刷或餐具，连换穿的内衣都没有。

当时带些什么东西，已经不太记得，但有军用袜与裁缝袋。裁缝袋是外祖母小千代在我入伍时让我带在身上的，后来起了非常大的功效。因为没有任何换穿衣物，衣服破了就得自己缝补。在零下40摄氏度的西伯利亚寒冬中，衣服穿不好是会要人命的。缝线没了之后，就从不穿的军用袜上拆线来用。

特别是缝衣针，在战俘营算是贵重物品。1946年夏天之后，有些手巧的俘虏会利用打火石自行制作，也有人利用得到的铁丝磨针。不过将铁丝磨尖虽然不难，但该如何在后端打洞让线穿过，却没那么简单。因为自己带着针线，所以无须苦恼这些问题。

破布也算是贵重物品。衣服破掉时，如果不加上一块补丁就直接缝补，很快又会再度破裂。可是可以当作补丁的破布在战俘营中难以找到，大概都是大家外出作业时，与其他可能对生活有帮助的东西一同捡拾回来。

另外在谦二的杂物背包中，除了几件仅有的物品之外，还有一面日本国旗。那是入伍的时候特别配给的物品。在移送往西伯利亚途中，谦二一直把这面"日之丸"国旗"当作洗澡时的浴巾"来使用。

那面"日之丸"，在抵达战俘营约10天后，就被苏联兵没收了。苏联士兵之间一直认为日本士兵带有值钱的物品，不断以检查的名义进行没收。

原本他们也是穷人，拥有的东西大概不会比俘虏多。当我们外出劳务作业时也发现，苏联境内的人们似乎连像样的衣服都没有，甚至有些苏联女性还穿着从中国东北运来的日军军服。没收"日之丸"国旗也不是出于思想上的考虑，大概只是被他们拿去当成围巾或头巾吧。

我们这边对于没收，也不会去联想什么思想问题。不少日本军的军官回忆录中写过自己的手表被苏联士兵拿走，我从开始就没戴表，毕竟新兵连看表的时间都没有。

第二十四区第二分所中有两幢木造建筑物。谦二等人入住的兵营是天花板较高，类似仓库的平房建筑物，里面大约收容了500人。另一幢建筑则有大队本部、厨房、医务室、食堂、苏联方面的办公室等，是一幢较小的建筑。但谦二一行人刚到此地时，只觉得这些建筑物"就像废弃物放置场一般"，根本不具备任何功能。因为食堂无法使用，用餐时都将杂烩粥装在木桶中，拿到兵营内分配。

谦二入住的兵营中备有让俘虏们睡觉的木造居住空间。完全没有个人空间，只有像"养蚕架"的大型三层床。俘虏们便挤在上面，爬上去后若不盘腿坐着，头会立刻碰到天花板。兵营中的照明，只靠着一颗无罩外露的电灯泡。

兵营中有两组三层床，一组可以睡上一个中队，约200人。每个卧铺分给七八人使用，每个人大概只有50厘米宽的空间，肩并肩便会互相挤碰，所以俘虏们彼此都头脚交错着睡下。

卧铺由圆木背板组装而成，背面摇摇晃晃，这种只是由背板排列而成的三层床并不牢固，只要一个人翻身，周围其他人的背板都会跟着摇晃。虽然集合了大家手边有的毛毯铺上，冬天仍冷到无法忍受，必须穿着外套才能入睡。谦二一开始睡在卧铺的第三层，后来搬到第一层，上层的木屑与灰尘老是扑扑地不断落下。

西伯利亚的晚上，温度会降至零下45摄氏度，如果没有暖炉便无法存活。战俘营的兵营虽然也备有壁炉，但又小又缺乏燃料。他们度过的第一个冬天，每个人拥有的寝具只有一张毛毯与一件外套，感到寒冷的时候，得靠着旁边俘房的体温彼此取暖。

服装就那么一套，无可替换。最初的冬天为了御寒，会将装水泥的纸袋切出可以伸出手脚的洞后穿上取暖。纸具有隔热效果，多少能够保暖。袜子破得很快，需要拿破布等物品包缠以防冻伤。

赤塔没有上、下水道，俄国人也从流过市镇南边的河川汲水使用。先以大桶到河川装水，再以双马车载往市镇巡回分配，各个家庭以此作为生活用水。在战俘营也设有大桶存水使用。家庭用水的废水都丢在家中，但隆冬时节往往迅速结冰。

因此水也属于贵重物品，如果没水，俘房连脸都没办法洗，喝的只有早上提供的热汤。第一个冬天只能任头发与胡须不断生长，得等到翌年夏天较有空闲时，才能到赤塔南边的河川去清洗内衣。谦二说最初的冬天没有清洗过衣物的记忆。虽然如此，因为湿度很低，几乎没有流汗，加上营养不良导致新陈代谢缓慢，几乎也没什么体垢。

因为只有一套衣服，所以开始出现虱子。星期天是唯一不须劳务作业的日子，因此上午除虱子成为例行公事。在谦二所在的战俘营，虽然没发生过因虱子传染斑疹伤寒的状况，但其他战俘营的确有许多俘房因传染病倒下。

抵达战俘营没多久的1945年11月初的一个夜晚，在完全没有通告的情况下，大家都被赶出户外，在不安中，被带到一处公共澡堂。该处有一个大型热气消毒室，将俘房们脱下的衣物进行灭菌消毒，同时大家也利用水龙头流出的一点热水擦拭身体。但因收容所的卫生环境并无改善，所以这种除虱作业也只有短暂的效果。而且当大家回到战俘营，立刻发现所有行李都遭苏联士兵翻搜过，钢笔等值钱物品都被拿走。"自己的东西几乎都没被偷走，不过兵营整个被翻得一团乱。"

谦二的视力大概只有0.5，进入军队后经常需要看清远处，因此他戴上了眼镜。但在西伯利亚时眼镜破了，之后便没有眼镜可戴。不过，谦二说："这种事情还算不上辛苦，比自己视力更差的大有人在，也不记得听过有人抱怨不便。"

在战俘营最初的两个月，饮食几乎都是由水与高粱做成的俄罗斯麦片粥（kesha）。谦二说它是"粥的亲戚"。其他的食材还有稻米、小米、玉米等，谦二说："大概都是从中国东北来的战利品，毕竟自己也在黑龙江畔帮忙装卸，亲眼见过。"第二年开始，除了谷类的杂烩粥之外，也会放入咸鱼一起熬煮，有一段时期还出现过支援苏联的美制腌牛肉罐头，最初的冬天完全没有这类物品。

进入1946年之后，除了早餐与晚餐的杂烩粥之外，还能领到黑面包作为外出劳务作业时的午餐。但因早餐分量很少，大部分时候会把黑面包与早餐一起吃掉。有时想忍耐着不吃，但禁不起诱惑心想咬一口就好，最后终究停不下来，全部都吃掉了。

杂烩粥由俘虏们组成的炊事班调制，大家各自拿着饭盒去盛领。苏联方面并未提供餐具，俘虏们拿着自己带来的便当盒，以及外出作业时偷来的铝条、木片制成的汤匙食用。灵巧的人制作的汤匙相当好用，连黏在饭盒上的如糨糊般的部分都可刮起，但谦二的汤匙却只是个像小破片那样的东西。

饭盒是活命的基础，什么都可以舍弃，但大家绝不会放弃饭盒，甚至到了自己要回日本时都还想带着回家的程度。其中有些人回国后也一直保存着自己的饭盒。第二年开始配给美国制的腌牛肉罐头，大家也拿着空罐当餐具。前往苏联军官家中帮忙清扫排水时，经常会清出空罐，有不少人也会捡回来当餐具使用。

日军的饭盒有被称为"single"的单层式，以及可以放副食称为"double"的双层式两种。两者的容量有差异，不管如何公平分配食物，总会有差异。在一些西伯利亚回忆录中可以读到，许多俘虏会敲打饭盒底部使其隆起，希望多少增加饭盒的容量。

谦二待的战俘营，关于粮食配给采用了一套自己的方式。大家不是拿着各自的饭盒去盛粥，而是集合大家的饭盒后，全部分盛好，再分配给每个人。

分配餐饮时，大家眼睛都睁得像铜铃那么大。所有人的餐盒都聚集在一处，接着由炊事班运桶子来到小队上分配杂烩粥。虽然分配时都尽量公平，但所有人都张大眼盯着，因此总会有人抱怨分配少了，在食物分配上，纷争从未少过。春天之后想办法偷了些苏联的物资，替每个人都做了铝制餐盘，大家都有了相同的餐具。毕竟不让大家自己从炊事班手中拿到粮食，纷争永远不会结束。

即便如此，在谦二战俘营的俘虏们，并非维持原本部队的形态，而是混合编成的联队，所以粮食分配算是相当平等。依照原部队编成进入战俘营的部队，军官或士官们手中握有粮食配给的权力，下级士兵特别是新兵——往往最后才能领到食物。这种状况也成为俘虏间"民主化运动"抬头的背景，这会在下一章中说明。

四、对某位青年的追忆

如前所述，死在列车上的俘虏，全员都还目送他到墓地安葬。但之后俘虏们便不再有这样的余裕。

随着气候逐渐严酷，大家也开始了帮火力发电厂挖掘沟渠的作业。火力发电需要从河川汲水，煮沸后推动发电涡轮机，但在水循环期间取水沟与排水沟会冻结。为了让水能流动，必须挖掘沟渠，打碎结冰。为此当地动员了第二十四区第二分所 500 名俘虏中的300 名，从 1946 年 1 月到 3 月，持续在野外进行作业。

> 大家在河边的土地上以铁制圆棒敲击冰块，但是土壤与砂砾混合冻结，状态就像混凝土一般坚硬，不管怎么敲打，一天顶多只能敲出 10 厘米左右。零下 45 摄氏度时，没有什么湿气，呼出的水蒸气立刻冻结，变得如钻石粉末一般。在荒郊野外极度寒冷下作业，加上空腹与营养失调导致的寒冷与疲劳，陆续造成了人员死亡。

为了抵抗饥饿感，有些俘虏之间会利用一点杂烩粥，撒上不知从哪弄来的食盐就这么食用，想要享受仅有的一点吃饭乐趣。为了促进食欲，需要把味道调浓一些，这种状况下变成营养不良加上食盐摄取过量，许多人都因此出现浮肿症状。

某次当大家列队进行户外劳动，通过赤塔中心街道的某餐厅前时，有人发现厨房流出的排水沟中，混着冻结的面包屑。当时俘虏同伴为了面包屑离开队伍，却遭监视士兵怒斥，谦二看到这一幕，内心倍感凄凉。

在这种状况下，另一个痛苦的回忆便是上厕所。因为房舍内部没有厕所，所以即便是在夜晚，也得走到户外。从房舍门口到厕所大概距离 50 米，那只是挖掘了一条细长沟渠的露天厕所。

营养不良后变得尿频。如果身体状况再差些就会拉肚子。最糟的时候，还没走到厕所就会尿出来。夜晚大家都频繁起身去小便。就算睡觉的时候，也会发生营养不良的人的尿液从木板搭组的上层卧铺缝隙中漏下来的状况。

自己也曾有过每隔不到一小时就得去厕所的经验。兵营内有轮值站岗的人，站岗者身上拿着从大队本部领来、未遭苏联军队掠夺的手表，就站在壁炉旁看守。我问了轮值那个人才知道，距离自己上次去厕所还不到一小时。

在零下 40 摄氏度的夜晚走出户外，并不会感到寒冷，而是感到疼痛。不过去露天厕所只露出屁股，因为屁股是圆的，还不至于冻伤。会遭冻伤的是突出的如鼻子或手指部分。如果鼻子冻红了，不小心翼翼取暖回温，鼻子就会掉下来。

堆积在厕所的排泄物立刻结冻。如果放任不管，冻结的排泄物便会堆成小山，甚至扎到屁股。之后这些冻结的排泄物就会溢到踩踏的地板上，整个地板都是冻结的大小便。半途漏出的小便也会立刻冻结，体力不好的人，踩上这种冰便会滑倒。营养不良后会出现夜盲症状，走到暗处更容易跌倒。

上完厕所后也没有草纸可以擦拭。大家原本以为"俄国人吃的东西不一样，他们本来就不需要厕纸擦拭。过一阵子我们的大便也会变硬，也就不需要擦拭了。战俘营并非特例，当时俄国人的厕所普遍都设在屋外"。话虽如此，"最初的冬天实在辛苦。拉肚子的人，只能以手边的衣物或破布擦拭屁股"。

在这种情况下，因营养不良与过劳，人员陆续死亡。"有时会发生早上大家起床时，才发现某个人死掉了的状况。不过只有最初过世的人有葬礼，之后大家为了自己活下去就费尽心思，根本没有余裕去理会别人。"

1946年1月1日，俘虏们在战俘营迎接正月。根据《赤塔会会报》中原军官俘虏们写的回忆录，他们当天早上在第二十四区第二分所的庭院，朝着皇居方向唱颂了三次万岁。

可是谦二说"完全不记得这件事情"。

> 军官们即便外出劳动，也只是负责监视，生活比较轻松，可能还有那种余裕。不过那大概也不是经过深思熟虑的行为，不过是想念日本，依照着大战前的习惯做相同的事情罢了。就像新年初次到神社参拜一样。第二年之后，就几乎没有这样的举动了。

这个正月，谦二记忆最深刻的是前往探望营养不良的俘虏好友"京坂君"。京坂是驻扎新京第八航空通信联队的新兵，与谦二一样，1944年12月于东京入伍，接着直接送往中国东北。在队上大部分都是较年长且居住于中国东北的日本人的状况下，谦二与京坂因为年龄与境遇相近，进入战俘营之后成为好友。

谦二本人几乎没有写下任何西伯利亚时期的记录。他唯一写的一篇，就是对京坂的回忆。下文就是 20 世纪 80 年代时，他发表于居住的新兴住宅区自治会志上的文章《对某位青年的追忆》[1]：

> 昭和二十年（1945）8 月。我以现役新兵的身份，待在中国东北牡丹江近郊之处，日本对苏联无条件投降后我成为战俘，10 月下旬遭遣送至西伯利亚东部的赤塔战俘营。
>
> 正如大家经常看到拘留犹太人的奥斯维辛集中营照片一般，大约 500 人如沙丁鱼一般拥挤，睡在三层的通铺上。
>
> 对于未知的未来充满了精神上的不安。不仅得负担重度劳动，而且粮食不足，大家几乎都处于饥馑状态。一天比一天冷的空气，预告着即将到来的酷寒，简言之，那是一种接近恐怖程度的寒冷。望乡、饥饿、寒冷。仅靠着"或许某天仍可回家吧"这样的期望支撑着自己的生命，活过每一天。
>
> 11 月下旬，已经出现了好几位死者，另外有几十个人也奄奄一息。与我同期的京坂君也开始出现营养不良的症状。他开始患上夜盲症，清晨整队出发作业，沿着雪埋的道路走向工作场地时，他必须牵着我的手前进。不这么做的话，在天转大亮之前他什么都看不清楚，必然会滑倒。那段时间他的脚开始水肿，每每悲伤地对我说，他的脚套不进鞋子，我总是努力帮他把脚塞进鞋子，打理整齐。到了 12 月中旬，他终于开始出现失禁症状，上头免除了他的劳动，让他进入医务室休养。虽说如此，自然没有任何医疗处置，只是放任他休息睡觉而已。

1　小熊謙二，《ある若者への追憶》，《紫陽》第 2 号，1986 年。

　　新的一年到来，1946年1月1日。这天苏联也休假，当天午后我前往探病。病房中排列了七八张病床，壁炉中燃烧着稀少的煤炭，根本提升不了温度。溢出的水在地板上结冻，三层玻璃窗除了中央部分，全都结了一层厚冰。我从窗户向外望，看到了俄国人的大人小孩走在路上，家家户户的烟囱冒出炊烟。现在我处在一个遥远的世界，这里没有所谓家庭这种东西。

　　看他衰弱的程度，任谁都知道大概来日无多，我与他说了什么话，几乎都忘记了。当时也没有任何好消息可说，无非就是说些老套的安慰话语罢了。

　　可是他却双眼看着不知名的远方喃喃自语，说出"现在，日本也在过正月吧""好想吃麻薯啊"这两句话，至今仍然残留在我记忆的片隅当中。

　　几天后他过世了。我自己也因为连日的重度劳动，加上寒冷与四五天的腹泻，变得又瘦又衰弱。他是1月几日什么时候死的？过世时大概是什么状况？我究竟问了哪些人？自己也完全记不得了。如果要打比方，那就像一则传闻而已。所有人都失去了关心他人的能力，失去了人类该有的情感。当然，没有守灵仪式也没有葬礼，毕竟当时我们过的，并不是人类该有的生活。

　　如这段文章所写一般，此时谦二也因营养不良，开始出现腹泻症状。1月开始的发电所壕沟挖渠作业中，他也发生过拉在裤子里、直接穿着脏裤子回到战俘营的状况。至于弄脏的内裤，只能靠着火力发电所排水沟的温水勉强洗净。

　　到了2月，腹泻状况愈加严重，在苏联军医的判断下，他被免除了户外劳动作业，但还没到必须入院的程度，所以谦二留在战俘营兵舍内休养。同样留在兵舍的俘虏伙伴，劝诱他一起在营舍内翻找粮食。外出作业的俘虏同伴，有些人把早上配给的黑面包留下，藏在自己的背包下。谦二受不了引诱，也加入他们，找出这类食物吃掉，但却留下很深的罪恶感。

　　如果是偷苏联的食物或物资，完全没什么好犹豫，但对同样饿着肚子的俘虏，拿走他们珍藏的面包，自己却感到非常后悔。根本不该这么做的，因为寒冷、饥饿与健康状况不佳，自己连正常的人性都失去了。

　　免除户外劳动仅是暂时性的措施，没多久谦二又被赶出兵舍，继续执行沟渠挖掘作业。如果继续保持这种状态，谦二很可能会步上与京坂同样的命运。

　　不过这时候，谦二的幸运派上用场了。第二十四区第二分所很快就开始改善体制。

　　1945 年 12 月中旬，苏军的艾哈迈杜林（Akhmadullin）上级中尉开始担任第三任的战俘营管理长官。谦二如此描述：

　　第一任所长大概在 11 月中旬，第二任所长在 12 月中旬，各自交接了任务。恐怕是因为物资盗卖事发，上级察觉管理体制不完善，所以才出现人事调动。俘虏同伴间有人看到前任所长被铐上手铐带走的情况。艾哈迈杜林通过翻译对俘虏们发表训示，表明将改善至今为止的违法情状。确实，在那之后粮食分配的状况有所好转，当时为止不足的分量有所增加，甚至有一段短暂的时期内还提供超过规定的粮食量。

　　我自己能够活下来，有两个理由。第一个是进入了混合编成的部队，在战俘营当中相对没有位阶差异；另一个就是战俘营体制很快得到改善。我待的战俘营位于苏方军团司令部所在的赤塔城镇内，因此情况很快地有了改善。远离城镇散布各地的战俘营应该会出现更多的死者吧。

　　谦二认为自己能够生存下来，是因为这些客观条件在偶然之间凑齐的关系。他并不认为能活下来是因为自己的判断力好或者足够"用心"、拥有惊人意志力、受到神佛保佑等。

　　我认为死于这个时期的人们，并没有什么特征或倾向。例如精神上较衰弱、入伍前从事什么工作等，我不认为是这些条件分隔了大家的生或死。毕竟军官们无须劳动，因此士兵这边死者较多，这是摆明了的事实，任谁死亡都毫不足奇。

　　根据西伯利亚拘留战俘的手记，有许多人描述，记得年轻时太过无所事事引发了焦躁感，或者因为自己悲惨的命运而几乎发狂等回忆，但谦二却如此表示："我没想过这些事情。光是要活着就耗尽心力了。那种抽象性的思考，应该是原本就属于更高层级的人，或者只有无须户外重度劳动的军官们才会有那样的想法吧。"

　　不只是西伯利亚拘留的经验，关于战争体验的记录，不管是学徒兵的，还是预备军官的、高阶军官的等等，大多是拥有学历与地位优势的人所撰写的。这些记录自然是贵重的文献，但同时也是站在特定立场写下的。生活缺乏余裕，识字能力低落的庶民，并没有留下自己描述的历史记录。

在第二十四区第二分所死亡的俘虏人数，相较之下非常少。根据大战之后由俘虏们组成的同友会杂志《赤塔会会报》所载，至1946年3月31日为止，该所死亡人数"约45名"。[1] 谦二回忆道"记忆中应该更少一些"，不过45名死者，大约占收容人数的10%不到。

西伯利亚的拘留战俘大约有64万人，其中死亡人数大约6万，从这个角度来看，平均死亡率是一成，谦二的战俘营不见得如他所说拥有较佳的境遇。

1946年3月，随着冬季过去，发电所的工作也告一段落。俘虏们的作业改为整理掳获物资或帮忙苏联军官家庭进行排水整理等较为轻松的工作。战俘营的待遇也逐渐得到改善，1946年夏天，战俘营兵舍也通过俘虏们的劳力得到扩建。三层卧铺改为两层，居住环境较为改善。不过，同时期也开始设置三重铁丝网、配有探照灯的卫兵楼等设施，警戒变得更加严密，但至少此后这个战俘营再也没出现过死者。

当大家精神上开始多少有些余裕后，关于可以归国的希望性观测、谣言，便开始四处传播。户外作业时看到载着俘虏的卡车，完全没有任何事实依据，就说那会不会是移送日本人归国的车辆？类似这种穿凿附会的传言，不断在战俘间扩散。可是，距离谦二实际回到日本，仍有两年以上的时光。

1　《北陵より舞鶴まで》，《チタ会会报》第3号。

第四章

民主运动

1946 年春天，赤塔第二十四区第二分所的俘虏们待遇得到改善。这一年的 9 月，多增设了一栋兵舍，原本的三层卧铺也随之改为两层，用餐也得以改至食堂。这年夏天开始出现的臭虫，让人烦恼了一阵子，增盖兵舍时也曾短暂睡在堆积的木材上，不过这都算不上大事，毕竟酷寒与饥饿的时期已经过去了。

为了处理俘虏身上长的虱子，战俘营内特别准备了一个大锅，把大家的衣服都煮沸了一次，借此除去了虫害。早晚的杂烩粥，也逐渐混入了咸鱼与美制腌牛肉罐头，与谷类一同熬煮而成。苏联方面配给的砂糖，由俘虏炊事班保管，甚至还有剩余的糖煮出甜味的小米粥，当作正月的特殊配给。

不过，"最初的冬天要与饥饿和寒冷战斗，但第二年开始也逐渐出现其他令人痛苦的事情"。俘虏之间基于共产主义思想，开始互相检举纠弹，出现了所谓的"民主运动"。

一、不同的管理体制

在说明俘虏们的民主运动之前，需要先说明谦二见到的苏方管理体制，以及描绘一些人物的样貌。这些是为何民主运动会以如此形态发生的大前提。

日本的俘虏们，分别由苏联的内务部俘虏管理局（GUPVI）管辖的俘虏营，与军方（国防部）管辖的劳动大队管理。谦二所在的第二十四区第二分所属于内务部的管辖范围。内务部拥有国境警备队与管理犯人及重要地区的国内警备队，这些警备队与军队拥有相同的位阶组织制度。内务部管辖的战俘营，由国内警备队的军人们担任管理者角色。

谦二待的第二十四区第二分所，从所长以下共有约十名高阶军官与下级军官管理，他们居住在战俘营外的官舍，每天到第二分所工作。此外警备队兵营就在战俘营附近，来自警备队的士兵负责监视俘虏们往来营舍与工作场地。

1945 年 12 月中旬，大概因为物资盗卖的关系，所长接二连三地更换，此时第三任所长艾哈迈杜林上级中尉上任了。艾哈迈杜林有着一副黑发圆脸的长相，大概是中亚血统。

关于这一点，谦二说："对于艾哈迈杜林东亚脸孔般的长相，我们并没有特别的想法。我想苏联方面也不是因为什么特别的理由，才将他派到这里。基本上，在苏联感受不到什么人种歧视，因为苏联人本来就混杂了各式各样的种族。"关于在苏联感受不到人种歧视的描述，不管赞成或反对苏联体制，在各种西伯利亚回忆录中，这点倒是共通的。

在谦二的俘虏营，实际上负责与苏联方面交涉各种实际事务的是第五十二大队的副官，隈部会大尉。根据隈部回国后所写的回忆录，艾哈迈杜林个性认真严谨，他在扫除黑市盗卖、改善战俘待遇的同时，也更严格执行劳动基础定额的规定。

苏联军官当中有一位警备军官，名为谢斯塔科夫（Sestakov）的中尉，在日本俘虏之间深具人气。根据隈部的回忆录，谢斯塔科夫"说他曾经在德苏战线中成为德军俘虏，那种痛苦滋味他也尝过，因此对日本战俘的处置，都尽量保持宽大为怀。在他服勤的日子中，几乎没有出过任何麻烦，也绝对不会拿不合理的要求为难大家"[1]。

谦二从 1946 年除夕到 1947 年正月，曾经在谢斯塔科夫指挥下进行将木材堆上货车的作业。"我记得回战俘营的货车因为路面结冻无法动弹，他说'大家一起下车推'，自己也跳下来加入一起推车。"

在第二次世界大战期间，成为德军俘虏的苏联官兵约有 570 万。其中 100 万人在受德军奴役后获释，但在前线遭虐杀或在战俘营中处境恶劣而身亡者，达到 200 万到 300 万人，死亡率高达六成。

另一方面，遭苏联军队俘虏的德国官兵约有 330 万人，其中死亡约 100 万人，死亡率达到三成。至于拘留西伯利亚的日军战俘，在拘留 64 万人中约 6 万人过世，死亡率约一成。成为日军俘虏的英美军官兵，死亡率约在 27% 左右。

成为德军俘虏的苏联官兵即便存活下来，也必须面对苏联内部的残酷对待。斯大林于德苏开战后的 1941 年 8 月下达"遭俘虏是对祖国的背信行为，是一种背叛，应该处以极刑"的命令。[2] 获释的俘虏，因为替德国工作过，有协助敌人的嫌疑，必须送往再

1　隈部会，《アフマドリンとセスタコーフ》，《チタ会会报》第 2 号，1976 年。
2　ヴィクトル・カルポフ（Viktor Karpov），《スターリンの捕虜たちベリア抑留》。

教育集中营与惩罚大队，有许多人因而死亡，而详细的状况，至今未明。

根据隈部的回忆，谢斯塔科夫"原本是苏联军方的精英军官，却因为遭俘虏而一夕之间命运巨变，此后对于人生与其说不敢奢望太多，倒不如说完全不抱任何期望"。根据谦二的说法，警备队内部都称谢斯塔科夫中尉为"马有尔"[1]，似乎他原本官拜少校。而谢斯塔科夫的太太，也一起在俘虏营中工作。

隈部认为谢斯塔科夫"是一个充满人情味的人，想不到苏联里面竟然还有这等人物"。谦二也回想说："是一位 30 岁上下的中尉，总是面带微笑，是个好人。我们这些俘虏与他错身而过时，如果对他行礼，他也会微笑着稍微举手回礼。"其他俘虏也会用简单的俄语称呼谢斯塔科夫是"好中尉先生"。

除此之外，谦二还记得如做会计工作的中尉、高瘦的军医中尉以及他的军医少校夫人，还有一位俘虏们谑称"螳螂"的高瘦细脸士官等人。

分配到西伯利亚战俘营对苏联人而言也不是什么好差事。因为每天得与他们碰面，即便不交谈，大家也能够知道他们是什么样的人。其中有好人，也有不那么好的人。像管理俘虏作业的少尉，为了出人头地，往往会催促俘虏们进行作业。

谦二待的战俘营中，俘虏没有义务向苏联军方敬礼。谢斯塔科夫因为会对俘虏们回礼，所以俘虏们与他错身时也会向他行礼，虽

1　约为英文的 major，少校之意。——译注

然这并非义务。听说也会有体罚或殴打俘虏的人。

谦二本身也回想说"苏联军比日本军来得好"，他如此描述：

> 苏联军人在不执行任务的私下场合时，军官与士兵都能和乐谈话。五一劳动节等休假日，还会带着家人到战俘营来，大家一起跳舞。劳动节时军医夫妇很亲热地手牵手走在一起，因为太太的军阶更高，大家都说"他家里一定是老婆当家喔"。长官不会暴力相向，如果理由充分，士兵也可以对长官进行抗辩。
>
> 根据我自己的经验，1946 年的 6 月左右，曾经发生过这样的事情。我们大约有 10 个人被派到一家小型毛皮工厂，旁边就是羊皮的鞣皮作业场。在那里工作的一位毛皮工匠俄罗斯老爷爷，从帽子上敲了一下我的头。自己工作时被那位老爷爷捉弄了，当时他还哼着歌。虽然我也有不对，不过因为听过如果在作业当场受到暴力相向可以申告，我就呈报上去，进行抗辩。隈部大尉、翻译的山本先生、所长艾哈迈杜林，加上我再度前往作业场，老爷爷虽然也陈述了自己的意见，但最终仍向我道了歉。之后看到隈部大尉很生气地对艾哈迈杜林所长说："都是因为那个俘虏的态度不好。"不过即便如此，日军俘虏能这么做，还是令人难以想象。
>
> 在拘留期间遭苏联人殴打的事情，以我自己的例子来看，就只有这么一件。1947 年春，我被派去挑选卷心菜。冬天结冻保存的菜当中，有些解冻后坏掉无法食用，我们的任务便是把坏掉的菜挑出。当时，在作业之中，我差点被揍。那会儿，俘虏们会趁监视者不备，偷走挑出来的菜。有一回，我不幸被监视的男人看到，他立刻作势要打人，我立马跪下，双手合十道

歉求饶，还好逃过一劫。

准许俘虏抗辩的例子，在其他的西伯利亚回忆录中也有记载。回忆录中还出现过在战俘营受到虐待的俘虏，向来自中央的监视官告状后，该负责官员遭到调职的例子。[1] 从这点来看，谦二觉得"比日本军来得好"的感想，似乎不仅是他个人的感受而已。

不过，苏联还存在着秘密警察。从俄国革命后的国家保安局（GPU），一直到斯大林死后的 1954 年改称国家保安委员会（KGB），有不少名称与组织结构上的变迁。谦二在西伯利亚期间，苏联的秘密警察与强制集中营一样，都受内务部的内务人民委员部（NKVD）管辖（内务人民委员会于 1946 年改名为内务部［MVD］，同年秘密警察部门改组独立为国家安全部安全部［MGB］）。

苏联军中存在着所谓"政治军官"（political commissar）的隐藏势力。革命后的苏联为了强化军力，仍旧采用旧帝俄时期的军官，但因为对他们的忠诚有所质疑，所以又配置了国家保安局的政治委员，这就是所谓"政治军官"的起源。特别在斯大林体制下整肃红军之后，"政治军官"拥有凌驾一般军官的权威，甚至会介入作战指挥，屡屡造成指挥现场的混乱。

在谦二等人的战俘营，"政治军官"也屡屡出现。特别是 1947 年末到来的"政治军官"，他因长相被俘虏们戏称为"近藤勇"[2]，大家都怕这号人物。他们与战俘营的警备部队似乎是相互对立的关系。在隈部大尉的回忆录中，描写到艾哈迈杜林或谢斯塔科夫时总是带

1　若槻泰雄，《シベリア捕虜収容所》，サイマル出版会，1979 年。
2　江户幕府末期"新选组"的局长。——译注

西伯利亚被拘留者正接受日常的政治教育。(版权：每日新闻社)

着好意，对这些"政治军官"却写着"国家保安局的军官都是令人不敢恭维的人物""满脑子都是阴险的手段"等文字。

　　但理所当然的，俘虏们不太可能有机会去详细了解苏联方面的内部组织结构。在当时的战俘营，除了负责管理的内务部国内警备队之外，还派有国家保安部军官、内务部俘虏管理局政治部军官等驻扎。"近藤勇"究竟确切属于哪一单位，现在已经无法确认。以下的描述便是基于俘虏们这种有所局限的观点而构成的。

二、《日本新闻》与壁报新闻

　　谦二所在的战俘营在1946年的后半年发起民主运动。不过战俘们在此之前并非完全没有自发性的活动。

生活脱离最糟状态后，1946 年 8 月，战俘营的中庭树立起高台，举行了盂兰盆节。战俘们唱起北海道民谣，还有各种绝技表演，来自福冈县的人还出演了博多仁轮加舞蹈。

负责整个活动企划的，是出身钣金技工、拥有自行制作水桶技术的俘虏。如前一章所描述的，拥有这些特殊技术的俘虏们，大多都以室内勤务为主，粮食等待遇也较佳，所以在体力与时间上更有余裕。

这年的 9 月，俘虏间成立了名为"五十二会"的敦睦组织。此时的第二十四区第二分所，旧军阶关系已然消失，互相以阶级称呼的习惯也不复存在，因此得以自发性地发展敦睦组织。

根据谦二的说法，这是一个"为了在秋日长夜话乡愁而集结的组织"，为了纪念离开奉天一周年而成立。成员以各县、各出生地为别，做成名册，希望能通过这样的各县区分促进同乡者的亲睦关系。担任干事的是隈部大尉与一位大阪出身居住于中国东北、年约 40 岁叫作西田的温和派人物。

谦二自己先出席了一次东京之会，第二次则参加了本籍地的新潟之会，但总不太自在。

还在服役时收到外祖父寄来的信，说位于中野的住处因为强制疏散的关系，已遭拆除，而且家人们也因疏散而移住冈山，东京已经没有可以回去的家。所以即便归国，大概也只能回到本籍地的新潟，所以返乡之后的人脉，将显得更为重要。但参加新潟之会时，毕竟从未在新潟住过，根本没有共同回忆，跟大家谈话也扯不上边。

谦二已经成为丧失故乡的人了。

谦二说："这个'五十二会'，举办两次之后便停止了。大概是苏联方面有所压力，他们认为放任俘虏自发性地成立组织会产生问题。"虽然苏联体制下对自发性组织严加禁止，不过在后述的民主运动中，日本俘虏们却产生了过度的"自主性"甚至"自主规范性"的行动。这个"五十二会"取缔的详细状况与理由仍不太清楚。

从 1946 年开始到 1947 年冬天，俘虏们更进一步组成了演剧团。如前所述，第二年的冬天，也就是 1946 年的 12 月起，清晨六点如果低于零下 35 摄氏度，便会取消当日户外作业，所以俘虏们开始拥有室内生活时间。

一开始这个剧团名为"黎明演艺团"，演出过《记忆中的母亲》[1]等大众戏码。团员主要是喜欢演戏的士官们、大学毕业喜欢音乐的年轻军官加上扮演女性角色的年轻新兵等。1947 年后，剧团名称改为"民众座"，改名后一开始演出的剧码与之前并无太大差异。

作为西伯利亚拘留者民主运动的官方媒体，《日本新闻》（之后改用平假名《日本しんぶん》）这份报纸广为人知。这份报纸于 1945 年 9 月 15 日，在苏联红军政治部的指导下创刊，由集合于哈巴罗夫斯克（伯力）的日本俘虏们参加编辑；至 1949 年 11 月停刊为止，共发行 650 号（平均每周发刊三次），发行最多的时期，号称高达 80 万份。这份报纸配送到苏联各个战俘营，也组织了读者团体，可以算是战俘民主运动的发端。

谦二最初读到《日本新闻》，是在移送西伯利亚途中的 1945 年

1　《记忆中的母亲》（瞼の母）是长谷川伸的剧作，1930 年发表后成为许多巡回剧团的必备剧目，并被多次拍成电影。——编注

10月，当时他们仍身处中苏边境的黑河一带。伪装身份自称二等兵的佐桥中尉，用俄语对抱着一叠报纸的苏联军官说："阿金打歪。"[1]军官便递了一份给佐桥。谦二当时还心想："原来如此，如果想要讨东西，只要说'阿金打歪'就可以了。"俘虏们传阅了那份报纸，内容是用难以阅读的日语不断说明苏联红军取得重大胜利，读来十分无趣，很快就被扔掉了。

第二次读到这份报纸，是在1946年1月。苏联军官把报纸拿到战俘营，说要让大家传阅。因为日本人评价这份报纸是"造假新闻"，大部分的人都采取无视的态度。不过除了通过这份报纸，其实大家也没有其他方法得知日本的消息。

谦二阅读此报纸，最初让他留下印象的是1945年9月陆军上将东条英机企图以手枪自杀却失败，后被美国占领军逮捕的消息。东条英机是在1941年1月下达《战阵训》的陆军大臣，训示内容包含了"生不受囚虏之辱"这句名言，东条也是美日开战时的日本首相。

> 当时传阅读到这则新闻时，心中感到非常轻蔑。教导我们如果可能成为俘虏，就要自杀，并且带几个敌人一起上路，那种想法还停留在我们脑子里。只是因为天皇命令我们投降，所以可以勉强活下来当俘虏。可是那位命令我们不准成为俘虏的上将，却自杀失败遭俘，得知这消息让我相当看不起这个人。真的想自杀的话，把手枪塞进嘴里击发，肯定能够真正死亡。因为之前听到希特勒战死的消息，更激发了我对他的蔑视。

---

1 "给我一份"之意，原文以片假名拼读俄语。——译注

其他让他印象较深刻的报导，还有皇族之一的梨本宫遭收监的新闻。1946 年 2 月送抵战俘营的《日本新闻》，写着濑户内海的日军机场提供和平用途、现在成为盐田的报导。这再怎么说，战争结束之前都是不可能发生的状况。

毕竟谦二"在 1946 年之前，完全不懂民主化这个词汇，也没想过这件事情。虽然听过'民主主义'这个词汇，不过只觉得这与日本的国体不相符合"。即便如此，原本对战时新闻一直抱持怀疑态度的谦二，读到上述报导时，也不由得产生"'这世道真的改变了'的想法。这份报纸，除了宣传之外，或许也记载了一些其他消息吧"。

当年春天的《日本新闻》报导，日本国内遭遇严重的通货膨胀，一尾鲑鱼要价数百日元。"一位来自北海道的俘虏说：'有这么离谱的事情吗？果然这是造假新闻啦。'自己曾经在中学时听过第一次世界大战后，德国遭遇通货膨胀问题，虽然不是很理解，但知道日本确实可能发生这样的状况。"

1946 年 7 月，俘虏们开始制作壁报新闻。当时属于贵重物品的纸张和墨水，因为俘虏们的这项活动被辗转送来。苏联完全不给俘虏任何纸张，甚至连上厕所擦拭都只能用草或破布，所以"很可能是通过政治军官们的渠道取得的"。

当然这种壁报新闻，必须通过苏联方面的检阅。不过，刚开始俘虏们制作的都以俳句等文艺性文章为主，这部分还算相当自由。7 月推出的壁报新闻上，有篇称赞谢斯塔科夫中尉是"好中尉"的报导，这也是俘虏们自发写的文章，但"据隈部说谢斯塔科夫表示'被这么一写会遭忌妒，让我立场很艰困，所以以后别再这么写了'"。

大约从 1946 年后半开始，编辑倾向开始出现改变。英国首相丘吉尔使用"铁幕"一词发表演说，是 1946 年 3 月的事情，之后美苏对立气氛逐渐高涨。

虽然如此，谦二的战俘营日常生活，并没有多大改变。《日本新闻》也只是刊载民众在美军占领下遭到"反动派吉田内阁"的压迫，或者发生反美游行等反美报导。这种报导导致读者减少，就算配给下来，也被拿去当卷烟草的纸张，或者当厕纸用掉。

第二年的冬天起，因温度过低中止户外作业时，大家举行文化演讲。不过这些演讲也就是由过去曾任北海道大学副教授的士兵上台讲农业的话题，或者开设俄语初级讲座等内容而已。壁报新闻从第二回开始，宣传色彩加强，推出数回之后也被停掉了。演剧团从 1947 年春天起，开始上演讲述劳资问题的《蟹工船》[1] 等剧码，不过即便对故事的思想内容不表兴趣，也不至于遭受处罚。到了 1947 年初夏，开始发配日语写成的马列主义入门书，"必须在放置的场所阅读，每个中队大概只有一册，但几乎都是领到后'单纯被放置在那里'的状况"。

依据谦二的说法："1946 年秋天开始，虽然民主化运动逐渐展开，但也没那么严重。从 1946 年夏天开始到 1947 年中为止，下午五点工作完毕，六点用过晚餐，之后便是自由时间。大家玩着自己制作的花牌、围棋或日本象棋等，这段时间是战俘营生活最欢乐的时期。"不过这种状况从 1947 年的秋天之后，便发生了惨不忍睹的变化。

---

1 《蟹工船》为小林多喜二于 1929 年在全日本无产者艺术连盟的机关刊物《战旗》刊载的小说，被视为无产阶级主义文学的代表作。自 1930 年起被改编成戏剧，1953 年更被翻拍为电影。——编注

三、气氛改变了

综合各种西伯利亚回忆录，民主运动大致是混合了几种要素后才得以兴起的。其中之一，当然是苏联方面的策动，而俘虏之间也存在呼应苏联策动的条件。

俘虏之间的促成要素就在于旧日本军的位阶制度与私人制裁等陋习的进入。在粮食配给与作业分摊上明显不公平，而且各地战俘营都可以看到军官还有"侍从兵"（陪在军官身旁服侍的士兵）随侍在侧的事例。在民主运动初期，"积极分子"（俘虏中的民主运动家）针对粮食分配与诉求平等举办演说时，也有过大受喝彩的例子。

像这类事情，各战俘营的差异极大，难以当作普遍现象。谦二所在的第二十四区第二分所，从刚被收容开始便没什么阶级差别，到1946年夏天甚至连阶级称呼都消失了。不过，以位于乌兰巴托曾发生"拂晓祈祷事件"（未达成劳动规定限额的俘虏遭日军长官私刑致死）的"吉村队"俘虏营为例，直到1947年11月，为了返国抵达纳霍德卡港时，还被目击到穿着"亮晶晶长筒皮军靴"的军官，和帮他们背行李的"瘦巴巴士兵"的情景。[1]

因此，初期的民主运动大多以"反军斗争"的形态开始。具体来说，例如废止军官特权与敬礼、拆下位阶章、取消食物分配与作业分配的差别待遇等等。

俘虏们发起的民主运动，一部分也是受到苏联军的启发，因为苏军当中并没有不当的阶级差别。此外，纯粹受军国主义教育培养出来的年轻学徒兵、青年军官与出身"满洲青年开拓团"的人，在

1　江口十四一，《序にかえて》，《捕虏体験記 VI》。

这波民主运动中首次接触共产主义，加上作为年轻人本身对社会性求知欲极强，也发生了特别热衷于运动的例子。另外还有一些是从"二战"之前便参与共产主义运动的人，他们之中当然也有人自发性地参与这波运动。

诸如此类，往往都是复合性交互作用下的结果。例如与《日本新闻》编辑关系匪浅的著名"积极分子"浅原正基，他还在东京帝国大学就学时曾遭检举，说他与共产主义运动有所关联。遭到拘留成为战俘后，针对粮食分配与阶级差别向《日本新闻》投稿告发，之后加入战俘营民主运动。他回到日本后也在公开发表的文章上声称自己从事过这些活动。[1]

因为有这种情况，虽然战俘营民主运动是在苏联影响下开始发展，但仍有不少论者认为，这些运动的开展其实具有一定的自发性与必然性。特别是类似浅原等组织民主运动的原积极分子们，他们的回忆录中这种倾向较强。不过对于这样的论述，谦二却如此批判：

> 在生死关头的第一个冬天，我能理解有阶级差异的俘虏营生活会非常艰辛。不过若说这些人从那个时期便开始推动反军斗争，恐怕事实并非如此。如果他们真的在这个最需要反军斗争的时期推展运动，那确实很了不起，可是几乎都是第二年生活状态改善后，在苏联方面策动下才真的展开活动。
>
> 那些人为了辩解才写下的文章，不足采信。浅原说他在最初的冬天向《日本新闻》投稿告发阶级差别状况，但在战俘营当中俘虏们应该无法邮寄投稿。如果不是直接向苏联"政治军官"

1　浅原正基，《對抗流言・中傷》，《中央公論》1956 年 10 月号。

反映，通过他们把文稿拿至《日本新闻》编辑部，那他投稿便是不可信的谎言。要做到这些事情，他本身就非得是特权阶级不可。

实际上，据说因民主运动而晋升"特权阶级"的人不少。在此之前，根据海牙《陆战法规和惯例公约》禁止从事劳役的军官，加上拥有特殊技能的木工、理发师、戏剧专长者，才是能够获得较佳食物分配与免除户外重度劳动的"特权阶级"。当时是否身为特权阶级，直接关系着自己的生死。不过之后似乎有许多人抱持着参加民主运动就可以获得室内勤务与增加食物配给的期待。

这部分的状况，根据战俘们的回忆，因为立场不同，表达的内容也各异。对民主运动抱持批判态度的回忆录，形容积极分子们行使特权，借用苏联的权威对日本人颐指气使，开心地参与这些活动。另一方面参加民主运动者的回忆录，许多描述都说明，他们承认有些冒失的人确实以特权为目的而参与活动，但接触新知识而大开眼界后，大家都热心推动民主运动。恐怕，双方的陈述都各自表现出了部分的真实吧。

无论如何，大多数的回忆资料对民主运动都采取批判的态度。而阅读民主运动积极分子们的回忆录，可以发现他们大多也只是参加室内文化运动，编辑报纸或者前往苏联方面设立的社会运动家培训学校参加活动等。这些举止看在必须于严寒中从事户外劳役的多数战俘眼中，对他们的怨恨，自然不难想象。

另外如下所述，俘虏们的民主运动，也有出现超过苏联方面意图而呈现失控的趋势。不管是批判民主运动的回忆，或者肯定民主运动的回想，几乎都对这一点抱持同意的看法。以下谦二的回想，便是基于上述背景进行的描述。

谦二所在的第二十四区第二分所，如前所述"在自然而然的情况下朝向民主化迈进"。因此这个单位没有所谓自然发生的反军斗争这个要素，几乎都是在苏联方面策动之下开始民主化运动。依据谦二的回忆，以及战后组成之第二十四区第二分所同友会"赤塔会"做成的年表，综合之下可以得出以下的事情始末。[1]

首先在 1946 年 10 月，苏联的伊瓦诺夫少校如往常一样来到第二分所，宣告"《日本新闻》读书会"的成立。"读友会"是指各战俘营中组成的《日本新闻》轮读会。

第二分所内有西田、吉川、仓田等三人响应。仓田曾于 1928 年的"三一五事件"[2]中入狱，而吉川则是大学副教授，算是知识分子，而且大家都属士兵阶级。苏联在此时期似乎有以知识分子为中心推进民主运动的方针。

依照谦二的说法，"到了 10 月已经相当寒冷。西田原本就经常执行室内勤务，至于仓田与吉川，我不清楚他们参加的动机，但志愿响应便可在室内参与活动。能否待在室内，是关系死活的问题"。

1946 年夏天结束的前后，大队长植苗大尉、副官隈部大尉等旧干部，都转移至其他战俘营。不仅没有送别会之类的，大家甚至都不清楚"他们是何时消失的"；"似乎是在我们白天外出作业的时间，把他们转移走的。作业结束回来后，一时半刻还没察觉。只有'这么一说，好像没见到'的感觉。之后的转移，大概也都是这种状况"。

11 月，一位叫作土井的监察官，终于来到第二分所。他以长官

---

1 《北陵より舞鶴まで》，《チタ会会报》第 3 号。
2 "三一五事件"是日本政府于 1928 年 3 月 15 日在全国各地逮捕镇压约 1600 名社会主义者和共产主义者的事件，被逮捕者包括马克思主义经济学家河上肇。——编注

的身份，要求留下来的军官们必须与其他士兵们共同劳动。命令军官从事劳动违反海牙《陆战法规和惯例公约》，但规定中说明，如果军官们自己希望从事轻劳动，则不在此限。因此许多军官都以自愿的形式，参加了部分劳役活动。

但日本军无论军官或士兵，都不太理解国际法与国际条约，连谦二也认为军官拥有不同待遇很不公平。有些年轻的军官们便在这种气氛下成为"志愿"者，自动自发加入作业。

到了1947年，战俘营内的秩序出现变化。首先在1月时，作为"民主化"的一环，原本军事称呼的"大队""中队"遭废止，改称"作业团"与"分团"，由西田担任团长。

几乎所有军官都在1947年上半年转移他所。相对的，从夏天至秋天，劳工、农民出身的民主运动积极分子转入队上。高层改变了民主运动方针，从原本由知识分子与青年军官担任指导角色改为由劳工、农民出身的士兵担纲领导。

因为这个原因，加入1946年第二分所成立的"《日本新闻》读友会"的原共产主义者仓田，以及大学副教授吉川，在1947年初夏失势，必须跟大家一同外出参与户外劳役。前一年转来的监察官土井，也转移往其他的战俘营。

1947年秋天，从第二分所开始送出人员，前往积极分子培训学校接受教育。有一位出身福岛县的农民士兵，被送至赤塔地区的地方学校，大约过了三个月，以积极分子的身份回到队上。根据谦二的说法，"原本是个朴素的人，即便受煽动也不会随波逐流。大概无法成为'斗士'，因此不知不觉间又被黯然送回"。

不只是军官干部被变更为归俘虏营所属，1947年4月，有66个人转入第二分队。他们穿着苏联军队从中国东北掠夺而来的黑色防寒"满服"，被谦二等人戏称为"乌鸦组"。"转移变得频繁，最初约 500 名的俘虏中，截至自己 1948 年 8 月回国前，大概只有四分之一还留在原队上。"

随着移出与移入愈加频繁，战俘营的气氛也随之改变。"从北陵一起来的人们，许多是居住中国东北的日本人，彼此都认识。大家共同经历这些辛劳，在某种意义上即便称不上连带感，至少也有一份安心感。可是对移入的人，就没有这种感觉。"

在这种氛围下强化的民主运动，反而让大家彼此互相怀疑起来。

1947 年夏天以后，如果多说了不该说的话，就会被当成反动分子来处理，因为这层疑虑，大家逐渐变得不敢自在说话。参加俘虏营内的轮读会时，过往大家因为作业完回来都很疲倦，许多人在会上忍不住会睡着，但之后这再也不被允许。

转移频繁之后，战俘营的人们就无法团结。我回国之后读到索尔仁尼琴的《古拉格群岛》，才知道不只是对我们这些战俘，在苏联的集中营里，这种人犯转移已经算是常用的管理手法了。

以知识分子战俘为中心的"《日本新闻》读友会"不知何时解散，1947 年 12 月，基于苏联内务部的决定，从 1948 年起组成"反法西斯委员会"。与此并行，由移入的积极分子们主导，原本战俘营的管理者、干部全遭解任与更换。

这个时期最惊人的人事异动，是炊事班班长川村遭到解职。川村是出身夏威夷的日裔第二代，于奉天俘虏营担任翻译，一位接近 30 岁的士官。他是大家公认的有人望者，处事公允，公私分明，颇受好评，已经担任炊事班班长达两年。因为炊事班班长有许多好处，大家都认为不是川村无法担任此职，即便如此，他还是被解任改派一般劳役业务。

　　川村不仅具有人望，因为能说英语，所以俄语也学得很快。领取粮食时他可以与苏方交涉，努力抑止盗卖或防止有人打马虎眼，能够替战俘们说明主张。不过现在回想起来，或许因为他是日裔第二代，在美苏冷战的波及下，因而遭苏联"政治军官"盯上也说不定。即便大家都惊讶地说"怎么能将川村先生解任"，但却没人有勇气抗议。反抗积极分子们，就等于反抗苏联，大家都害怕因此失去回国的机会。

四、检举反动分子

　　当时每天的行程是，早上六点起床，吃完早餐后七点半整队，十二点于作业现场用午餐，下午五点作业结束，六点半用晚餐，之后便是自由时间。但从1947年后半起，晚餐之后到十点左右为止，需要举行班内称为"检举反动"的"群众批斗"活动。到了1948年，甚至从早上六点起床后就开始，直至作业的午休时间。

　　"检举反动"大概依照以下的形式举行。在俘虏营内找出约十人围坐一圈，随便找个借口检举"某某人"，气氛逐渐变得激烈。晚餐之后大概持续二至三个钟头，最后由领导总结"今天也完成了战胜反动势力的斗争"，在大家齐唱革命歌的歌声中结束。

　　检举反动就类似在霸凌新兵。在日本旧军队内务班当中，晚餐后的时间随便找个理由，比方没有擦枪、态度过于嚣张等，要求新兵反省自己"不懂规矩"，趁机殴打新兵等等。这种行为模式，就照本宣科在民主运动上重新搬演。

　　什么理由都可以。例如在民主运动上唱的《共产主义者的马赛曲》，积极分子们说成《共产党的马赛曲》，对此某个毕业自外语大学的俘虏喃喃自语说了句"不是共产党的，而是共产主义者的马赛曲"就因而获罪，成为检举反动的对象。这个俘虏应该没想过要批评积极分子，也没有多作考虑。

在西伯利亚回忆录这类文章中亦有写到，当工人、农民出身的积极分子演讲时发错音说错字，例如"德川布府（幕府）""维护（唯物）史观"等等[1]，若对演讲者提出纠正，就会被打入"反动"派。

　　根据其他战俘营的记录，包括宪兵、军官、特务部队、"满洲国"警官等旧日军队特权阶层，过去曾遭人怨恨的这些人，许多都成为被检举对象。不过这种现象似乎没出现在谦二的战俘营中。这大概是因为第二十四区第二分队一开始就是混杂编成的队伍，在苏联策进俘虏民主运动之前，他们已经相当民主化了，这段过去的经历其实起到相当的作用。"我自己入伍前也待过富士通信机，也可能以'曾在军需产业工作，属于反动派'而遭检举。任何事情都可以被当作斗争借口"，这是谦二的说法。

　　其他战俘营的例子，还出现过在食堂内进行团体检举反动，将"反动派"绑在柱子上，再由其他人群体"突击"，结果导致死亡的状况。这样的体罚虽然没出现在谦二的战俘营，但仍给大家带来精神上莫大的痛苦。

1　若槻泰雄，《シベリア捕虜収容所》。

民主运动虽然没有出现殴打场面，但比起内务班私刑，精神上的苦痛更加可怕。内务班私刑是由老兵殴打新兵，打完了也就结束了，而且大家同为新兵，多少还算安心。可是民主运动中，万一被打上反动分子的烙印，就会影响到所有的生活层面。你永远不知道何时会被何人检举。谁可能是积极分子，谁应该不是，这一切都没有清楚的界线。

在军队中，不管发动私刑或遭受私刑，双方都认为做出这种行为很愚蠢。可是被指为反动，便可能遭列黑名单，导致无法回国。因此究竟要一味保持沉默，还是要大表赞成？我自己即便没有积极参与，仍然扮演起哄群众的角色大喊："没错！没错！"如果不这么做，自己也会被打为反动派。

不过，从北陵一起来的人，彼此内心都还有个分寸，但随着移出的人越来越多，大家便愈发毫不留情。1947 年 4 月左右，营内大部分还都是熟人，大家仍然认为，到面包工厂作业后偷些面包回来分给营内的同伴，是理所当然的事情。可是到了该年年底，"究竟是谁在盗取劳工祖国苏联的财产？"这种气氛便逐渐酝酿起来。

几乎民主集团的任何活动，都给人毫无意义的感觉。1947 年年中，大家开始轮流进行被称为"十字路口演讲"的街头演说训练。听说是为了回日本之后，可以站在街头对工人与农民表达诉求的练习。"不干的话就被当作反动派，所以只好把平常听到的惯用字句拼凑着演说，但其实也说得很糟。我一边想着回到日本我也不干这种事情，一边形式上照做，应付了事。"

1948 年 5 月 1 日的劳动节，俘虏们在战俘营内进行示威，在营区的围墙内揭起打倒资本主义与打倒帝国主义的游行。

　　这简直就是小孩的战争游戏。在示威游行时，年轻的积极分子穿越游行队伍，队伍内的人们以为伟大的指导者要通过，自然让开一条道路，让他们通行。这时候年长的积极分子，突然站出来训诫不可以穿越游行队伍。究竟该听谁的才对，完全没有标准可言，大家都无所适从。

　　1947年冬天，谦二也差点遭到检举。他睡觉时说了句梦话"民主运动什么的，只会出现在西伯利亚啦"，被附近的民主集团积极分子听到，第二天被他召唤"喂，你来一下"，"阿熊，你说那些话，还好只是被我们听到，自己要多小心点。那副德性可不行"。

　　对方来自东京，是个朴素的工厂工人，因为自身的遭遇而率直地信仰着马克思主义。贫农与工人出身的积极分子中，有些人确实因此豁然开朗，终于理解自己为何不断工作，仍然无法脱离贫困的理由。贺屋就是属于这一型的人，我因为平时和他还有些人情往来，所以这件事就这么作罢了。如果检举我的反动行为，他应该可以赚取一些点数，但他并没有这么做。自己非常感谢他的关照，但一想到可能被更恶毒的积极分子听到，脊背就一阵发凉。

　　积极参与民主运动的人，大概有几种类型。首先就是出身农民或劳工，因为性格率直，终于遇到可以解释自己处境的理论，因此直接地接受了马克思主义。这种人大多是年轻人。我也读过一些回忆录，知道部分年轻军官与来自"满蒙开拓团"的青年中，也有属于这种类型的人。

　　我自己也有印象在《日本新闻》连载上读过帝国主义论。金融的寡头支配、资本输出、分割世界、再分割等，光是学会这些从没见过的名词，就觉得理解另一种看世界的方法了。那大概是战前就学过马克思主义的知识分子俘虏所写的文章。战俘营的积极分子讲课都无聊至极，我大概都装出一副努力听讲的模样，但其实一点都不在意讲课内容，虽然听说有些课程真的有值得学习之处。部分人真的相当热心地在参与这些活动。

　　不过，不属于这种类型的人也不少。成为积极分子后，可以免除劳役，获得各种好处，在厨房安插一些与他们意气相通的人，还能控制粮食分配；而且被容许离开战俘营去培训学校上课，这对一般俘虏而言，简直是做梦般的待遇。所以有些看到机会便充满斗争心的人，就会趁着民主运动这个机会向上攀爬。另外还有一种，纯属喜欢霸凌别人的类型。可以说有各式各样的状况，人类的本性，就在这些情境下展露无遗。

　　至于苏联方面对这些运动参与到什么程度？从结论而言，苏联方面确实加以策动，但日本俘虏们自己反应过度的情况却占了绝大多数。毕竟苏方在民主运动中禁止体罚，他们也不愿意大家过度热衷于运动，而造成劳役作业效率低下。

　　以我所待的战俘营为例，我认为苏方对这些运动采取"事不关己"的态度。如果检举反动搞太晚，就可能影响到第二天的劳役作业，那时苏方就会介入要求停止。"政治军官"暂且不论，对战俘营的行政管理部门而言，运动并非他们关心的事情。

1948年春天，积极分子们重新开始制作战俘营壁报新闻，上面画着从作业场偷取面包、藏于帽子中带回营内的检举漫画，似乎要整肃"背叛工人祖国的反动"。漫画后方还画着一位苏联军官，这点让艾哈迈杜林觉得有问题。制作壁报的一伙，表示这幅画"获得袴田先生（在赤塔积极分子中具有领导地位，颇为知名的袴田陆奥男）的许可"，向艾哈迈杜林抗辩。不过艾哈迈杜林对他们怒吼："这地方到底谁做主！"把他们都赶了回去。

实际上，也有对民主运动的参与度会影响是否能成为返国人选这样的说法，不过在谦二的战俘营中，这仅止于谣言的程度。1948年4月开始遣送回国时，大家都知道的"反动派"也进入回国人选名单中。

事实上，当开始遣送回国时，似乎与运动什么的都没什么关联，大家也淡淡地理解到这点。可是内心又怕出现个万一，疑神疑鬼之下，仍然照常举行民主运动与检举反动。

自己虽然没被警告过，但苏联方面应该有说过如果劳役态度过差"就不让你回日本"这样的话。对苏联人而言，应该只不过是激将法，但对我们来说确实感到战战兢兢。在这种气氛下，积极分子们正好趁机借苏联权威摆架子。

战争结束后，积极分子们从来没有出席过"赤塔会"。他们回国之后，也没听说谁参加了共产主义运动。他们干的，纯粹就是低劣至极的勾当，低劣到他们自己都觉得可耻，所以这些积极分子回国后，才会有人拼命写什么他们其实要撤除阶级差异、进行反军斗争等的辩白吧。

不限于西伯利亚拘留地，每个战俘营的状况都大不相同，无法将一个营区的状况普遍化到所有地方。例如根据许多其他战俘营的回忆录记载，苏方把劳动基本定额与粮食供给挂钩，让大家苦不堪言。而谦二所处的第二十四区第二分所，也曾于1947年初导入这样的制度，但却无法起到什么作用，因此一个月左右就自然废除了。

> 类似采伐工作这种可以正确测量砍伐数量、体积的作业暂且不论，像杂役这种工作，根本无法以劳动基本定额形式计算，加上木工或电工等技术职位的达成率总是高得惊人，以这种方式获得自己可得的粮食，一方面关系到自己的性命，一方面也太过不公平，大家都抗议这种举措。炊事班的班兵是自己人，站在我们这边，所以当苏方人员来视察时，炊事兵就给超过基本定额的部分人增加分配，等苏联人回去又恢复普通的配额。我所待的战俘营，苏联人大概也只是听从上面的命令做做形式，不是真心想要执行这样的措施。

或许民主运动参与度会影响是否成为返国人选，但整个机制仍有许多不明之处。有些战俘营也传出先由积极分子们草拟人选，但事实真相如何，确实存有太多不明确的部分。不过日本俘虏们过度推展运动以至于超过苏联方面的企图这点，倒是各回忆录里共通的看法。

在这个时期，1947年11月有一位名为"吴桥秀刚"的俘虏，一个人被转移到第二十四区第二分所。听说他是朝鲜人日本兵，说得一口流利的俄语。当时谦二只是与他偶尔碰面。50年之后，谦二完全没想到会再度见到这个人。

五、归国竟然就是这么回事吗？

对俘虏们而言，归国是他们最大的梦想。在第二十四区第二分所，有关归国的资讯，最初从 1947 年春天《日本新闻》刊载了开始归国的消息之后，便逐渐传开。

大约从相同时期开始，准许战俘们写明信片回日本，当年下半年起陆续收到回信。对俘虏来说，来自故乡的信件，几乎是除了《日本新闻》之外唯一可以取得资讯的途径。

某个俘虏看了回信的明信片吓了一跳："小石川区变成文京区啦！"还有其他俘虏收到"正在准备盛大的夏日祭典"的回信，通过《日本新闻》一直以为日本人民痛苦地活在美国帝国主义暴政压迫下，收到这样截然不同的回信顿感不知所措。而且他们通过这些回信，了解到原本派往南方战线或中国战场的同乡，几乎早就全部返回国内。

谦二自己也写了两次明信片给伊七与雄次，但都没收到回信。当时有邮件检阅，不能写装进信封的信件，而且写信只许使用片假名，据说寄达的几率大概只有一半。

根据该时期的回忆录，大部分都说因为信件检阅与民主运动的关系，写信的内容大致不脱"母亲大人，身体是否安好。我一切平安，在斯大林大元帅的温情关照下，过着自由自在的每一天"[1]。

对此，谦二也说："我自己也只能写这种样板书信。俘虏营的气氛当然也有影响，而且过去待在军队，也只会写这种内容。"自从他被日军征召以来，已经过了好几年，这期间写的信件全都必须

1　若槻泰雄，《シベリア捕虜収容所》。

通过检查。

收到信的一方也大概能察觉为何只能以片假名书写，所以回信的时候也只能写可以通过检阅的内容。我还在战时的昭和二十年（1945）3 月，曾经收到早实时期的朋友寄来的明信片，上面写着"最近舰载机在东京上空盘旋"，因为不能直接写美军空袭东京，所以采取这种写法。对于这样的方式，大家都习惯了。

谦二于 1947 年秋天开始在炊事班服勤。前一年的冬天也分配到炊事班，但当时只担任厨房与食堂的清扫杂务，而且是因为苏联军医诊断他不适合从事户外作业的缘故。这次并没有健康上的理由，"我猜大概是没有政治色彩、认真、无表里不一的行为等理由，受到积极分子们的好评才能调到炊事班去"。炊事班的工作较户外劳役来得轻松，比起一般兵更不缺食物，如果没有获得好评价，往往无法担任此处勤务。

炊事勤务采两班制，24 小时轮班。夜班负责制作早餐，隔天白天才睡觉。将谷物洗净后放入大锅，盖上锅盖点火蒸煮，接着加入调味肉与蔬菜一同炖煮，如此便完成一道料理。简单来说就是炖饭。

除此之外，还要把午餐用的面包切好排列，连同早餐一同交给大家。到了 1947 年后半，晚餐会有一道汤加上一道菜。因为材料受到限制，而且又是多人数大锅饭，从这点来看，几乎没有可以展示厨艺的空间。

1948 年 4 月，第二分所选定了第一批归国人选。1948 年 6 月，轮到第二批人选的选拔。谦二一边躲避着越来越激烈的民主运动，一边不断期望能被选上。

第二批时，大约选了100人。在战俘营的中庭站着一个日本人一个苏联人，由他们唱名并确认人选，并加以分组。那天担任炊事夜班，做好早餐让大家吃过后，某个人大概搞错了，竟告诉我"你入选了"，让我一直期待不已，但是排到最后都没叫到自己名字，我感到非常失望。那时炊事班的某个人突然冷冷地说了句："连做梦都在想被选上吧。"我还记得当时感到的那股愤怒。接着我变得自暴自弃，不再认真工作，惹怒了炊事班班长，没多久我就被炊事班开除，转回担任一般劳役。

1948年7月下旬，选出了第三批归国人选。发表人选当天，大家纷纷在俘虏营中庭集合，等待着叫唤姓名。"苏联军官喊了我的名字。知道自己能够回国时，内心涌上了一股喜悦。被选上的人顾虑着其他留下来的人，还不至于高兴到跳起来，但大家都开心不已。"

谦二说："之后所有事情都无所谓了，几乎没有留下什么记忆。"进到战俘营最初认识的人几乎都已经不在了，没什么人可以诉说内心真实感受，也没有其他人来请托传话给他们的家人。

离开的准备相当简单，因为卢布禁止携出，个人也没什么行李。"也没想过带个苏联的东西回去做纪念。但是，饭盒与外祖母给的裁缝包是生存必需品，回到新潟老家前绝对不可放手。"

如前所述，民主运动的参与度似乎与能否成为归国人选没有多大关系。但日裔第二代的饭冢与川村，选了三次都没被选上。俘虏们的感觉是，苏方可能怀疑他们归国后会帮助美军，所以被继续留了下来。

出发的日子，在人选公布的几天之后。大家列队出发时，苏联的人都站在战俘营出口目送。

我想他们也为这些一同生活过，欢欣要回家的日本人感到开心。"螳螂"已经转职不在了。艾哈迈杜林仍然担任所长，但当天刚好外出。谢斯塔科夫曾经转职，但于 1948 年初又回到第二分所，但在我们回去之前，传出谣言说他好像犯了什么罪遭到逮捕，不过谢斯塔科夫太太站在出口附近，目送着我们离开。

出了战俘营，照例为了等待火车时刻安排，又在赤塔的火车调度场待了两天。不知道从哪里来的命令，要他们装饰返国列车，俘虏们便在板子上以油漆写下"苏联同盟与日本国民之友好万岁"字样，并把这块板子装在火车货车的侧旁。

返国列车很顺利地迅速抵达纳霍德卡。列车移动中大家向共产党立下誓言，还唱了革命歌曲。除《国际歌》《红旗》之外，还有赤塔方面民主运动领导者袴田陆奥男作词的歌曲（据说有"站起来，农民、劳工，把你们当奴隶的裕仁……"这样的歌词），此外当然有《共产主义者的马赛曲》和《同志们，勇敢地前进！》等歌。"无论如何只想要平安回家。没有深刻想过不听命唱革命歌曲，就回不了家这样的事情。只要能回家，不管是要唱歌还是要大呼万岁，什么都愿意干。"

抵达纳霍德卡后，依序等待，大概又转换了三个战俘营。他们在第三个战俘营办理离境手续后，前往港口途中，看到第二批离开的俘虏们正在防波堤工作，里面还有伪装身份的佐桥中尉与曾和谦二搭档伐木的新兵。"发生什么事了？"一问之下，他们回答："收到命令停下来工作。"他们到隔年 6 月为止，在纳霍德卡又多待了一年，被迫从事劳役作业。

属于第三批离开的谦二一行人，平安无事地从纳霍德卡港搭上回国船只大郁丸号。看到日本船只的最初印象，谦二如此描述："看到船员，只感到'（日本人）个子好小'。一直待在除了俘虏以外大家都是大块头的环境中，因此看到俘虏以外的普通人，突然觉得对方好小，感觉相当诡异。"

谦二说自己看到船上挂的"日之丸"国旗既没有哭，也没有什么特别的感慨。

> 我自己在1945年就把日之丸拿来当浴巾了。当时为了活下去就已耗尽心力。当被告知可以回国后，还在各战俘营间缓缓等待移动，所以看到日本船只时，也不记得自己突然有什么感动。而且，一直把回国当作一个梦想，梦想突然实现时，反而不知道该如何反应。不只我如此，大家似乎都有同样感受。现实，果然跟小说或电影不同。

搭上船后，俘虏们一时半刻还无法适应环境变化。先前民主运动时，苏联方面的宣传让他们相信，迟迟不能归国，是因为日本船不来接他们。

> 上船后，才从船员口中知道"根本没这种事情"，可是大家仍觉得"之前是被这么告知的"，显得半信半疑。甚至有些人还说，船员们都在骗人。不过相较之下，我们也只到这种程度而已。被拘留到隔年的人们，还发生与船员交恶、把船员当成"阶级斗争"对象的例子；下船之后搭上特别列车，整团人由舞鹤抵达京都时，也发生过与警察集体乱斗的事件(1947年7月4日"京都事件")。读到这些报导时，总是一阵心痛。我以为，让他们

暂时在日本生活一阵子，大家就能冷静下来。如果在日本的人也能带点宽容的心迎接这群战俘，或许就不会发生这种事情了。

　　搭了两天的船，8月20日抵达舞鹤港。舞鹤港湾内充斥着许多因战争而沉没的船只，还可以见到桅杆或船艏冒出水面的悲惨状况。谦二说："可以看到日本时，感到非常开心，不过好像在看日本的庭园式盆景一样。与大陆风情不同，一切都显得狭小而紧凑。"

　　大家在舞鹤的临时收容所待了大约四天。在该处有美军前来调查，有日裔第二代军官让大家看赤塔的航空地图，听取战俘营场所与赤塔苏军设施的状况。谦二把自己记得的内容，都直率地回答了。

　　从舞鹤被放出来后，众人各自领取了返乡的免费乘车券，以及临时的一笔现金，大概有几千日元。因为不知道日本物价状况，也不晓得这笔款项究竟是多是少。

　　谦二从舞鹤前往京都，再从该处搭上北陆线，回到父亲雄次所在的新潟。在西伯利亚被当作"救命宝贝"的饭盒，到这个时候还带在身上。离开日本四年，已经搞不清楚东西南北，依靠着沿线的站务员与在外同胞归国援护会的学生义工帮忙，才能返乡。当他搭火车看着窗外的景色，果然还是感觉非常狭小。

　　由北陆本线转入信越本线，接着抵达荻川站。父亲雄次与妹妹秀子来车站迎接，不过谦二并没有感到特别的感慨。或许是因为几乎没有一起生活过的原因吧。

　　　小学一年级的时候就离开了父亲与妹妹，父亲来东京时偶尔还能遇到，至于妹妹与父亲的继室，也就是我的后母，只有1939年还在中学生时期，返乡回佐吕间时见过一面。大家不知

道该说些什么，彼此都有点手足无措。如果能回到中野的家，
与外祖父母相会，那应该又会是不同的景况，只可惜东京已经
不再是自己的故乡了。

　　流泪出迎这种戏剧性的场面完全没有出现。从荻川站步行约30
分钟，来到父亲故乡的小村。新潟只有在当兵前来过一次，走在路
上的村人，一个都不认识。

　　回到父亲的住宅吃晚餐，谦二回忆："端出来的是极其普通的餐
点，对此也感到相当失望。因为是在乡下，知道不可能端出太丰盛
的大餐，但出现的却是完全没有任何特别准备的一般食物。当时心想，
魂牵梦萦的归国梦想，竟然就是这么回事吗？"从西伯利亚归乡的
喜悦非常短暂，很快地，谦二就被卷入大战之后的艰苦生活中。

第五章

辗转的生活

1948 年 8 月，23 岁的谦二回到日本国内。虽然回到父亲雄次的家，但却完全没有什么戏剧性以泪相迎的场面。

之后，谦二在战败后的日本，卷入不断更换职业的生活中。

一、西伯利亚归国者的处境

谦二父亲雄次的故乡，在新潟县中蒲原郡两川村（1957 年并入新潟市）一处叫作割野的村落。距离最近的火车站是信越本线的荻川站，此处是位于越后平原上一处平坦的农村。

割野正好在连接信浓川与阿贺野川的运河、名为小阿贺野川的附近，出了荻川站，越过横跨小阿贺野川的铁道桥梁，步行大约需要 40 分钟。当蒸汽火车通过铁桥时，桥上行人必须先躲到桥梁边侧，等待火车通过。

1901 年从割野移民北海道的雄次，重新回到故乡新潟，已经是 1942 年了。雄次建于割野的住处，是将北海道住宅的木材拆卸后搬回新潟，再重新搭盖起来的房舍。是仅有寝室、客厅与厨房的小型平房，墙壁以蒿草及土壤混合涂上，除此之外没有任何修饰，这一家人过着何等贫困的生活，可以说一目了然。

谦二抵达自己父亲的住宅当晚，晚餐是"极其普通寻常的餐点"，完全感受不到特别欢迎他回家的气氛。不过当时的农村饮食生活本来就十分困乏，而雄次在北海道累积的财产，原本想当作养老金带回故乡新潟，却因为从战争期间到战败之后的通货膨胀，存款不断缩水。谦二也没有特别询问父亲雄次家中的经济状况。

> 提起在割野的饮食，几乎没有肉可吃。流动小贩虽然会来卖鱼，但只会去有钱人家中兜售，所以连鱼都很少吃到。每天就是腌菜、味噌汤、蔬菜与米饭，偶尔加上咸鱼而已。因为是农村，"二战"之后虽然不至于完全饿肚子，但也没比西伯利亚的俘虏生活好多少。在西伯利亚时梦想返乡可以吃点红豆汤，看到家中景况，也说不出口。如果是外祖父外祖母，或许还敢试着要求看看。

住处附近有小熊的本家，由雄次的妹妹，也就是谦二的姑姑所继承，但她处于不问家事的隐居状态，家中大小都由她的长子掌理，而他与雄次的关系并不亲近——毕竟雄次18岁就离开新潟，一直到60岁才返乡。那位姑姑偶尔会瞒着长子的太太，从家中偷运些粮食给雄次，但能帮忙的，也仅止于此。

谦二回到故乡时，雄次已经65岁。虽然辞去"产业组合"的工作回到家乡，但因战争中的通膨导致难以维生，他也做起将北海道的药草引入内地，做中药局津村顺天堂承销的生意。但日本战败之后，这个工作也随之消失了。

失业的雄次，改于自家玄关开起一间叫作"漫画堂"的租书店，为附近的孩子提供漫画出租的生意。收废纸的业者以一贯目（约 3.7 千克）为单位买进漫画，雄次则以每册 5 日元的价格买入，出租一次收费 2 日元，大概以这样的规模获取一些收入。只是雄次单纯把租书当成副业，并没有因此赚大钱。

因为理解家中经济困难，谦二立刻对雄次表示"我会去工作赚钱"。接着在 8 月时，跟附近的木工交涉后，他便到位于新津的土木建设公司担任现场指导见习。那是一家从师傅到木工总共只有五个人的小型建设公司。

> 我与介绍工作给我的木工一同到新津上班。步行越过铁道桥到荻川站，不过距离实在相当远，又没有巴士可搭。当对我父亲抱怨"太远了"时，他却只回答了一句"附近的人大家都走路啊"。虽然因此了解乡下人的忍耐力超强，但实际说来，乡下几乎没有需要通勤的上班族，大部分的人都在村落里生活，不管是农家还是公所职员，或是理发师等等。

当时的日本处于都市人口减少的时期。根据日本政府的统计，都市人口占全国人口的比率，1930 年为 24%，1935 年为 33%，1940 年快速上升到 38% 后，1947 年又再次降回 33%。

谦二从北海道移往东京的 1932 年，正值市场经济渗透引起恐慌，农村地区受到贫困压迫的时期。之后伴随全面战争使得重化学工业快速发展，人口持续移入都会区。但是在战争期间因为遭受空袭，产业基础被破坏，再加上人口疏散到乡村后，乡村粮食不易输送到都会区，日本战败之后，都会区的人口比率又降回1935年的水准。

1948年谦二回到故乡新潟时，便是处于这种时期。这个时期的农村地区并无足够的产业基础可以吸收都市疏散人员或从国外撤退回来的人，呈现农村劳力人口过剩的情形。谦二所在的割野村，也几乎没有可以获取长期固定薪水的工作。

这些过剩的劳动人口，以及同时期出生的战后婴儿潮一代，于1950年代之后流入都市，成为支持经济高速增长的基础。不过那是稍后才发生的事情。而对于当时的谦二来说，还是必须先找到工作维生。

谦二当时23岁。虽然曾经在西伯利亚做过建筑工作，但没有担任现场指导的经验。虽说是现场指导见习，但工作不过就是照看现场作业状况而已。

不过过了大约一周，疏散到冈山的伊七写了一封信过来。从舞鹤回新潟途中，谦二曾经写信告知伊七他返乡的消息。"自己离开日本一段时间，头脑有点混混沌沌，不过当时猛然惊觉，自己非常想见外祖父母，而且也得让外祖父母知道自己的状况，当下立刻就想出发。"

他向公司的师傅报告收到外祖父来信，而且马上要启程前往冈山。但因为这只是一家小建设公司，"没有长期休假这种福利"，因此就算是离职了。当然，这一周的见习工作等，也领不到薪水。

刚返乡的谦二身上其实没钱。回国复员时虽然领到几千日元，但回家之后马上全部都交给父亲雄次，且其实仍不够让他前往冈山。结果这笔旅费还是由雄次支援。"父亲理解我与外祖父母的关系，虽然有所觉悟我可能会在冈山定居下来，但仍然出资让我前往。"

从荻川站出发，花了一日一夜，经由京都前往冈山，一直来到伊七疏散的地点。通过京都之后，路过大阪与神户时看到了空袭后被焚毁的废墟。先前经过的新潟与京都都未曾遭受空袭，这是谦二回国后第一次见到空袭后的景象。

阪神的重工业地带遭到彻底破坏，只看到剩下的扭曲钢筋，心想这景象真是凄惨。不过在西伯利亚通过《日本新闻》，已经知道日本都市遭轰炸焚毁，因此内心也只是想着，因为是战争，所以才落得这般地步吧。

抵达山阳本线的濑户站，然后步行大约两小时才来到外祖母小千代娘家的吉田家。1940 年曾经跟着小千代一同返乡过，谦二凭借着当时的记忆走到目的地。

出身冈山的伊七与小千代，最初是疏散到伊七的老家。但掌管老家的甥儿生活穷困潦倒，因此才改搬到小千代娘家。政府虽然命令都市居民必须强制疏散到乡下，但疏散的去处却必须由民众自行负责找寻。

吉田家的房屋属于中型农舍，但是住在这里的还有丈夫死于战争、带着四个小孩前来的女性，以及从东京、京都、横滨等地因疏散前来的三户亲戚，大约有十个人。伊七与小千代已经挤不进主宅居住，所以只能住在距离庭院有点距离、八叠大小仅有一房的木造贮藏室。

四年不见的重逢，伊七与小千代亲切地出来迎接谦二。谦二在 9 月上旬抵达，此后约一个月的时间，就与伊七和小千代在贮藏室共同生活。伊七与小千代仍旧叫唤他"谦"，比起新潟，此处更让谦二感到安心。

不过此地的生活也非常严峻。在这个贮藏室内，虽然有从中野运来、让谦二怀念不已的餐具架和佛坛，但除此之外什么都没有。其他留在中野仅有的一点家具，因为1945年3月东京大空袭后遭强制疏散，政府无法分配足够的输送力，因此无法运来。

伊七此时已经72岁，小千代则是71岁，而且伊七还半身不遂。雄次自己也因通货膨胀，存款缩水，所以无法期待他的援助，只能极力节省现金支出，连鞋子穿坏了都无法购买，谦二与伊七一同将菅草敲软后，自己编织草鞋。

饮食方面，除了米饭与蔬菜之外，只偶尔吃点酱油煮鱼。农家的厨房仅有灶，既没瓦斯也无自来水。贮藏室内虽然有盏电灯，但除此之外处于"完全没有文明器物"的状态。金属式的澡盆，也就是所谓的五右卫门风吕，必须去户外水井以水桶打水运送数十次，接着捡拾菅草或树叶烧火煮水。加上谦二总共有11个人要洗澡，到了后半段水都混浊了。谦二认为：

> 官僚或高阶军官们，即便战败，在停战和约后仍可领取退休金。可是一般庶民工作一辈子存下来的钱，却在战后通膨中消失殆尽。发起愚蠢的战争、造成大量死亡、把父亲与外祖父母的生活逼上绝境的那票人，应该要负起责任才对。

此时小千代也哀叹联络不上自己的二女儿美登里。谦二的母亲芳江是小千代的长女，已经死于结核病。对小千代而言，美登里是唯一活下来的孩子。

美登里大约在1930年便与丈夫和两个小孩一同移民巴西。

1936 年柏林奥运时，她还写信回来说，1940 年会回来拜访预定举办奥运的东京，但此后因为战争断了音讯，尽管战后不知写了几封信联络，仍然音信全无。

> 我还记得战争之前拿着写有美登里姨妈地址的信封，靠着在早实学来的英文字母，帮忙写下葡萄牙文的地址："Asai, Santa Catalina, Parana, Brazil Asai"（Asai，圣卡塔琳娜，巴拉那，巴西）。巴拉那是州名，圣卡塔琳娜是铁道路线的名称，Asai 是住有大量日裔移民的城镇，据说是来自"朝日（Asahi）"这个词。

吉田家的长男与次男都对美登里有所抱怨，"自己的爸妈处境如此艰难，竟然连一封信也不回"。吉田家长男目前是一家之主，次男则在附近经营一家收音机店，生意相当兴隆，次男的儿子之一在冈山的日银支行上班。谦二也曾经到冈山去拜访这位次男的儿子，当地经历过 1945 年 5 月的空袭，当时正在复苏重建当中。

大约与外祖父母生活了一个月，谦二开始思考今后的情况。究竟应该待在冈山陪伴伊七与小千代，还是回到新潟与父亲雄次过生活。对这些上了年纪的人来说，只有谦二这么一个帮手。如前所述，雄次其实也担心谦二就这么在冈山定居下来。

谦二对于自己应该回到新潟或是留在冈山，感到犹疑不定，而让谦二下定决心的，是平时沉默寡言的伊七，若无其事说出的一句话。

> 外祖父对我说"够了, 可以啦！"让我知道回新潟才是对的。外祖父无论如何至少跟亲戚们住在一起，可是父亲却除了我之外没有别人，而且当时也觉得，即便没有共同生活，孩子奉养

照顾父母，也是理所当然的。

10 月初，谦二离开了冈山。在贮藏室前，伊七与小千代对他依依不舍。从结果而言，这是谦二与伊七最后一次见面了。

虽说如此，即便回到新潟，割野也没有什么像样的工作。离开冈山后，谦二先前往东京一趟。入伍前就职的富士通信机基于对出征士兵的义务，理应保障他到归国复员为止的职位，而且他离开时间的薪水，应该也要依照入伍前的薪水基准，在不换算通膨的情况下，汇款给父亲雄次。

当时因为粮食供给困难，对流入东京的人口数量有所限制。如果没有东京的在职证明便无法领取米谷存折，没有官方发给的米谷存折，就无法购买配给米粮，只能在黑市购买高价的稻米。当时的米谷存折，实际上就等于身份证明书。如果能在富士通信机复职，就可以领取米谷存折，谦二抱着这份期待，搭上了山阳本线。

看过了遭受空袭烧毁的神户、大阪与名古屋后，来到东京果然也是一副废墟景象。抵达东京后他先前往位于中野、伊七的侄女家借住。伊七事前已经写信给侄女请托。这位侄女的住宅与谦二住在高圆寺时的"长屋"类似，都是两层楼建筑，二楼目前空着。侄女的丈夫是一位性格爽朗的电器工人，因为战后重建的需要，收入似乎还不错。

在此处大约叨扰了两周，虽然是远亲，他们一家还是热情接待了谦二。谦二却在半夜因忍不住饥饿，把家中整批蒸煮的芋头都吃掉了，从西伯利亚返国还不到两个月，看到食物就忍不住要吃掉的习惯，还没彻底改掉。

首先，谦二先前往入伍之前居住过的中野的住处一探，但谦二原本居住的区域，因为空袭已经彻底变成废墟。

　　这个区域的整理完全没有进展，活生生就是被轰炸后的模样。烧剩的木材与其他尚可使用的物资都被搬走了，只有垃圾被散乱地留在原地。原本那么大的中野公营市场，完全看不到痕迹，只留下焚烧过后的残迹。当时无限感慨，我的故乡已经完全消失了。

　　即便这种状况下，战争之前我常去的理发店，搭个帐篷又开始营业了。让人感到怀念的景象，也令人感到无限的欣慰。在西伯利亚也是，我一直认为类似理发师或电工等，拥有生活上必需技能的人们，生命力都非常强韧。

　　接着，他前往小学时居住的高圆寺一带。这一区没有遭到战祸波及，令人怀念的商店都还留着。"拜访当时隔壁的裁缝店，昔日的小女儿现在已经亭亭玉立，着实让人吃了一惊。算算我离开高圆寺已经超过十年了。"

　　伊七的侄女看起来40岁出头的模样，不过谦二的感觉也不见得精准。某天，伊七侄女突然问："小谦，你觉得天皇陛下如何？"谦二回答说："我认为天皇先退位一次比较好。"结果伊七侄女突然有点情绪化地说："我不喜欢小谦这样的回答。"

　　因为我自己当过兵，所以理所当然觉得，发布开战诏书的大元帅为战败负起责任，是极其正常的。战争结束了，时代的氛围多少有些变化，而且当时确实也出现了一些天皇应当退位的舆论。

可是年长者们的想法却不同。当时如果讲自己"从西伯利亚回来",开始会被说"西伯利亚回来的人,因为受过共产主义教育所以都变成红色的"。与不同对象说话时,如果不小心说溜了嘴,搞不好就会遇到很糟糕的情况。

在乡下即便到战争之后,还是有人把天皇的照片"御真影"与祖先的照片并排,年长的人们依然质朴地尊敬着天皇。但是遇到节日时,却不再挂出日之丸国旗。普通的人们,光是为了生活就费尽千辛万苦了,对于这种仪式性的习惯,大概都抱持着怎样都无所谓的想法吧。

顺带一提,谦二对天皇的想法,在当过兵的人之间并不算特别。特别是年轻士兵或低阶军官们,在军队中被严厉教导如《战阵训》:"不受生而为囚虏之辱",或者舰长应该与船舰共存亡等价值观,这些人对于自杀失败遭俘的东条英机充满了蔑视感。因此要求写下开战诏书的天皇必须以某种形式负起责任,也不是什么奇怪的想法。

举个例子来说,参加过吕宋岛战役的原陆军少尉神岛二郎,或者搭上战舰"武藏"的水兵渡边清等人,他们在战争结束后都曾写下文章,认为昭和天皇应该负起战败责任自杀。[1] 1974 年在卢邦岛(Lubang)被"发现",之后以右派言论招惹众人注目的原陆军少尉小野田宽郎,也在归国隔年的访谈中表明"天皇应该要负起自己的责任"。[2]

之后,为了达成此趟来东京的目的,谦二前往位于新丸子的富士通信机。该处工厂并未遭受空袭,仍可以见到过往的同事与上司。

1　小熊英二,《〈民主〉と〈愛国〉:戦後日本のナショナリズムと公共性》,新曜社,2002 年。

2　菊池育三,《ブラジルの小野田寛郎日本国無責任論を語る》,《朝日ジャーナル》17(43),《朝日期刊》,1975 年 10 月 3 日号。

可是，最终他仍无法于富士通信机复职。过往曾任财务部主管的人，目前担任"人事或劳务科长"，谦二与他面谈时，这位科长会在闲谈间若无其事地打探："你好像在西伯利亚受过'教育'，感觉如何？"接着，又以战后复员人数众多，无法立刻复职，不过仍会照样支付与先前一样的薪水等理由，要求谦二先在家等候消息。

实际上，在战争之前谦二曾与这个科长发生口角。

　　当时那家伙担任财务主管，属于拍上司马屁的类型。会在下班之后偷偷记录比科长先离开的员工，自己一定等到科长下班后才离开，就是这种货色。我自己算是善于工作的类型，所以总是赶紧把业务完成，时间到了就回家。这家伙会在下班前30分钟左右，突然拿会计业务的工作过来要我处理。我当时年轻，某次就在房间外向这个主管抗议。他只随便找个借口含糊带过，说："因为你是优秀的课员，才想多交代一些工作给你。"当时就觉得他是个啰唆的家伙。

　　当我从西伯利亚回来，竟然是这家伙负责申请复职者的面试。如果申请复职就应当接受，这是制度规定下的义务，所以公司应该已经接纳过先前从其他战场回来的人员。只能说，人生究竟会如何发展，谁也不知道。公司果然汇来与过往相同的薪资，与入伍前的金额一样，但因为通膨的关系，现在给这种薪水根本不够过生活。

曾被拘留在西伯利亚的人们，因为是"西伯利亚归国者"所以遭到警察监视，在地域社会中被歧视，求职时面临不利的处境等，许多人都表达过类似的经验。谦二在这次面谈之后，事实上就等于已经断绝了进入日本大型企业之路。之后，谦二便开启了宛如滚石般的日子。

二、滚石般的日子

不得已之下，谦二开始在东京找工作。很快地，他寄宿处的电工，介绍了一个从事掘井业务的挖掘公司事务员的工作。因为谦二拥有中学毕业学历，曾任职富士通信机担任会计业务，懂得初级会计，而且社长的儿子相当同情"西伯利亚归国者"，这些大概是谦二受雇用的原因。

这家挖掘公司是一家大约只有 30 名员工的小企业。谦二原本应该担任事务性工作，但进入公司后，竟被命令前往山形县米泽近郊，担任掘井工作。

这个时期，为了日后将废止蒸汽火车、导入电车的规划，奥羽本线正在进行福岛—山形之间的电气化工程。作为此项施工的一环，位于奥羽山脉县境的隧道福岛与米泽之间也需要更新电气化。可是当地位于山顶附近，缺乏工事用水，所以才委托开掘一口水井。

谦二前往现场，该地接近山顶，就在隧道出入口一旁。谦二从10 月到 12 月的三个月间，与现场工头夫妇一起居住在工事附近的工寮里。这项工作就是加入燃料启动挖掘探头，当机器开始挖掘时需在一旁监视。

可是此时雄次却从新潟寄来一封信。

当时我找到这项工作后，就写信回报人在新潟的父亲，告知自己的状况，书信往返了好几次。我打算在东京的公司找一个办公员的工作，但父亲似乎不太了解状况，以为我是巡回各地负责探井的工人，便来信说，如果只能找到这种工作，还不如回新潟。确实，我也不太清楚这个工作实际要负责什么业务，所以12月底领完薪水后便辞职了。先回中野外祖父侄女家收拾行李，接着返回新潟。

在新潟的老家，没有任何特别的庆祝下，迎接了1949年的正月。因为不得不找份工作，1月时谦二看了报纸广告栏，前往新潟市内一家叫作"今枝火腿"的公司应征，获聘之后果然还是担任办公员的工作。

这家公司生产维也纳香肠、火腿，法兰克福香肠等产品，主要卖给位于新潟的美军军政部。谦二在该处担任会计职务。

因为无法从割野直接到新潟上班，所以联络上了住在新潟市内、父亲第一任太太的女儿。这位同父异母姊姊的丈夫，任职于新潟的日本轻金属公司，住在公司宿舍，谦二便借住该处上班。这位姊姊的员工住宅，有两间四叠半、一间三叠的房间，夫妇两人加上两个小孩，一家共四口人。因为谦二的搬入，19岁的女儿把原本自己使用的三叠房间让给了谦二。

谦二任职的这家公司算是新兴企业，当时算是很时髦的小公司，有大约20名员工。其中七名是事务与业务职位，其他则是火腿工厂的工人。社长好像住在六日町，把公司业务都交给原为陆军大佐[1]的老战友管理。

谦二任职的事务部门借用新潟市内繁华大街上一家公司的办公

1　日本军衔"大佐"对应为他国的"上校"。——编注

室，是一幢两层楼的店铺建筑。一楼是火腿贩卖店，二楼为办公室。办公人员多为中老年，有从中国东北回到日本的人，也有据说过去曾于银行任职的人，看样子都不甚忙碌，大家边喝茶边闲聊。似乎是离开公职的原军人与原银行员，靠着人脉集合一处成立的公司。

　　他们话题的中心，大多是撤退回国时有多辛苦，以及抱怨战争结束后的生活。我曾经为了公司的业务，拜访了那位从中国东北撤退回国的经理人，租住在一栋破旧两层楼房的二楼，没有隔间，与太太和三个小孩一家五口挤在一起。听说过去他们住在奉天，现在看来确实很贫苦。对战争之前过过好日子的人而言，战败之后的生活，确实让人难以忍受。

　　当时因为大家生活上没什么余裕，所以也不谈战争时的话题。30多岁的工厂厂长，曾经服役于重巡洋舰"那智"号，还记得在工厂闲聊时他说过自己的亲身体验。当"台湾冲航空战"结束后，因为收到日军大获全胜的误报，军方命令"那智"号出航，"乘胜追击敌军残兵"，启航后一看情势完全相反，他们赶紧冒着危险逃了回来。不过即便是这位愿意谈战争体验的厂长，也绝口不提稍后的莱特湾海战，或者在马尼拉湾遭受空袭导致"那智"号沉没等非常沉重的话题。在那个时代，毕竟大家的战争记忆都还鲜明，所以尽量避开沉痛的话题，只挑有趣或可笑的战争体验聊。

　　我父亲在日本战败前后，因为从事自北海道引入药草的工作，某次搭青函渡船时遭到美国军机扫射，有过九死一生的经历。不过这种话题只会在闲聊时附带一提而已。我自己也几乎没说过在西伯利亚的经历。因为我回国没多久就明白，不管如何说明，其他人仍然无法理解这类话题。

"今枝火腿"除了办公室兼店铺的楼房外，在距离新潟市不远处还有一块 30 米乘以 30 米大小的土地，这里就是公司的小工厂。因为必须出货给美军，所以卫生管理相当彻底，地板铺上水泥，机械设备也都是现代化的生产器材。为了生产烟熏火腿，还设有专门的烟熏室，工厂监督们也都穿着白袍。在工厂内工作的工人，大都是新潟当地居民，男男女女都忙于工作。战争之前的日本人大部分都没吃过火腿，即便在战前日本高速发展期，大概也只有鱼肉火腿比较普遍，从这点看来，战争结束后就开始生产真正的火腿，也算相当前卫的尝试。预测到美军的需要与日本民众战后饮食习惯的变化，这家公司可以称得上是创业投资公司（venture company）。

处理办公室业务时，偶尔会收到法兰克福香肠的样品。谦二本人也没尝过这种食品，但也不排斥尝试，吃过之后甚至觉得相当好吃。这些香肠火腿在当时都属于高级品，以谦二的薪水还购买不起。不过销售状况似乎相当好，工厂几乎是不停运转地拼命生产。

与工厂的繁忙相对照，办公室员工的工作就显得有点诡异。谦二说：

> 我的工作，就是为了逃税制作两本账册。至于曾在银行工作过的那位员工，大概十点半上班，傍晚露个脸后便下班。他的工作，是从 A 银行户头领出款项，再存入 B 银行户头。之后再由 B 银行领款，存入 A 银行。这么做可以增加实际交易业绩，能够帮公司获得更多融资。不过公司仍是负债累累，这些不过是让经营上更好看的粉饰工作。

不怎么工作的白领阶级，与拼命工作支撑他们的蓝领阶级，这种组合正好反映出战争之前日本的身份歧视的状态。在江户时期，农民的劳动时间从黎明到日落为止，大概 10 到 13 个钟头（冬天与夏天有所差异），与此相对，在萨摩藩服勤的武士，工作时间大约三小时。明治维新之后，仍然沿用这种"武士工作时间"的旧习，废藩置县后的政府部门每天只工作六小时，即便到 1886 年采用八小时制度后，夏季午后仍带有午休时间。[1]

在这种习惯之下，工作时间短却可领取高薪资的"官员大人"生活，一直是小老百姓羡慕的对象。"二战"之前承续政府部门工作形态的许多大企业，不仅在白领与蓝领的待遇和工作形态上采取不同安排，甚至连进公司走的门都不同。"二战"之后劳工运动追求的目标之一，就在于撤除这种"歧视待遇"，这点就如同我们描述谦二为富士通信机工作时提到的一般。

其实这个时期，一些本身没有技能、只依赖既成秩序生活的白领阶级，也开始尝到地位没落的经验。日本战败之后记载自身地位没落的回忆录，大多都是由都市中产阶级与他们的下一代写成。

在这种状况下，自 1949 年 3 月起，日本开始采取被称为"逃逸线"（Dodge Line）的金融紧缩政策，经济因此进入不景气期，原本大量雇用归国复员者的企业，开始整编、裁撤冗员。

谦二也收到富士通信机寄来，说明希望他自行退职的信件。当时面谈后请谦二回家等候消息，却再也没来消息，负责人摆明了要弃谦二于不顾。谦二心想"反正再也回不去了"，所以就答应了离职。公司虽然也支付了退休金，但仍依照谦二入伍前的月薪基准来计算，

1　鈴木淳，《二つの时刻、三つの労働時間》，橋本毅彦、栗山茂久编著，《遅刻の誕生——近代日本における時間意識の形成》，三元社，2001 年。

因此这笔金额根本不敷生活所需。

到了 4 月，这次轮到"今枝火腿"这家公司开始摇摇欲坠了。经营散漫，雇用不认真工作的办公人员，财政上不断以杜撰的账务鱼目混珠，终于尝到恶果。

> 工厂全面赶工，火腿贩售也很好，但还是发生了薪水迟发的状况。当时我骑着脚踏车去工厂，听到工人们纷纷向我抱怨："商品卖得这么好，我们也拼了命地工作，为什么薪水还会迟发？"

因为公司经营太过草率，似乎无法长久经营，薪水也逐渐无法正常发放，所以谦二开始找寻下一份工作。1949 年 5 月左右，通过工厂中层管理人的太太介绍了一个新潟市内证券公司的工作，谦二再度以办公人员的身份就任于该公司。那位太太也是从中国东北返回国内的人。

只不过，虽说是"证券公司"，但只是大战之前日本传统股票中介的"株屋"，换个名称继续营业而已。在新潟有处理稻米行情的证券交易所，有不少"株屋"就是专门在处理此类稻米交易行情。

公司的办公室，就设在"株屋"的"社长"个人家中，里边座位上坐着生病中的社长，社长座位前到屋子廊缘之间有块泥土地面的"土间"，空间里排放着掌柜、采购、联络人以及事务员谦二等人的桌子。掌柜负责判断米价行情，把指令发给派遣到证券交易所的采购，由他进行交易。介绍谦二这个工作的"今枝火腿"中层管理人的太太，也在这家公司担任办公人员。

8 月前后，因为与公司的社长吵架，谦二便辞职了，他说"吵架理由已经忘记了"。在同一家公司长期工作，按照年功序列领取薪资的现在日本企业制度，当时仅限于一部分的大企业办公人员与政府部门的职员。对工作再久也不会调涨薪资的中小企业员工而言，与公司之间发生不愉快便走人，是极其自然的事情，更何况能够长久持续下去的公司也不多。

下一个工作机会还是通过"今枝火腿"的工厂去寻找。当时谦二在同父异母的姊姊家中吃过早餐，拿着午餐便当，便到处去找工作。因为与火腿工厂的工人们还算意气相投，辞职之后还是得以进出工厂。工厂一直有相关买卖的从业者出入，等于是一处情报交换中心。

在该处，谦二与卖猪给工厂的中介交情还不错，之后开始帮着这位牲口中介做起生意。牲口中介是采买牛、猪的中介买家，他们前往农村采购牛、猪，之后运至屠宰场处理，再卖给肉店或工厂。

谦二跟着牲口中介四处前往农村与屠宰场。这个牲口贩子会看准农家不注意的时候，在测量重量的砝码上涂抹牛粪，让牛只重量看来较轻，趁机贱价购入。另外他们也在屠宰场前的水池，用水清洗解体后的动物内脏。在"今枝火腿"工厂为了制作火腿或香肠，会将内脏翻过来彻底清洗，但在进货的时候，这些货品均已在屠宰场中做过简单的初步处理了。

牲口贩子除了在各农村走动，其间的空闲还会兼差当黑市买卖的助手，帮忙搬运黑市稻米。即便其他物资逐渐开放自由买卖，但政府依旧管制稻米的流通。

　　虽说是黑市买卖，不过就是从荻川农村的农家买米，拿到"今枝火腿"工厂贩售，只有这种程度而已。新潟车站的月台上有经济警察监视，所以背着装了米的背包时，也不能让人看来觉得很重，得假装背包很轻盈的样子。对于这种小规模的黑市稻米，警察原本就不会一一取缔。毕竟光靠国家配给的稻米额度根本活不下去，警察们也理解民众们的苦处。

1949 年 10 月左右，在牲口贩子的斡旋下，谦二干起"坐猪仔"的工作。工作内容是将 20 头左右的猪赶上国铁（国家铁道）货车，搭夜车把猪运送到东京。火车货车的单侧架有一块木板，区隔出上下，人坐在上段，下段则放置猪只，所以才被称为"坐猪仔"。

如果猪的状况不好，感觉快死掉时，必须立刻割断猪颈动脉将血放掉，所以要我身上带把刀。因为猪死掉后内脏会迅速开始腐败，那么这头猪只就算浪费掉了。从西伯利亚之后，我已经相当习惯搭货车旅行，但那股臭味与猪的叫声实在太过嘈杂，让人难以入睡。

大约黎明时分，搭载猪的货车便会抵达东京。搭夜间列车打瞌睡时，会被连接器发出"喀呛"的声响惊醒。当列车进入芝浦的支线后，把猪卸下交给东京方面的中介人和他的下属。之后便由中介人将猪送往芝浦的屠宰场。

芝浦的中介人让我到他家休息，洗完澡后还提供早餐，吃完后拿取猪领取收据。中介人的住宅位于屠宰场附近，当时家中还能拥有澡堂，已经算得上惊人的奢华了。从战争期间到战争之后，我一直过着贫困的生活，当时只觉得"有钱的地方还是有钱啊"。之后回到新潟，把收据交给牲口贩子，就算完成了一回工作。

在粮食不足与物资统制的状况下，造就了部分物资流通业的商机。此时，"黑市买卖者"便一转升格成为"战后暴发户"。

原本谦二就没打算太过深入这个业界，"虽然做过几回'坐猪仔'，但都属于牲口贩子临时委托的工作，之后也就没有下文了"。

这个时期的谦二，只是拼了命地想要赚钱活下去。谦二说：

> 当时的服装大概就是类似宽松夹克服之类的，抓到什么就穿什么，几乎没什么印象。至少几乎没穿过西装。也没有从事过需要先面试才能就职的工作，所以没有穿着西装去面试的记忆。因为生活层面与心理层面都非常窘迫，原本很喜欢看电影，当时也几乎没再看过，也不记得假日的时候干过什么事情。

从早到晚过着这种日子的谦二，1950年正月回到家中，请父亲雄次帮忙介绍工作。谦二自己说："当时心想一直帮牲口贩子打工，也不是个办法。"在此之前的工作，都是靠自己的人脉，或者偶然间找到的，这是第一次通过父亲介绍工作。

这份工作，是因雄次的外甥正好在龟田的点心店工作，所以介绍谦二也到那边"修业"工作。"父亲只有小学毕业，从没想过靠学历就职，加上战争之前有句俗话说'做餐饮绝对不会失业'，我自己也是听外祖父这种论调长大的，因此便接受了这份工作。"

雄次在龟田的妹妹，育有四个儿子（雄次的外甥）和一个女儿（雄次的侄女）。四位外甥当中，长男在战争中死亡，次男已经结婚，经营一家点心店。三男从战地回家后，便娶了长男的遗孀，继承家业，继续经营脚踏车店。另外尚未独立成人的四男与最小的女儿，则与三男一家一起生活。

谦二的妹妹秀子，1949 年 3 月从新发田的师范学校毕业，成为新式中学的教师，并前往龟田就任。于是便在雄次外甥，也就是那位继承家业的三男家中住下。谦二也住在此处，并到次男的点心店工作。

> 那位三男的住处是幢旧宅邸，房间数量较多，但除了三男夫妇与他们两个孩子外，再加上四男与小女儿，以及我和秀子，算算也挤了八个人。三男与长男遗孀结婚，是为了存续家名，过去经常有这样的事情。在龟田这地方，称此种状况为"名折"[1]。

那家点心店的外甥，会自己制作内馅。当时砂糖价格仍高，所以他混合使用了称为甘精[2]的合成甘味料，因为混合比例掌握得宜，味道颇获好评，连近郊的商店都会来订货。因为这家点心店需要人手，所以谦二才能前往就职。话虽如此，谦二说："那根本称不上什么就职，不过就是以 24 岁的'高龄'，为点心师进行'奉公'[3]服务罢了。"

谦二在该店，花了大约半年时间学习揉捏糕饼内馅与豆沙包的外皮，积累自己的修业。可惜这个职业也未能持续长久。

> 那个外甥酒品很差，而且每天都要喝酒。喝的量越来越多，最后从白天就开始喝得醉醺醺，喝到酩酊大醉之后就倒下，一

1　名声折损，带有丢脸之意。——译注

2　dulcin，乙氧基苯脲。——译注

3　见习帮佣。——译注

整天都在睡觉。等到酒劲过了，酒也醒了，又开始下一轮，从头喝起。逐渐地连工作都无法处理，最后甚至妄想我与他的太太"有染"，到处乱说，结果我在割野的父亲还特别训斥了他一顿。当年因为年长者还具有相当权威，外甥嘀嘀咕咕地向我道了歉。不过这种情况委实令人不悦，当年5月，在取得父亲谅解之下，我便辞掉了这个工作。

无计可施的状况下，谦二只好前往职业介绍所，通过介绍所觅得一个小制版公司的工作。当时出版业正值复兴时期，制版公司的效益相当不错。这家制版公司有三个职工，谦二担任办公事务员，加上社长，这次又进到一家全公司只有五个人的小企业。

谦二搬进制版公司的二楼居住，每天自己做饭。因为是制版业，为了使用药品与火，所以备有自来水、瓦斯与淋浴间。"全部的家当只有棉被、少许衣服、锅与稀少的餐具而已。房间的角落塞着纸箱，里面不知装着什么。虽说自己做饭，不过就是煮点味噌汤而已。"

只是，在这家公司也无法专心担任事务员工作。社长企图扩大燃料业的业务，比起办公，更多时间都在忙于燃料业务。因而谦二还得兼任外送薪炭与采购燃料的业务员，甚至为此还取得了机动脚踏两用车的驾照。骑着小摩托车，上边堆着一俵[1]、有时候甚至是两俵的木炭，到处送货。

在这个时代，进入类似谦二就职的这种30人以下的小企业，如果工作量上无法达到让公司会计整天埋首于办公桌的程度，那么让企业仅就会计业务便支付一个员工薪资，是绝无可能的事。而一

1　一俵为60千克。——译注

整天都可以处理办公桌业务的工作，只有在大企业才看得到。

另外，谦二回国后的就业过程中，实际上几乎没有任何时刻成为政府统计上的"失业人口"。离职之后总是很快就找到下一份工作，利用职业介绍所，也只有1950年进入制版公司就职这一次。

"二战"结束时，日本总人口约有7700万，其中一般劳动力约有3300万人，军队约400万人。日本刚战败的这段时期，归国复员军人、军眷、从国外撤回者，以及被军需工厂大量解雇的人，总共高达1000万人。即便如此，却没有出现失业人口暴增的事态。1946年4月这个时间点上，一整个月完全没有工作的失业者，统计上只有159万人。

日本失业率低于其他先进国家，原因大概是拥有大量自营业、中小企业，以及被称为"家政助手"的工作，这些公司及行业吸收掉市场上过剩的劳动力。因为没有失业保险保护，可以说许多人不得不找临时工作过渡，或依靠家庭照顾生活下去。

经济学者东畑精一与野村正实认为，这种状态与先进国家的"完全雇用"不同，主张应该称之为"全部雇用"来做出区别。[1]日本的失业率，即便在谦二为了生活苦战恶斗的1948年和1949年，也呈现出未达1%的状态。

三、无论如何都希望能知道真相

不只谦二，他周遭的人们生活都非常窘迫，大家几乎都没空谈有关政治状况的话题。虽然如此，谦二也不至于与当时政治状况毫

---

[1]　野村正実，《雇用不安》，岩波书店，1998年。

无关联。

谦二还在"今枝火腿"上班的 1949 年 2 月，占领军美军寄来一封传唤信件。谦二从西伯利亚返国抵达舞鹤时已经回答过美军有关赤塔周边苏联军事设施的询问，这些人当中，有时为了确认当时记忆是否正确，会再次召集一部分人进行问话。谦二回国之后，也好几次都发觉，自己的信件有遭占领美军检查的痕迹。

传唤的信件中附有占领美军发行的乘车通行证。战争之后日本国内运输力不足，物资运送不及，许多都市居民都得搭国铁火车到郊区购买食材，有段时期处于列车老是客满、车票也难以入手的状态。不过许多时候列车会加挂占领美军专用的客车，而这些车辆往往都还有空位。谦二拿到的乘车通行证，虽然只是普通的三等车厢车票，不过也是张前往东京的免费车票。

他靠着这张车票抵达东京，前往占领军接收的丸之内邮船大楼报到。日本邮船大楼，是日本于第一次世界大战后经济景气时盖起的大楼。

他被带到房间内，日裔第二代的负责官员开始询问，给谦二看赤塔建筑物的航空照片、苏联军装的图绘，问他穿着什么军装的人会进出哪些建筑。询问口吻很温和，并不让人感到恐惧。因为从各地征调不同战俘营的人聚集一处，偶然遇到当时一起拘留赤塔的人，还稍微交谈了几句。

趁着这次到东京，他也造访了早实时期的朋友。一位与他同期进入富士通信机的同学，转职到占领军相关工作。当时通货膨胀相当剧烈，大家都说那是一个做黑市买卖比当白领还赚钱的时代。

这位同学与谦二同年，已经结婚并抱着一个刚出生的女儿，有点沧桑感。谦二并没有与同学进行太深刻的谈话便道别离开，通过当时占领军于主要车站都有设置的 RTO（铁道输送事务局）[1] 引导，搭上还有座位的蒸汽火车，返回新潟。

谦二回国后，偶尔仍会阅读新闻。雄次家中订阅的是《读卖新闻》，不过谦二不常在家，大多是在工作场所阅读。他外出到新潟市或龟田任职时，也没余钱可以自行购买报纸，而是在上班场所等处阅读。

虽说有看报纸，但当时谦二并没时间能够仔细阅读。对当时知名的下山事件（国铁总裁下山定则遭谋杀）或松川事件（东北线松川附近列车疑遭破坏出轨）报导，他仍保有一定程度的关心，但也仅止于此。"中学时期开始关心国际情势，比起内政新闻，我习惯先阅读国际消息，与战争之前相比，新闻显得自由得多，外电报导增加是好事一件。"

这个时期的选举大概都投给谁，谦二也不太记得。他说："大概是共产党，或者是社会党吧。并非对政治完全不关心，只是没那份余裕。内阁如何轮替，那完全是上位者的事情，跟自己的生活毫不相干。"

谦二所在的选举区位于新潟一区，但不管自由党、社会党还是共产党的选举运动，他几乎都没有留下印象。他曾经看过已经成为教员的妹妹秀子，在"教员组合"的动员下，为了支援选举而走上龟田街头的状况，不过并没有特别的感想。

只是，虽然投票给共产党或社会党，但谦二说那"也不过是为了牵制保守政党而已"。

1　RTO 是驻日盟军总司令部（GHQ）辖下的第三铁道运输司令部（MRS），于 1947 年设立了 5 个地区总部（DTO）和 230 个铁道输送事务局（RTO），并由 RTO 发布盟军对日本铁路的运输命令。——编注

　　我对社会主义或共产主义都不抱什么幻想，因为自己在苏联看过共产主义社会的现实状况。比起苏联，还是觉得美国比较好。

　　但最敬谢不敏的，还是大战之前的日本军国主义。日本政坛的保守势力，完全不考量战争责任，我自然不会投给他们。所以不管是社会党还是共产党，都好，只要不是保守政党我就投给他们。投票给这些人后，心想无论如何他们也无法取得政权。1949 年 1 月的大选，共产党"跃进"35 席，取得这种程度的席次，大概也无法改变整个大局。

另外谦二说他对日本国宪法也不太关心。

　　可能是因为公布宪法时我人也不在国内吧，没留下什么印象。我既没读过宪法，对宪法也没什么记忆，周围也没人在谈宪法，说到宪法，大概就是，喔，"那又如何？"的感觉。总之不会成为吃饭聊天的话题。

　　实际上，谦二的说法，正是当时一般民众的反应。在日本共产党主导的 1946 年 5 月"粮食国际劳动节"中，游行标语牌上出现过一句知名的诉求"先给米饭再给宪法"。

　　总之，共产党反对留下天皇制与容许资本主义的宪法，社会党则有不少议员认为社会福利规范不足，抱持需要改正的意见，而所谓的"革新阵营"则揭起"护宪"大旗。但这些讨论要引起广泛的关心，大约得等到 1950 年之后了。

　　比起这些，当时谦二更关心的是自己亲身体验过的战争问题。

"我其实不太关心国内政治新闻出现什么冤狱之类的报导，不过报纸上刊登有关东京审判的判决消息，倒是会去理解阅读。"

A级战犯的那些人，在审判上遭受那些判决，是理所当然的事情。发动战争，把父亲与外祖父母的生活搞得一团混乱的家伙，绝对不可原谅。什么广田弘毅身为文官与其他战犯不同，我认为问题根本不出在这里。但对于不追诉天皇责任，却怎么都不能理解。

因为生活压力所迫，几乎没有机会与他人谈起战争体验，但对自己体会过的战争真相，谦二一贯都保持关心的态度。从西伯利亚回国之后，最初买的一本书，是美国军事历史学家费尔德（James A. Field）所撰写的《莱特湾的日本舰队》（日本弘报社，1949年）。

生活上没什么余裕，本不应该买书这类东西。但对于把自己、外祖父母与父亲都卷入的战争，无论如何都希望能知道真相。因为在战争中政府只发表虚假的资讯，完全无法得知战争实际状况，所以更加令人想要搞清楚。

莱特湾的海战，是自己被征兵之前印象最深刻的战争，甚至还发动提灯笼游行庆祝胜利的事情。我不想阅读日本人所写的那种充满英雄主义的故事，只想阅读书写客观事实的书籍，所以才买下费尔德的著作。之后，也在书店站着阅读，陆续看了一些书。

读到吉田满的《战舰大和的末日》，大约也是在这个时期。不过谦二读到的，是刊载于1949年《沙龙》杂志6月号，改以新日语假名排版的《军舰大和》版本。

《战舰大和的末日》是服役于大和号的少尉吉田写下自身经历的作品。原本以日语的文言文体写成，预定1946年刊载于《创元》杂志，但因为驻日盟军总司令部（GHQ）的检查而被全文删除。这个文言文版本，在1952年占领期结束后，由创元社以单行本方式出版，不过在这之前，有另一个把可能会遭受检查的部分删除后修订发表的版本。而谦二所阅读的正是这个修订版。

> 自己还在中学的时候，就听说日本有大和与武藏两艘巨大战舰的传闻，连存在都是一个机密，因此它们何时沉没于何处，就更无法得知了。虽然阅读了记载大和沉没前最终情况的文章，但却是刊登在所谓的"廉价庸俗杂志"上。会在这种娱乐杂志上留下战争记录，也确实相当令人吃惊。
>
> 我认为作者把自己当时的意见如实陈述，同时也站在战争结束后的立场，提供客观思考的观点，确实具有相当价值。书中有记录到，大和沉没之前，为了尽量修正船舰倾斜的状况，在没发出避难通告的状况下向轮机室灌注海水，造成轮机员死亡的状况。事后似乎有人批评，提出高层这么做导致士兵死亡竟然未遭斥责的说法。但身为舰桥士官，这道指令感觉上应该是再自然不过的命令，所谓的军队，就是这样的世界。

这个时期，虽然对苏联与西伯利亚有所关心，却没有深入思考的余裕。但1949年10月中国共产党在内战中战胜国民党，成立了中华人民共和国时，仍觉得"果不其然变成如此"。谦二在西伯利亚时期读过的《日本新闻》中，有幅漫画描绘蒋介石政权接受美国援助不断吞入美金，但却没有下半身可以消化，结果纸钞只能不断从身体中掉落出来。

1950 年起，日本共产党转为地下活动，因为活动方针不同而形成分裂。此事件肇因于共产党和工人党情报局（Cominform）在 1950 年 1 月针对日本共产党采取和平革命路线而进行的批判。

> 因为我自己关心苏联相关事物，所以当时也读了这篇批判文。文中指名野坂参三，且用了许多不该对人使用的污秽字眼进行批评，实在非常恶劣。这不禁让我想起西伯利亚时期的民主运动，让人心生不快。

1950 年 6 月，朝鲜战争爆发。"当时想，发生了不得了的事情了。7 月左右，有一篇美国记者写的通信社新闻报导，说美军先遣部队以反坦克火箭攻击朝鲜军的 T-34 坦克，却完全起不了作用。读到这边，立刻想起在苏联见过的 T-34 坦克。"

9 月之后美军自仁川登陆，正式介入朝鲜战争。朝鲜军完全败退，眼看大势即将底定，10 月中国军队越过鸭绿江加入战局。此时新潟到处流传着"美军将被迫撤退"的流言。因为"朝鲜战争特别需求"而喧嚣说经济有所好转的状况，谦二的亲身体验是，"完全感觉不到景气有好转的现象"。

为了填补原本驻扎日本的美军被派往朝鲜半岛后的空缺，GHQ 在 8 月发出政令，开始募集警察预备队（日后成为自卫队）。"所谓的警察预备队，任谁看了都会觉得那就是军队。因为自己遭

遇过军队与战争的悲惨状况，认为没有军队才是最好的，所以对警
察预备队的成立感到很不开心。"虽然谦二的生活很艰苦，却"从
未想过要加入预备队。到现在还要回头去加入战争，根本不可能。
不想再次经历那种处境"。

朝鲜战争开始之后，可以看到占领军的方针有了重大改变。在
此之前军国主义者与战前统治阶层都无法担任公职，在这之后改为
针对共产党员、同情共产党员的公务员与大众媒体，以及工会进行"清
共"活动。谦二说："想起西伯利亚时期，知道美国容许共产党存在，
感到美国仍算是个宽容的民主主义国家。这样的美国竟下达赤色整肃
指令，实在令人不敢苟同，但既然是占领军的命令，日本也无法违抗。"

在这种环境中，1950 年秋天，谦二遇到了新潟市内的共产党员，
而且变为好友。

忘记是在什么状况下遇到的了，大概是工会的运动家之类
的，说起新潟市能有工会的大企业，大概只有新潟铁工或日本
轻金属吧。可能是这个圈子的劳工运动家。

年纪比我大 4 到 5 岁，大概 30 岁，感觉是个好人，就像哥
哥一般。我说自己曾在西伯利亚接触过《帝国主义论》，对方便
说自己家中有这本书，愿意借给我。当我前去借书时，对方刚
好出门，是太太出来迎接的，但一个完全不认识的人突然跑来
借书，确实让那位太太相当警戒。书借到手后总算读过了，但
内容过于艰涩而看不懂。

虽然跟这个人合得来，但他找我去参与活动时我总是不参
加。关于政治活动，因为吃过西伯利亚民主运动的苦，不想再
有所瓜葛。再也不想遵从上面的命令了。

　　谦二讨厌苏联，也不喜欢共产主义社会，在这样的想法下，其他人或许从中国军队介入朝鲜半岛造成冷战态势的现实面来思考，认为不得已的状况下日本可能需要再次军备化，但谦二却不这么认为："脑袋想法干脆，一刀两断的人，或许会这么想；但现实世界中的问题，从来不是明确的二者择一的状况。会这么想的人，都是远离社会现实的人，只有他们才会冒出这种想法。"

　　虽然不喜欢共产主义，但更不愿意见到战争与再度军备化，这便是谦二的想法。从结果来看，这恐怕与当时绝大多数的日本人意见相一致。

　　进入1951年后，25岁的谦二遇到了一个转变。谦二在制版公司的送货业务仍然持续，但1950年的冬天，他感冒了好几回，身体微微发烧，一直无法退烧。1951年1月，因为病状一直没有好转，只好请假前往镇上诊所接受诊疗，镇上医生介绍他转诊到新潟大学医院。在该处，谦二被诊断出罹患了肺结核。

　　　　收到通知时，实在太过震惊，眼前一片灰暗。哥哥、姊姊都因为结核病而陆续过世，心想："唉，没想到最终我也罹患结核病。"内心自忖，或许是因为一直忙于工作，没有好好吃饭的关系吧。

　　新潟的制版公司工作只好先办理停职，回到位于割野的雄次家。经过三个月的自家疗养后，6月进入位于新潟县内野町（1960年合并于新潟市）的国立内野疗养所。此后到1956年为止，大约五年的光阴，谦二都耗在这个疗养所内。

第六章

结核病疗养所

1951 年 1 月,谦二被诊断出罹患结核病。这跟自己过往的体质可能多少有关,但从战争期到战后的营养不良与过度劳累,恐怕才是最大主因。

谦二说这是"人生最失落的时候",从 25 岁确诊之后到 30 岁为止,谦二都在结核病疗养所中度过。

一、失去一半的肺叶

谦二被告知罹患结核病后,向新潟市的制版公司办理停职,回到位于割野的雄次家中。接着申请进入国立的结核病疗养所,入所前先在自家过了约三个月的疗养生活。"父亲从过去就沉默寡言,当告诉他自己患病的时候,他也只说了一句'这样啊',之外就什么都没多说了。"

谦二给住在冈山的伊七与小千代送了封信,之后才听说当初信送达后,该封信也让居住在主屋的大家看过,每个人都叹息"这该怎么办才好"。"寄托给伊七与小千代的外孙们都患病过世了,最后活着的一个,好不容易才从战争中活着回来,结果又染上结核病。似乎大家都不知道该如何接受这个残酷的事实。"

在割野时,谦二每两周到附近的诊所去看一次医生,进行气腔疗法。所谓气腔疗法,就是从体表插入针头,在遭结核菌入侵的肺叶与胸膜之间打入空气,把病灶连着肺泡一起销毁的治疗法。那个时代肺结核的特效药还未普及,治疗手段也很有限。谦二周围有的治疗方法,除了补充营养、静养、转移到疗养地之外,就剩下外科手法。

当病情较稳定时,谦二会到附近散步,让身体活动一下。不过当时,特别是在乡下地方,大家都把结核病当作"绝症",深感恐惧。附近的农民害怕遭传染,都不敢接近谦二。谦二无可奈何,只好在自家门前的河堤上沿着河川步行。"走在河堤上,从旁经过附近居民聚集处,之后就被父亲警告'不要太接近那些地方'。因为附近的欧巴桑(大妈)告状说'小谦铁青着脸色,让人毛骨悚然地走过去'。"

1951年6月,谦二搬入位于新潟县内野町的国立内野疗养所。新潟县也有属于基督教会系统的民间疗养所,但位于内野与柏崎的则是国立疗养所。

其中柏崎疗养所的前身是设立于1939年的战伤军人新潟疗养所,1945年12月移管给厚生省,改为结核病疗养所。而内野疗养所则设立于1941年,原本为新潟县立结核病疗养所,1947年也移管给厚生省。换言之,在第二次世界大战的"全面战争"之下建造起来的医疗设施,成为"二战"之后结核病疗养所的缘起。

不管是内野还是柏崎,都是不具产业的地方。其中柏崎与青森县下北半岛并列,日后吸引了核能电厂与自卫队基地来此地建置。

在结核病疗养所中（1951 年摄）

结核病疗养所属于"不受欢迎的设施"，大家都不希望设立在人群聚居的地方。内野疗养所靠近海岸边，远离农村，是一处只能看到沙滩与远眺郁金香花田的偏僻处。

附近的农民任谁都不愿靠近疗养所。渔民偶尔会来卖鱼，不过都一副不想被人看见的模样，掩着鼻子，一种为了赚钱不得不来卖鱼给结核病患者的感觉。患者们也从窗户递出锅，借由锅取鱼完成交易。

前往疗养所时，谦二与父亲二人搭着"越后线"，从内野站下车后步行约十分钟，便抵达疗养所。谦二对父亲说"那我进去了"，雄次只回了一句"知道了"。

谦二说"疗养中的医疗费怎么来的，我已经不记得了"。不过，1950年5月日本修改了《生活保护法》，1951年3月修改了《结核预防法》，此二法修正都影响了谦二的境遇。

《结核预防法》制定于1919年，自1951年修正后，基本方针改为禁止结核病患者就业，并要求进入疗养所。为了避免传染给周围的人，都道府县的知事禁止结核病患者就业，并下令患者必须进入结核病疗养所。

入疗养所后，除非医生认定已经痊愈，否则禁止离开。相对地，进入疗养所的患者其诊察、治疗费用，如果监护人提出申请，全都由道府县政府负担。

这种将患者隔离收容与扶养的原则概念，几乎与1953年制定的《麻风病预防法》一致。与"二战"前必须自行负担治疗费用的结核患者状况相较，病患的经济状况获得一定程度的改善。但另一方面，遭到社会隔离的病患陷入"养到死"的状态，经过数年的长期收容后，逐渐丧失社会性。疗养所内的人权状况逐渐成为问题，1996年先废止了《麻风病预防法》，2007年则废止了《结核预防法》。

谦二记得为了支付疗养所内的生活费，接受了政府的生活救济补助。1950年修改后的《生活保护法》新设了国籍条件，必须拥有日本国籍才能获得救济补助，同时废止不保护品行不良者等不合格规定，采用扩大救济范围的方针。实行此一修正案的1950年，厚生省年度预算的46%都花在支付生活救济补助上。

谦二接受生活救济补助获得的生活费，依当时规定为每个月600日元。冈山疗养所的结核病患者朝日茂认为该金额侵害宪法第25条"享有健康而具有文化的最低限度生活权利"，于1957年提起诉讼而广为人知。

在这项诉讼中，依据原告的主张，每个月600日元连购买营养补充食品的生鸡蛋都不够，一年买不起一条内裤，两年买不起一件内衣。这个被称为"朝日诉讼"的案子，于1960年一审判决被告方胜诉，1963年二审时遭驳回，1964年最高法院因原告死亡而裁定诉讼终了。

谦二说："有关朝日诉讼，我是1956年出院之后才从报纸上得知。提出诉讼应该是必然的，我自己在疗养所时，没扔过一件衣服，必须保留一直穿用。"针对如何利用生活救济的过程，谦二则说："我不记得如何得知这套制度，医生不至于说明到这种程度。或许是在确诊罹患结核病的新潟大学医院窗口得到介绍，也有可能是地区的民生委员会告知的。"

在疗养所大概有400名患者，六栋病房，编号上避开不吉利的"第四病栋"，第一到第五栋属于旧大楼，第六与第七栋则新盖好不久，恐怕是因为《结核预防法》修正后，面临可能会增加隔离收容的患者，作为对应处置的一环而增建病房大楼。谦二迁入的便是新建的第六栋。

谦二在战争之前曾为了探望哥哥辉一去过一次结核病医院。当时负责照护病人周遭事务的"护理妇"（大多是中年女性），一般而言都是患者自行付费雇用的。制度变革后，在内野疗养所中不容许私人付费的护理妇，改由护士巡视病房。

病房为八人房，与谦二同寝的患者，计有两名教员、两名警官、一名劳动基准监督官，以及两位其他病患。其他的病房也类似如此，在第六、第七栋新设病房中，大部分都是教员与公务员。疗养患者年纪大多在三四十岁，像谦二这种 25 岁的年轻人并不多。

日本的社会福利行政，采取由个人提出申请后才能利用福利制度的"申请主义"，只要不知道资讯，没有进行申请，即便有这套福利也享用不到。内野疗养所中教员与公务员占多数，原因之一可能是公务员们更容易接触到这些新制度的相关资讯。没有这些公家机关资讯网络的贫困者，时间与生活上都缺乏余裕，即便国家有这套制度，许多人也不知道相关的利用讯息。

谦二进入疗养所之后，大概接受了一年左右的 PAS（对氨基水杨酸，Para-Amino-Salicylic Acid）与 Tb1 新药治疗。PAS 容易造成胃肠不适的副作用，不舒服时只能先停止服用，等副作用过去了再重新开始。

谦二进入疗养所的初期，正当结核病治疗的摸索阶段。到 20 世纪 50 年代中期，作为特效药的抗生素链霉素（Streptomycin）开始临床应用，但在此之前只有类似 PAS 之类的化学药剂用于治疗。

以盘尼西林为嚆矢的抗生素，在第二次世界大战期间正式开始采用。抗生素与雷达一样，都是同盟国的新技术，在伤兵治疗上发挥了巨大效用。盘尼西林在"二战"之后也在民间使用，在战争中的 1943 年分离出了链霉菌素，并在战后上市，成为有效对抗结核菌的抗生素。但在 1951 年的日本，此药品仍属于贵重药物，谦二说"不可能轮到我这种偏远地区的贫困患者"。

谦二吃了一年左右的化学药品，缓和了病情的进展，并在 1952 年接受了胸廓成形外科手术。此手术使用与气腔疗法相同的原理，与利用链霉菌素等内服药杀死结核菌不同，而是把遭结核菌入侵的病灶以外科手术的方式完全去除。

　　因为与气腔治疗类似，应该从过往就有这种手术的想法。恐怕战争中外科手术更加发达，而因为利用抗生素可以有效阻止感染化脓，医生得以施行更大型的外科手术，类似去结核菌的大手术也得以实现。

　　只是，去除遭结核菌感染的部分，自然会缩小肺脏，降低肺活量。患者术后体力必定会减弱。外科手术中必须切除肋骨，当病灶肺叶去除后，只会再生如细枝般的细骨，结果便是在患者背部留下大片伤痕，并且导致身体歪曲。

　　换言之，接受外科手术，等于只能剩下一片肺叶。即便如此，这仍然可以治疗被称为绝症的结核病。

　　接受手术后会造成什么样的结果，我自然知道。但在医生的推荐之下，为了让病情有所进展，最终还是下定决心同意接受手术。这项手术只采取部分麻醉，且切除七根肋骨，右侧肺叶几乎全遭摘除，当医生拿着锯子切割肋骨时，实在痛不欲生。

　　对医生而言，这等于在尝试新的疗法，带有一种实验的性质。因为只有部分麻醉，所以手术中可以听到医生们的对话。前辈的医生们，对施行手术与旁观的后辈医生们说："这样子可不行！"有许多指导性对话。如果支气管已经遭到结核菌侵袭，即便动手术去除病灶，也不具什么意义，因此在手术之前得先使用金属内窥镜插入支气管内检查。这也是个不怎么灵光的年轻医生，一边听前辈的指导一边操作，弄得我又呛又痛。

手术后的谦二，身形已有了改变（1952 年摄）

顺带说明，从隔年开始，可以切除更少的肋骨便完成肺叶切除手术。之后抗生素上市，便无须再使用此类手术。这项手术等于是"昙花一现的治疗法"，只有一部分的人在短暂的几年间接受过这种外科治疗。其中在日本最有名的，就是饰演电影《男人真命苦》的男主角渥美清。

即便出院回到社会上，受过这项手术的人，一看便知。一侧的肺叶遭到摘除，该侧的肩膀下垂，另一侧的肩膀也稍微提高。在我待的疗养所，大概是我接受完手术后的第二年，才开始出现链霉菌素治疗。如果抗生素治疗早一年出现，我就不需要接受这项手术了。

　　手术之后，耐心服用 PAS 与链霉菌素。疗养所每个月都会定期对病患采痰培养，检查是否仍存有结核菌。如果一整年都没检查出结核菌，大概就可以准备离开疗养所。

　　可是如果仍然带有结核菌，根据新的《结核预防法》，不论过几年都无法离开疗养所。而手术后过了半年左右，谦二的痰里又检出了结核菌。

　　　　即便摘除了肺叶，仍检验出结核菌，等于说这次的手术没有达到应有的效果。医生安慰说："耐心地继续治疗吧。"当时意气非常消沉，之后除了一边疗养，继续服药，等到结核菌完全消除之外，别无他法。

二、最难熬的时期

　　此后直到 1956 年出院为止的四年期间，对谦二而言是"最难熬的时期"。一方面也是生活实在过于单调，"疗养过程中的生活，几乎没有留下什么记忆。那是一辈子最低潮的时期"。

　　　　在西伯利亚日子也不好过，但总还有个"如果能回国"的希望。可是在疗养所，即便结核病痊愈，对出院后的生活该如何继续，完全没有展望可言。出了院，既没有技能又没有体力，大概只能当个坐办公桌的办公人员。

　　　　而且在西伯利亚，大家都有同样的境遇，有股同样身为俘虏的连带感。但在疗养所因为患者的症状各有不同，我与公务员和教员的社会身份地位也不同，完全没有连带感。当被检验出仍带有结核菌时，也没有人过来说句安慰的话，也不曾一起讨论过出院之后如何回归社会才好。因为众人的境遇皆不同，所以无法找出共同的话题。总之大家都避开太深入的谈话，在疗养所也没有亲近的朋友。

疗养所的日常生活，早上起床用餐后，便在床上静养，或者做一点轻微的运动，都是一些病人理所当然该做的事情。因为不可以离开疗养所，所以也不能到附近散步。要说有什么特殊活动，大概只是次数极为稀少、在疗养所办的烟火大会而已。

虽然有自由时间，但疗养所图书室的藏书，只有俳句或人生训示之类的书。即便自己想购书，可是只靠一个月 600 日元的生活救济费，根本买不起。印象中自己只好找便宜的二手书广告，买了一本高杉一郎写的《极光的阴影下》，还记得那是一本讲述西伯利亚拘留经历的书。

医院供应的餐点，都是在自己的床上食用。这也属于治疗的一环，免费提供，营养上应该算是充足，但也没留下什么印象。谈不上美味，但感觉上比在割野自家吃的还好些。大家都希望吃点比医院食物味道更浓的食物，有些人趁着五点之后医生与护士不在的时间，瞒着留守的护士偷偷在中庭烤鱼来吃。我想大概是自费从渔夫那买来的，似乎有些人的老家也会送来农产品。

病房也有报纸，通常是一份普通报纸、一份体育报纸，由病房的八个人共享。不过谦二说："那时期的新闻大都不记得了，有印象的大概只有 1953 年朝鲜战争休战而已。"

在谦二接受手术的前一年，也就是 1951 年 9 月举行了旧金山和会，缔结了《日美安保条约》，但谦二也印象模糊。

我能够理解主张全面讲和的人的心情，但整个讲和会议的结果，还是给人"这大概就是底线了"的感觉。关于安保条约，我周遭的人都是一副不太理解的样子。但是发生了朝鲜战争，整个情势看来美苏之间的全面战争似乎也不可避免。大多数的人都觉得，弱小的日本不论再如何挣扎，也起不了什么作用吧。

病房有个人专用的矿石收音机，为了不在病房中发出声音，得戴上耳机听。谦二听的大多是 NHK 的广播，特别是落语类（日本的一种传统曲艺形式，与中国传统单口相声类似）的日本相声节目，谦二相当喜欢落语，住在中野时还曾经去"广末亭"看过现场表演。

当时听过《寻人》这个节目，主要是在寻找战争期间下落不明的亲属。但当时并不想深入思考这些事情，大部分时间还是听《话之泉》或《二十扇门》这种娱乐节目。

有个叫作《S 盘 Hour》的节目，自己大概有十年没听过娱乐音乐了，因为从战争期开始到战后这十年期间，几乎都没接触过娱乐性音乐，听到时觉得战争结束后受到美国影响，连轻音乐的调性也产生了变化。

当时谦二留下一张照片，是他在病房中弹吉他的样子。弹奏的曲子，是"二战"之前日本的流行歌，古贺政男作曲的《想念你的身影》。"拿着疗养所的吉他，照自己的记忆弹奏，其他病患听了之后说'出院之后可以去当"那卡西"（流浪歌手），应该可以混口饭吃'。当然只是开玩笑的话。不过当时大家对未来毫无展望，就是到了这种境地。"

父亲雄次大概每隔两个月，会带着鸡蛋来探病，给谦二补充点营养。不过"父子间还是没谈什么深刻的话题。彼此之间也没什么话好说"。而这段时间，雄二的生活却出现了一个重大变化。

> 正好在我手术期间，妹妹秀子因为某种缘故，辞掉了教师的工作只身到东京去了，而且消息不明。过了大约半年，父亲才跟我说："等你手术后的这个时机，才告诉你。"大概怕我手术中还挂心，或者因此感到难过吧。可是，父亲在"二战"之后失去了全部的财产，好不容易从战场回来的儿子，过了两年飘荡的生活，竟然还患了结核病，可即便如此，他却没抱怨过一句话。不管什么事，他总是一口气忍耐下来。

1953 年年中，在疗养所读到《新潟日报》报导，有些巴西移民短期归国的消息。借此谦二有机会了解姨妈美登里的消息。

如前章所述，美登里是小千代的次女，谦二母亲的妹妹，她在"二战"之前便跟着丈夫，带着两个小孩移民巴西，但"二战"之后不管写多少信过去，都没有回音。

> 根据那篇报导，这些巴西移民回到日本之后，才首次知道日本真的战败了。留在巴西的人，甚至还有些不相信日本战败的消息。通过这个机会我写信给那家报社，请对方如果知道我

姨妈的消息，拜托能通知一下。在这样的情况下，报社的人竟亲自前来疗养院拜访。

当时，巴西的日裔移民们分成不承认日本战败的"战胜组"，以及承认战败的"战败组"，彼此之间相互对立。造成这种状况的原因之一，是战前的"神国日本"教育深深浸透，加上不懂葡萄牙语，导致情报来源有限。在巴西两者之间的对立逐渐激化，甚至发生互相暗杀、袭击的事件。

根据报社的人的说法，美登里的丈夫算是战胜组的领导人，对于日本寄来的信件，都认为是美国的谋略，根本不阅读就直接烧掉。战胜组的人们好像对日本寄来说明战争已经结束的信件，采取不足为信的态度。

这个时候我才恍然大悟，为何美登里一直没回信的理由。我仍拜托报社的人帮忙转达留言给美登里，但之后还是音讯全无。从广义来说，这也是战争撕裂人心的一个例子。

1954 年 3 月，人在冈山的伊七，因为脑梗塞过世了。当时同住在冈山的亲戚们，写信通知谦二这个消息。

回国后虽然有立刻去见外祖父，但没想到竟然成为最后的诀别。分别之后自己也为了生活精疲力尽，没帮上外祖父什么忙。不过外祖父已经七 18 岁，而且战争之前就中风过一次，身体一直不好，所以能以此高龄过世，也算安享天年了。只有一直没能与美登里取得联络一事，算是最后的挂念吧。

此外在疗养所时代还记得的事情，就是内野疗养所的患者运动。

结核病患者要求改善待遇的运动，在全国性组织的日本患者同盟（日患同盟）领导下进行。该组织团结了过往存在的患者团体，于1949年成立了"日患同盟"，因为支援了前述的朝日诉讼而广为人知。

内野疗养所内指导运动的是住在第七栋一位叫作佐藤胜巳的年轻患者。1929年生于新潟的佐藤，是在川崎汽船上班的共产党系劳工组织运动家，从内野疗养所出院后，还参与了抵制歧视新潟县在日韩国人、朝鲜人的运动。他还参加了帮助朝鲜人返回朝鲜的归国运动，之后因为对朝鲜的实际状况感到失望，因而脱离日本共产党，转而投身帮助营救遭朝鲜绑架的日本被害者运动。

佐藤在疗养所时代，隶属于日患同盟新潟分部。最初他并不显眼，但靠着独特的风采与辩才，成为内野疗养所的患者自治会会长。谦二说："我还记得佐藤拿着麦克风讲话，以及弹着吉他高唱田端义夫流行歌《归船》的模样。"佐藤不仅制作报纸，还召开患者大会。

谦二受这个运动影响的方面，就是取得了身体残障者手册。除了谦二之外，还有许多手术之后对身体留下影响的人。患者自治会建议他们争取残障者手册，谦二因而也提出申请，得到了第五级的残障者手册（共分六级，最轻微者为第六级）。

原本谦二并未参加运动，原因之一可能是他认为"在狭小的疗养所进行煽动演说，根本就像在西伯利亚战俘营中进行民主运动一样"。

在疗养生活之中，父亲雄次偶尔会来探病，除此之外谦二没有其他客人。他不参加运动，在疗养所内也没有称得上朋友的人，对未来也不抱期望。在都厅上班的早实时期的朋友曾经写信来过，除

庆祝出院，特地着盛装拍照（1956年摄）

此之外不记得有其他来信。天涯孤独又没希望，问谦二是否想过自杀，他如此回答："没想过这种事情。不管在什么处境中，人永远会替自己找希望，在西伯利亚的时候也是如此。而且，干出自杀那种事情，实在太对不起父亲了。"

在这样的生活中，手术之后三年之间，验痰时结核菌总是时而出现时而消失。1955年起，总算稳定下来，结核菌不再出现，盼到医生可能发下出院许可的时刻。

接着在1956年5月，谦二终于得以出院。虽然对未来没有任何期望，但"离开疗养所时还是感到非常开心"。

出院者离开疗养所大门时，其他病患、医生与护士们都会聚集起来，就像在监狱里也经常出现的场景一般，大家齐声说"不要再见了"，这种欢送场景已经成为一种惯例。穿着唯一的一套西装，拍一张留念照片也是惯例。出院时并没人来迎接，谦二便自行返回父亲住处。

谦二此时已经30岁了。他20多岁的这十年期间，就在战争、西伯利亚与结核病疗养所中消磨殆尽。

三、无能为力的小市民

接近可以出院的时候，谦二获准外出前往新潟市，可以寻找住处，也能为出院预做准备。但他已经失去半边肺叶，又没有什么技能，对于已经30岁、不能再自恃年轻的谦二而言，还不知道自己接下来应该如何生活下去。

结核病患者当中，有许多出院之后仍因贫困与营养不良，造成体力衰弱又过度劳动，然后复发重回疗养所的"回锅"例子。他们在看不到未来的贫困生活下，过量饮酒，陷入不正常的生活等，结果成为复发的病人。

前述《男人真命苦》的男主角渥美清出了疗养所回归社会后，便完全戒除烟、酒、咖啡等，用心管理自己的健康状况。谦二也想着，"总之要留心不要复发，万一再次发病，就真的出局了"。"因此之后一边工作一边注意自己的健康，只是许多时候不得已仍得强迫自己，可是肺活量大概只剩两千毫升，只要稍微劳动便会气喘不已。"

虽然领有残障手册，但谦二属于轻度等级，"搭乘国铁超过一定距离后能够获得半价优待，大概就这种程度而已，除此之外没有其他好处"。顺带一提，谦二这种等级在汽车购置税与汽车重量税上都可以获得减免，不过等到他知道这个讯息，已经是 2009 年的事情，加上他之前并未申请减免，所以现在也无法享受这个政策。

出院之后，谦二先到剩下小千代的冈山。这是一趟前往东京与静冈拜访亲戚的旅行。

到东京之后，他先与从新潟移住东京的妹妹秀子碰面。此时秀子已经写信给父亲，并在东京的学艺大学担任职员。

在北海道、新潟、东京之间迁移，小熊家的成员都是所谓的"漂泊者"，对他们而言，已经没有家乡。虽然小熊家的本家在割野，但关系却不紧密。况且新潟没有什么好工作，也无法达成想要照顾雄次的目标。谦二与妹妹商量，希望不久自己也能在东京找到工作，至少可以照顾雄次与继母，全家再次一起生活。

七年之后再访东京，已经看不到战争灾害的痕迹。谦二到东京的 1956 年，流行一句话叫"现在已经不是战后了"，日本开始进入经济高速增长期。因为石原慎太郎的小说而被称为"太阳族"[1]的年轻人受到瞩目，西武、东武以及三越等百货公司都争相在池袋开张。"我已经五年没踏进这个大千世界，宛如浦岛太郎[2]一般。与东京的繁华相较，自己就像是被挑剩的人一般落魄。"

在东京，谦二前往探望曾经写信到疗养所的早实时期的朋友，

1　太阳族一词来自石原慎太郎小说《太阳的季节》，描述"二战"之后出身富裕家族的年轻人，过着毫无节制、欠缺伦理，连情感也物质化的生活。"太阳族"指的便是与谦二类型完全相反的年轻人。——译注

2　日本古代传说中浦岛太郎因为救了神龟而被邀请去龙宫游玩。回到地面后人间已过百年。——译注

并逗留了几天。

> 疗养所待了五年，连社会规则都忘记了，来看朋友连伴手礼都没带，实在是很抱歉。他虽然也遭征兵，但只是在千叶县挖掘了一些本土决战用的战壕，大战结束后立刻复员，并在东京都厅上班。与他相比，自己在西伯利亚待了三年、疗养所待了五年，好像只在各种拘留所或收容所中生活一般。

东京之后，接着谦二前往静冈，拜访在"今枝火腿"上班时照顾自己的同父异母的姊姊，以及在日本轻金属上班的姊夫。1952年日本轻金属在静冈县的清水开设了新工厂，姊姊一家人移居到静冈。在姊姊家叨扰了几天后，谦二动身前往小千代所在的冈山。

> 外祖母还是一样住在离开主屋的小仓库里。接下来两个月左右，我再次陪着外祖母，一起居住在狭小的仓库中，外祖母依然温柔地叫唤我"小谦"。亲戚们的生活虽然相当辛苦，但大家也知道我得了结核病，并非故意不照顾外祖父母，所以没有摆出一副"你事到如今才跑回来，究竟是什么意思"的态度。

虽说住在庭院一隅的仓库，但主屋就是小千代的老家，小千代的妹妹也住在里头。与日本刚战败的时期不同，目前生活多少较为稳定，而超过80岁的小千代与妹妹的感情也很好。"既然已经在这里住习惯，外祖母年纪也大了，还是别再搬移住处较妥。这趟来看过外祖母，内心踏实许多，接下来只要担心自己的生活，以及照顾爸爸就可以了。"

　　回到新潟后，谦二仍回住院前上班的制版公司工作。离开疗养所之前获准外出做些生活准备时，谦二回访了一下公司，公司方面也答应让谦二再回来上班。现在公司已经不再处理销售燃料，专心于生意兴隆的制版业务。然而，在这家公司上班也只持续了大约两个月。

　　　　公司还是以办公人员聘我回来办公，仍让我住在制版所二楼。可是老板却爱上喝酒，随意乱花钱，晚上喝醉了还会爬上二楼我的住处，要我一起喝。因为这样，所以辞职了。我酒量很差，大概体质本来就不适合饮酒。

　　可是，辞职之后就没了住处。离开制版所后，谦二找到一处听说原本是水族馆的二层公寓，租了其中一个房间。因为自己也没带什么家具，借了一台拉车，自己把棉被搬运过来，一眨眼就算完成了搬家。

　　　　这个公寓，房东还提供早晚餐。房间大概有十叠那么大，不过入住的大概都是新潟市内来路不明、上不了台面的人。从旁人的角度来看，我原本就是个"上不了台面的人"吧。房客之中有一位学校的老师，大概算是其中最属善类的一位。

　　辞掉制版所工作没多久，1956年11月左右，偶然在新潟市街角遇到了疗养所时代的熟人。他名叫原健一郎，是位立志成为作家的年轻人。通过这位年轻人的介绍，谦二找到了一份工作。

　　原的父亲，原本是旧式中学的英语老师，因为在广岛受到原子弹轰炸的影响，在原高中一年级时便因为核爆后遗症过世了。之后父亲当医生的弟弟收养了原，期望他未来也能当个医生，提供他生活费。不过原本人却志在文学，所以进了京都大学文学部。不过经济上却因此出现问题，后来他辗转来到母亲所在的新潟，不久又感染上结核病。在疗养所内，原便在佐藤胜已的底下，帮忙写患者运动的新闻稿。

与谦二重逢时，原健一郎因为自己父亲的学生是《新潟日报》的记者，通过这层关系，自己得以进入一家小出版社工作。虽说是出版社，不过就是采访新潟的地方政界、财界名人，把他们自吹自擂的故事，做成数十页的报导，并制成小册子刊载其上，靠此赚钱营生。"好好写出褒扬的文章，便可获得对方的大量购买，还能让对方愿意登广告。内容则完全都靠原一个人撰写。"

原与谦二碰面后，知道谦二住的房间很宽敞，便央求谦二让他搬入一起居住。谦二答应之后，原就带着自己的棉被搬入谦二公寓，开始共同生活。"原被房东赶了出来，眼下没地方可住，另一方面我虽然有地方可住却没有工作。与原合住之后，也通过他的介绍在那家出版社获得一份工作。"

那家出版社位于新潟市内，在社长自己家兼办公室进行编辑工作。公司是两层楼的民宅，一楼出租给商店，二楼的一个房间当作编辑室，另一个房间，则住着社长的两个女儿与社长的姊姊。社长大概50多岁，靠房屋租金与编辑工作讨生活。他也是志在文学，原本就希望从事出版业。

　　我也试着撰写有关出租车业界的故事，可是却不像原写得那么好，自己大概不太适合这种工作吧。制作名片时印上假名，应该说是笔名更恰当，结果就发生过这么一件事。某天与原一同前往一家公司索取广告刊载费用时，该公司要求出示名片，出示后却被对方质疑："这名片上的名字，与通电话时报上的名字不一样啊！"最后还是领到了费用，不过领到后两人也赶紧逃离那家公司。

出版社的办公室，经常有些来路不明的人进出。选举的时候，这些人会往来各阵营的办公室，接受对方的宴请，从他们口中听到许多不为人知的内幕。不过倒是没有见过黑道进出，也没遇到过黑道。当时日本还在经济高速增长期的前期，大概黑道还没开始四处巩固自己的势力地盘吧。

这段时期对谦二而言，是人生中少数例外、多少可以享受点乐趣的时期。

与原的职场、住处都在一起，下班后回公寓前，两个人会在新潟市内漫游。

我们一起去看电影、赌马等，赌马还曾经中过大奖。那时候全拿去请原吃饭了。还去过位于新潟市闹街"古町通"上的"朵利丝酒吧"。我不能喝酒，算陪着去见见世面。

经济高速增长的浪潮，也波及新潟。新潟市内的百货公司，也开始安装过往没有的自动扶梯。不过谦二的生活还是一如既往的贫困。

虽然去了百货公司，说到购物，也只有为了抵挡新潟晚秋的寒冷，买过一件外套而已。外出服装只有那么一套西装，平常穿些什么完全不记得了，应该也不是什么了不起的衣服吧。

衣服都靠手洗，内衣裤则没那么常换洗。另外因为不能像住在疗养所时期那般放任头发乱长，所以还是会定期去理个发，大概就是这种程度。

新潟市内的街头也出现了电视，但信号接收不良，所以影像总是乱跳，看不清楚，也不记得有热衷于观看运动直播的状况。

1956 年 10 月，日本与苏联恢复邦交，但谦二并没有特别关心这件事情。1955 年自民党成立，与社会党联合，鸠山政权与石桥政权诞生，对谦二而言仿佛都是发生在遥远世界的事情。不过因为身为 "西伯利亚归国者"，对 1956 年 10 月匈牙利革命的新闻，还有印象。"一方面觉得苏联的镇压实在太过残暴，同时也对苏联体制下，民众可以自然发起抵抗感到讶异，毕竟根据自己过往的体验，这几乎是不可能的事情。"

虽然这么说，谦二选举时投票，照旧投给革新派的候选人。虽然不喜欢共产党，但谦二更讨厌日本的军国主义与保守派。

当时记得的新潟政治家，是新潟四区的社会党议员猪俣浩三。他以追查人权及贪污问题而闻名，也是 1970 年创设国际特赦组织日本分部的伟大人物。在同一选区，另一方则是自民党的田中彰治，因为私下贩售国有土地、炒地皮等，有恐吓与欺诈的嫌疑，正被追查中，大家给他起了个 "放火喊救火" 的诨名，解嘲他自导自演、从中获利的行为。田中角荣，名字是听过，但并没那么引人注目。

国际特赦组织是 1916 年发祥于英国的人权团体，他们以其活动主旨是要求释放遭不当逮捕、拘留的"政治犯"而为大众熟知。冷战期间苏联的劳改集中营也是他们诉求的对象之一。多年之后当谦二生活安定下来，也在 20 世纪 80 年代加入该组织，在组织附属会报上持续撰写要求释放"政治犯"的信件，不过那是后话了。

1957 年 2 月，"二战"开战时的商工大臣、原本是 A 级战犯的岸信介成为日本首相。可是苦于生活的谦二只留下这样的印象："只感到厌恶，好像反动派大张旗鼓反扑的感觉，而自己身为微不足道的一介小市民，却完全无能为力。"

另一方面，谦二上班的出版社，在他进公司大约四五个月后也开始苦于资金不足。"工作内容本来就马马虎虎，加上新潟这行的市场规模很小，所以难以持续。"反复地换工作与公司倒闭，这就是中小企业劳动者人生路途的最佳写照。

1957 年 4 月左右，谦二辞去了出版社工作。通过职业介绍所的中介，他受雇成为一家工具店的事务员。经济高速增长时期，产生了许多中小型工厂，特别是汽车零件工厂增加数量最多。这家工具店就是在这些中小型工厂间跑业务，销售扳手等工具争取订单。

工具店由社长、谦二以及四个业务员组成，一样苦于资金周转。公司设在一户两层楼的房子里，一楼是仓库，二楼是办公室。谦二照样与原合租一处，只是自己改到这家工具店上班。

但是 1957 年 12 月，谦二辞去了该工具店的工作。离开的理由，则是自己盗窃被发现。

　　利用自己身为办公室职员之便，偷了公司的钱。虽然自认是个认真的人，却还是败给金钱的诱惑。不过，也只是偷了一张百元钞。社长似乎有所察觉，对我的态度有点改变。虽然没有直接追究，但继续待着气氛也很难受，所以便辞职了。

在某种意义上，这也算是个"时机"吧。谦二正好趁着这个机会，离开新潟前往东京。那期间，在雄次割野家中的继母，因为衰老，也是风中残烛的状态。

这样下去，留在新潟也没什么发展。为了能够与父亲同住一个屋檐下，只剩下前往东京打拼一途。在东京还有妹妹秀子，而且她工作也有着落，靠着兄妹两个人的薪水，总算能在东京找个据点，迎接父亲前来团聚。

在东京的工作尚无着落，谦二先与妹妹取得联络，拜托能让他借住一阵子，确保自己的住处。1956 年 5 月离开疗养所时，一直接受生活救济，在这个时间点上自己完全没有存款。"从离开疗养所到前往东京的这一年期间，虽然有工作，但手边却仅剩一点钱。"

因为决定前往东京，所以也离开了原，不再共同生活。告诉原自己将前往东京后，原说了一句"就此别过了"。身边几乎没什么行李，只有一些手持的物品，除此之外，就是把棉被一起送给了原。

辞去工具店的工作后，12 月中旬的某个夜晚，谦二从新潟车站搭上夜间班车，出发前往东京。雄次年纪也大了，没体力到新潟车站来送行。工具店的同事们与谦二吃了顿饯行酒菜，之后顺便到车站送行。离开新潟时，谦二已经 32 岁了。

第七章

经济高速增长

1957 年 12 月，谦二只带着手提行李，便从新潟出发到了东京。谦二已经 32 岁，既没有特殊的技能，也没有显赫的工作履历，手边也几乎没有存款。接受结核病手术后只剩下半边的肺叶，也无法从事需要体力劳动的工作。

前一年的 1956 年，社会上流行一句话叫"现在已经不是战后了"。可是谦二却说"完全没有这种实际感受"。

电影变成彩色了，市面上也开始贩售电视机，这种怎样都无所谓的变化，我当然知道。但是自己的生活处于不安状态，对于这些事情，也只是"即使改变了又能如何"这样的感受。听到"太阳族"这个词，感觉上是跟自己完全没有关系的话题。

没有人迎接、独自一人来到上野车站的谦二，前往位于武藏小金井站附近的东京学艺大学。他的妹妹秀子，目前正在此担任职员。

一、下层的下层

东京学艺大学，是由东京原本的六所师范学校（教师培训学校）合并，于1949年设立的大学。毕业自新潟师范学校的秀子，五年前从新潟来到东京，在此被雇用为职员。

谦二在学艺大学与秀子碰面后，沿着五日市街道来到妹妹居住的小平市喜平町。一边借住在妹妹家中，一边在东京找工作。"在农家庭院前搭盖的两层楼出租公寓，二楼的正中央是走廊，两侧有三叠大的房间十余间，秀子租用了其中的一间。其余大概还有一两户房客，几乎都是空房的状态。一楼除了一间既小又脏的厕所外，其余都是空荡荡的储藏室。后方主屋住着农家主人，秀子在此处缴纳房租，取得房东的谅解后，便让我住了下来。"

当时小平市大部分都还是旱田，正在都市化的过程中，在这段经济高速增长期的初期，周边地价逐渐上升，这点谦二也曾耳闻过。

谦二与秀子一起住在三叠大的房间里，至于家具，只有放在窗边的石油锅炉以及一张小书桌。房子既没自来水也没瓦斯，生活用水须在主屋附近的水井打水，再搬到楼上倒入自己房间内的水缸中使用；煮饭则在石油锅炉上处理；做饭后的生活废水，直接从窗户往外倒。

因为房间狭小，只放得下一套棉被。铺棉被时一个人得先到房外等候，躺下时只能两个人盖一条棉被睡觉。

虽说是兄妹，三十几岁的男女同盖一条棉被睡觉的生活，竟然也过了四个月。煮饭不是用炭炉而改用石油锅炉，是唯一与战争前不同的地方。做饭都是靠秀子，记忆中没吃过什么好东西。

早上因为没时间点火煮饭，大概都只吃吐司面包而已。

　　垃圾大概只有做饭之后的蔬菜屑，我们也没订阅报纸，而且当时的商品也没那么复杂的包装。垃圾不是直接丢出窗外，就是外出时拿到垃圾场丢弃。

　　那年的4月，继母过世，秀子回到新潟去参加葬礼。我自己与继母没什么深厚的缘分，但对秀子而言，继母却是将她一手带大的母亲。回到新潟时，有人听到她在东京住处的状况，好像还说了句：“没有自来水也没瓦斯，这样也算在东京吗？”可以知道即便从当时乡下农村的观点看来，我们在东京过的也是极度贫困的生活。

战败后的日本，租房业呈现衰退的状况。发生衰退的背景在于战争时期施行修改后的《地租、房租统制令》《租地法》与《租房法》。因为全面战争的缘故，国家必须确保流入工业地带的劳工能够有房可住，但也因为这项房租限制，战争之后地租随着通货膨胀上升后，房租却无法随之上涨，无利可图之下导致租房业无以为继。

　　后来，日本政府废除了战败后对流入都市人口的限制，当经济进入高速增长期后，大量人口流入东京，因而导致东京人口过度密集，住宅不足的情况进一步恶化。

　　随着经济高速增长，民间租屋的供给虽有增加，但根据1965年的调查，东京有36%的劳工，平均居住空间不满三叠，17至24岁的劳工有五成寄宿在工厂宿舍。[1]

　　换言之，谦二来到东京时，正好是东京住宅租赁状况最差的时

1　結城清吾，《過密·過疎》，三一書房，1970年。

期。而且他们的居住状况，更是恶劣中的恶劣。

> 我们的住处，恐怕是战败之后居住条件极度恶劣的时期，
> 农家盖来作为出租用的房子吧。没有瓦斯也没有自来水，甚至
> 连公用厨房都没有的租屋，在这个时期已经鲜少有人愿意来住，
> 所以大部分都是空屋状态。

无论如何，谦二在工作有着落之前，先在学艺大学打工，大约整理了两周的文件。工作内容很简单，只是拿钻孔器在文件上打孔，再以线穿过绑起。"公家单位的工作，没有劳动基本定额，工作非常悠闲。"

对谦二来说，这是他首次踏入大学这种地方。经济高速增长期之前的文章，许多都把大学教授与大学生描写成生活悠闲的特权阶层，一般人面对他们都带着自卑感等等。但谦二说"完全没有那种感觉。可能对我而言那完全是另一个世界吧。我处于'下层的下层'，根本没想过要跟这些人比较"。

因为战争与西伯利亚拘留而失去了大企业的工作、年轻时又罹患过结核病的谦二，并没想过自己能有离开"下层的下层"的机会。"日本的社会，脱离过正轨一次之后，就永远无法回归了"，这是当时他对社会的率直印象。

但从结果来看，经济的高速增长，仍给谦二带来了正面的影响。当日本社会全体向上提升之际，谦二偶然抓住了一个新兴的商业机会，这也决定了他后半生的境遇。

二、最重要的是判断谁有权限

谦二抓住的契机，是在1958年1月，被"立川商店株式会社"这家新兴公司雇用。负责该公司体育部门的是一位叫高桥的人，当时正好在东京学艺大学跑业务，进而认识、雇用了谦二。

在经济高速增长的初期，首先开始流行登山，其次便是滑雪。在此之前提起运动，直觉那就是中产阶级以上的活动。一般大众根本与专用体育用品无缘。

但在经济高速增长之下，拥有某种收入程度的阶层，便开始过起大战之前中产阶级的生活样式。一般的劳工阶级也从战前的《少年俱乐部》等杂志上，得知一种极度理想化的都市中产阶层生活方式。

在少年少女杂志的插图中，也描绘中产阶级的家中，客厅摆设着钢琴、吊灯与沙发等家具，书架上摆满百科全书，平常享受高尔夫与滑雪的生活状态。劳工阶层除此之外没有其他模仿对象，当他们在经济高速增长期获得一定的收入之后，便开始购入各种必要的商品，来实现这种想象中的生活样式。

雇用谦二的高桥，本身是立川商店的休闲运动用品销售主管。高桥的工作内容是以拥有稳定收入的大学教职员为行销对象，在大学内举办用品展示会，吸引他们购买。

秀子曾在出生地佐吕间滑过雪，因此跟高桥聊了聊，接着秀子也顺便提起谦二的事情，这也为谦二进入立川商店提供了契机。

高桥毕业于法政大学，当时大概40岁，过去好像是网球选手。网球这种运动，在"二战"之前只有学生参与。战争结束后他自己经营了一家体育用品店，却因为支票跳票，连夜逃跑了，听说有两三年时间行踪不明。等风头过了之后他才出现，到立川商店上班，担任体育部门的主管，雇用我的时候正是这个时期。那个年头隐藏自己行踪数年、躲避批发商与交易客户借以赖掉账款的行为，不在少数。

立川商店的公司位于东京都立川站南口，仅需徒步数分钟即可抵达的精华地段，是一栋两层楼的建筑，二楼住着社长一家人，一楼则为店铺。大概有十名员工，以贩卖文具与办公用品为主。女性员工包含了社长夫人与社长长女共五人，她们担任店面销售人员也兼任办公人员。其他的男性员工则负责外出跑业务。

社长名叫渡濑万里，大概55岁，是一路磨炼上来的甲州商人[1]。员工中许多也都是甲州出身，很多看来都像是社长的学徒。社长在甲州被视为成功人士，因此雇用不少地方上的亲戚与朋友。不过社长并没有参加县的同乡会，而且听说战争之后他还是共产党员，"是相当粗暴的一个人"。

立川商店靠着业务员在外推销文具与办公用品，通过这样的商业手法获取成功。那时的文具店不少，但大多都是在店铺等顾客上门购买。不过渡濑社长却派出业务员前往市区公所、学校与各企业等看来会有大量需求的单位推销，如果能够在某单位接到大额订单，还会提供优惠折扣，采用这种方法抢攻市场。这种策略，一方面除

1　指出身山梨县的实业家。——译注

了延续日本传统的"御用闻"[1]手法，在当时也算是一种少见的销售手法，甚至可以说是文具贩卖业的创业投资公司。

立川商店通过这样的经营手法获得急速成长。此外，需要大量文具的单位，通常也需要体育用品，加上当时对体育用品的需求处于不断上升的时期，社长为了展现新的经营态势，创立了体育用品销售部门来专攻这个领域。而社长为了达成这个目标选择雇用的人员，便是高桥。

至于进用谦二，则是先由高桥进行判断，决定采用后才取得社长的认可，以这样的形式录取。这种任用形态虽然与大企业由人事部决定采用何人的方式不同，但在中小企业中却不乏其例。

在欧美系统的企业里，如果需要雇用车床工人或会计等这类专门人员，应先由工厂的第一线负责人判断"我们需要一位车床工人"，之后企业人事部再追认这个需求，这是欧美企业的常态。从这层意义来看，日本大企业人事部统一采用刚毕业的人，之后再分配到各部门去训练任职，这种做法反而是一种少见的特例。

谦二前往立川商店一看，店面陈列着滑雪用具与棒球手套，但主要的销售方式仍然依靠业务员跑外勤。谦二是急速扩大的体育用品部门第二个雇用的人员，月薪约 12,000 日元，比当时刚毕业的大学生起薪稍微高些。

谦二没有业务行销经验，原本也不是运动选手，对运动不关心也没有相关知识。为何能被雇用，谦二如此说明：

外勤业务需要从客户那边收取、处理金钱，所以身家经历

1　随时候令为老客户提供商品贩卖服务。——译注

清白的人更受青睐，大概因此才雇用我。后来社长还曾经说过：
"当我看到小熊先生的经历时，还认为大概不会坚持太久。"确实，
立川商店后续聘用的外勤业务员，许多都坚持不下去。

不过谦二却拼了命地工作，因为考虑到年龄等种种原因，这有
可能是他的最后一次机会。

立川商店的文具客户主要以学校与市区公所为大宗。体育部门
也先从学校开始推展业务。学校为了上体育课，所以有正式预算用
来购买体育用品，而这就是他们抢攻的目标。

高桥负责巡回跑一桥大学、学艺大学等多摩地区的大学，谦二
则负责开拓初中与高中，而他负责的区域包括了以立川为中心的国
立市、国分寺市、小平市、昭岛市等地区。

就这样，谦二拿着体育用品型录，通过电话黄册查出各处的学校，
然后骑着小摩托车到处拜访。最初他骑乘的是山叶 125cc 的小型摩托
车，后因载货架过小，所以改换成富士重工的富士兔子速克达（Fuji
Rabbit Scooters，一款带脚踏板的轻型摩托车）。1961 年左右开始，
再改为富士重工的微型面包车斯巴鲁 Sambar（Subaru Sambar）。

最初很不习惯这种外勤业务，特别是访问学校的体育老师，
通常得先通过闲聊打开话题。我不关心体育赛事，没办法聊这
类话题，只好从"今天天气不错啊"开始。或者找屋内比较显
眼的东西，例如从问"这是什么盆栽？"开始。总之没话找话说，
但对方仍会感到困扰。当然也会遇到客户赶人的状况。许多老
师都比我年轻，但也只能毫不在意地向对方低头推销。

对体育不关心，而且也没打算学习体育用品的资讯。为了

配合对方话题，多少看些报纸上的比赛结果。我是把这工作当作"饭票"，以这种心态跑业务。销售的商品包括棒球用品与排球等。如果跟对方套好交情，体育老师可能就会说："那，给我五个排球。"先订购一些上课时的必需用品。我接着到总务处报备，缴交商品之后，再统一收取货款。

一段时间后，我们终于累积出一定的销售量，让批发商出货给我们时愿意提供一些佣金（营业奖金）。例如对某个批发商一年订购1000万日元的商品时，批发商就会提供3%到4%的批发商价格折扣，从中能再切割出多少利润，则由各商店自行裁量，如果获得订单，便在这个范围内决定我们出货时该给客户打多少折扣。

当然，起初因为不习惯，遭遇到不少失败。"最初开始跑外勤时，还发生过进入学校时遭事务长叫住，警告我：'进出学校时要打声招呼，这不是最基本的常识吗！'结果当场向人家道歉。""在校方看来，我就是一副来路不明的闯入者模样吧。"另外也出现过与私立高中棒球队队长谈妥，让学生继续订购用品，但学生却付不出款项变成呆账的情况。

即便是这样做生意，外勤业务也还是成功了。主因之一，就是这个经营方式相当罕见。"当时在这个地区，还没有任何业者进行外勤业务推销，只是单纯地被动等待学校传来订单。自己到学校去拜访时，许多学校都说我是第一个主动来推销的人。"

主因之二，是谦二本身具有相当的观察力。通过先前的描述应该可以看出，谦二不管是在地方社会还是在俘房营，都能冷静观察周遭社会关系，拥有分析背景状况的能力。以谦二的例子来说，虽然这不是在教育机构里学到的，但仍能活用于外勤业务上。

　　学校中能决定是否购入体育用品的，不是体育老师就是总务处职员。至于由谁决定，各学校状况都不同，最重要的是判断该学校的权限握在谁手中。如果权限握在体育老师手上，与老师套好交情就可获得订单。如果决定权在总务处，因为总务处没有与商人见面的理由，所以得先与体育老师打好关系，再拜托"能否帮我转告一下总务"。接着才前往总务处，告诉对方"因为老师已经这么交代了"，借此获得对方认可。因为这是种官僚组织，所以不能得罪任何一方，否则工作便无法推行。

　　当然这种说法，本来就是业务员的基本行为准则，但脑袋中能够理解，并在各种不同状况的现场分析应用，那就是个人能力与适应力的问题了。

　　此外，外勤业务这种工作形态，对谦二的健康状态来说，算是种幸运的方式。谦二的肺活量只有常人的一半，很容易喘不过气，但跑业务只要能达成营业额度即可，可以依照自己的体力来调配工作。之后在外跑业务时，还能挤出时间午睡，这是谦二自我维持健康的每日常规功课。

　　自从交通工具换成小货车之后，可以从自家带着便当，把绿茶装进保温瓶中，在拜访地用餐。用餐完毕还能稍事午睡。体力劳动的工作自不待言，即便店员或上班族都不可能有这种时间配置。吃饱饭后午睡，这是从结核病疗养所时期开始的每日常规，现在只不过是延续了这个习惯而已。

当业务逐渐上轨道后，除了学校之外，也开始拜访一些企业。小平市有日立制作所武藏工厂，主要生产半导体，拥有大量的员工。此外小平还有普利司通轮胎工厂，武藏村山市则有王子汽车（1966年与日产汽车合并，2004年工厂关闭）工厂。

王子汽车的前身，是在立川拥有工厂的中岛飞机和立川飞机，与日立制作所一样，在战争之前都属于军需行业的企业。日本的制造业在这个时期转换为以民间需要为主轴，并呈现高度增长状态，各处都接二连三设立新厂房。

这些工厂的厂区内有公司盖的体育馆。工厂方面把这个当作释放员工压力的福利政策，鼓励大家从事运动。

　　当客户是公司的时候，就与已经建立关系的立川商店文具部门一同进行行销业务。在这些公司中有棒球社或排球社，这些社长从社员处收取社费，加上从公司领取的补助款，用于购买运动用具和制服。社长向人事部门说明，谦二等人便可获取订单。另外也有拜访工厂福利科人员，与之建立关系，因而获得体育用品订单的例子。

　　当时的公司等地方，人际关系比现在宽松得多。一般来说也不需那么兢兢业业工作到深夜。从后来自己的营业经验来说，大企业延长上班时间，大概是从1970年后半开始的。我自己大概八点半离家上班，开公司车约20分钟到公司，下午六点半至七点左右回家。

这些工厂由当地雇用的廉价女性劳工撑起。日立制作所武藏工厂、日产王子汽车武藏村山工厂等，都因为60年代重大的劳工争议而广为人知。奖励体育与福利一样，都属于劳务管理的一环。

工厂用地之外设有男性员工宿舍，我们在该处举办滑雪用品等的展销会。大学毕业者是高级干部的预备人员，高中毕业生属中级干部预备人员，他们各自有不同的宿舍。至于工厂员工，汽车工厂中男性较多，半导体工厂则多为当地聘雇的女性，从周遭农村的住处来工厂上班。

在工厂工作的女工并不称"工员"，而与白领一样都称为"社员"。不过白领候补干部叫"事务职"，而工人则称"现场"，实际上还是有所区别。

已经结婚生子的女性也在工厂工作，所以在日立武藏工厂的旁边，就有被称为"幼儿园"的托儿所。因为是公司私设的托儿所，未达政府规定的官方标准，所以不称"幼稚园"而称"幼儿园"，由 25 岁以上的单身女性担任保姆。

女性员工之间盛行打排球。日立制作所武藏工厂的女子排球队，在业余队伍中算是强队，相当出名。日本的女性工厂劳工们靠着排球，还在 1964 年的东京奥运会中获得金牌，许多人都知道当时还出现过一个别名，称她们"东洋魔女"。当时正好就是谦二在这些工厂销售体育用品的时期。

三、当时就是可以卖出这些商品的时代

在立川商店上班大概四个月后，1958 年 5 月前后，谦二与秀子搬家了。契机是谦二跑业务时认识的立川市私立高中总务长，闲

聊时问起了谦二家人与住宅的情况。"老实回答之后，对方竟然提议，在立川站与国立站之间有一处平房，问我愿不愿意免费去居住。"

那里位于现在立川站与国立站之间的空地，有单线铁道通过。这条铁路是战争期间日本陆军还驻扎于立川机场时，为了从中央线铁道运输物资到机场而使用的支线。战争结束后该地成为美军立川基地，美军与立川飞机（之后改名为立飞企业，变成不动产公司）为了搬运物资，接续着使用。

通过这条支线运入的物资，大多是美军战机的航空煤油油罐车。1964 年 1 月，油罐车在立川车站发生火灾事故。当越战正烈的 1967 年 8 月，新宿也发生油罐车大火。因而这些被称为"美国油罐"的输送列车，也成为反战运动的反对对象。"当时有人发起居民运动，想在立川与国立之间增设新车站。自己租借的这个房舍位置，只要铁路完工地便可高价卖出，所以地主暂时保持空房的状态，房主并不想靠房租赚钱，愿意让我免费居住，似乎只是图个防止房子老朽而已。"

从至今为止的叙述来看，谦二从未通过房屋中介公司找住处。他或是通过亲戚朋友，拜托对方让自己留住或住在公司楼上；又或偶然之下聊起房子问题后获得入住机会等等。这种状况在经济高速增长期以前，在下层庶民之间并不少见。

去了一看，是一栋战争时期建造、可容纳四户人家的连栋长形木造房屋，房子已经相当老旧，门与钥匙基本上都还在，但怎么看都很容易入侵。第三户与第四户已经因为老化半毁，下雨时会渗漏，没办法住人。

这连续四户的第一户，住着总务长在公司上班的儿子和正在读大学的女儿。总务长家在更西边的青梅，必须到东京市区上班、上学的两个孩子嫌远，所以才入住于此。但因白天家中没人，这种老旧住宅又容易遭人入侵盗窃，总务长希望搬入的人最好能够帮忙看守，因此才提议我搬来居住。

当时的立川基地，处于朝鲜战争与越战之间的空档，算是最安静的时期。即便如此，飞机起降的噪声仍不少，让人觉得这果然是在军队基地附近。特别是美军外包的飞机公司，大半夜也会进行引擎测试，噪声非常嘈杂。

即便是这种状况的房屋，因为免费，怎么都比谦二与妹妹当时居住的只有一间三张榻榻米大小的租屋强上许多。4 月继母过世，父亲雄次一个人留在新潟，刚好可以趁此机会接父亲过来同住。"这算是水到渠成，我们立刻就搬家了。秀子也说'这样很好啊'，赞成这次搬迁。当然我与秀子都得出门上班，所以白天只有父亲在家，但这样刚好也符合帮大家看家的条件。"

当年 10 月，从新潟把雄次请来。

父亲把住宅与土地都处理掉了，因为是乡下土地，大概也不值多少钱，我也没问卖了多少。一家人终于可以住在一起，内心非常雀跃。家里虽有带着伞状灯罩的外露灯泡，却没有瓦斯与自来水。所以还是照样得去屋外水井打水，以石油锅炉煮饭。不过比起之前宽敞许多，也算小有进步。

大约在这时期，原本在新潟出版社工作的原健一郎也来到东京。他跟谦二一样，都认为留在新潟没有发展，为了赶搭经济高速增长期的波潮，终于也来到东京。"在东京他也没有住处，所以辗转到我这里来，朋友有难应该互相帮忙，所以也让他留宿了一周左右。"

另一方面，立川商店的体育部门急速发展。渡濑社长干劲十足，根据谦二的说法属于"冲冲冲的性格"。这位创业家型社长的信条是"我把柱子竖好。有柱子之后，房子就能盖起来"，当时不断提出各种可行的想法，持续扩大公司事业。

体育部门除了高桥、谦二之外，1958 年 3 月聘了第三个职员，一位叫大木的人。他负责谦二担当区域的更外围，也就是府中市与调布市等地。

> 大木大概比我小 10 岁，是三兄弟的长男。日本战败之后没多久，父亲便过世了，为了帮母亲，在杂货批发店工作。听说当他拉着人力拖车装着杂货、沿着青梅街道从府中走到青梅时，遇上了高桥。高桥的体育用品店恶性倒闭连夜逃跑时，让妻子开了一家小杂货店维生，而大木为了卖杂货也出入过高桥太太的小店。

大木一边这样工作，晚上还到高中夜间部上课，当他进入立川商店时，正好在夜间大学经济学系上学。与不关心体育的谦二不同，大木喜欢登山，朋友也教过他如何滑雪。谦二与大木两个人一起负责东京西部三多摩区域，跑外勤业务推销体育用品。

不过 1959 年开始，逐渐出现来自其他商店的竞争。

当谦二他们把业务范围推广到立川外围时，等于打乱了各地从业者的商业领域。原本等着学校与各机关行号订单的当地从业者，发现立川商店的业务员抢走了他们的订单，也开始派出防御性的业务员。这时期开始，因为当地的同行们也开始跑业务，所以不能像当初那般不断攻占各个下订单的客户。

不得已之下，谦二只好增加拜访次数，并采取削价竞争的方法抢订单。强硬的高桥社长，进一步雇用更多业务员，尝试以扩大业务的方式与其他商店对抗。

比大木更晚期进入公司的业务员，便负责更外围区域的部分。此时也开始做出更细致的分工，还有专门负责网球的业务员。但因高桥与我已经先开拓了不少区域，他们即便跑去更远的地区也无法有效提升业绩，加上和其他商家的竞争渐趋白热化，提升业绩难上加难。

在中小企业中，即便年资增加，薪水也不会随之调涨，这是很普遍的状况。立川商店虽是月薪制，但会依照业绩增加奖金，这种系统会帮助有经验的人提高薪水，也就是所谓的"成果主义"，不过"社长胸中自有一把尺"。"业绩即便无法提升，也不至于要求业务员离职，因为如果自己察觉业绩无法提升，对将来不抱期望，许多人自然而然就会离职。"

谦二在各处跑业务时，也把东京西部的道路都摸清楚了。这个时期立川的主要干道或干线道路开始铺设柏油，其中连接横田基地与立川基地的五日市街道和国道 16 号，属于《旧金山和约》后专为美军优先整备的所谓"行政道路"，柏油铺设品质特别好。

1959 年秋天前后，谦二在甲州街道发生了交通事故。

摩托车右转前暂停时，遭到后车追撞，当时大家都没戴安全帽的习惯。头撞上地面失去意识，被扛到立川医院。倒在地上的时候，好像听到另一个自己站在远处对我说："喂！你为什么躺在那里！"当时发生重大车祸导致死亡的事件，数量好像不少。

这大概就是所谓的"濒死体验"。如果因为这场车祸又留下新的后遗症，谦二的人生又将跌回最谷底吧。

所幸，经过医院诊断并无大碍。追撞谦二的一方也没向警察报案，自行把谦二扛到医院，付了医药费。"之后好像送来了慰问品。明显是对方的错误，大概对方也自认问题搞大了可能不好收拾吧。当时大部分的人都没有购买汽车事故保险，事故处理也相当马虎。"

从这个时期开始，滑雪逐渐盛行，开始有人会到店面来买滑雪用品。不过那都是在大企业或公家机关上班、拥有稳定收入的"月薪族"男性，还没到家人带着小孩来选购体育用品的时代。体育部门仍然得依赖外勤业务。

因为竞争日益激烈，谦二他们为了促销，也计划办理滑雪的游览车观光。当时提到旅行，大概就是团体旅游，都是公司招待员工前往箱根、热海等风景名胜处游玩。去京都或奈良旅行还不普遍，至于滑雪团就更稀有了。

何况当时会企划旅行团的旅行社本来就不多。日本的旅行公司，源自为了到高野山与伊势神宫参拜而规划的团体旅行，最早创设于 1905 年的"日本旅行会"（"日本旅行公司"的前身），另外还有针对外国游客于 1912 年创设的"Japan Tourist Bureau"[1]。

1　直译为日本游客局，是 JTB 的前身。——译注

旅行社普遍提供规划好行程的旅游团，尚得等到20世纪60年代后半期。

谦二自己到当时为止都没有观光旅行的经验，只有在1959年前后，跟着立川商店的员工们共同出资，前往箱根度过两天一夜的员工旅游假期而已。当时自然没有通过旅行公司，而且为了节省经费，还是用公司汽车把大家载去观光。

因此当时还找不到规划滑雪行程的公司。不过随着滑雪客的增加，各乡下地方把这当作"可赚钱的工作"，陆续增设了滑雪旅馆。虽然旅馆与旅客彼此需要，但仍缺乏把双方连接起来的服务。

提出这项企划的原因，是大木从立川市的滑雪联盟处听说希望提供滑雪旅行团。从这个意见获得启发，谦二他们开始与旅馆和巴士公司直接交涉，规划起团体旅行。

1960年1月第一次出团，在谦二公司两名员工的率领下，大概有40人参加。"包括滑雪靴及其他一整套设备，参加者每人花了2万到3万日元购买，算是相当不错的业绩。大概都是职场上的同事，几个人一组共同来报名参加。"

当时既没有网络，也没有旅馆目录，谦二等人既没时间也没预算先去查看旅馆状况，只能依靠电话联系所有相关事宜。实际到达现场时经常发生与当初谈妥的条件不同的状况。

> 我们因为业务上的理由，计划在季初的12月前往。而我们预约的滑雪旅馆是滑雪热潮下正在兴建中的旅社，对方答应12月可以完成施工，但入住之后却发生大雪渗入房间的状况。再加上那次与我同行带队的年轻同事自己滑雪的时候竟跌断腿骨，还得把他运到山脚下的医院，那真是一次痛苦的经历。

　　立川商店虽然是间小公司，不过还是有加入政府主管的健康保险，那位年轻员工的医疗费用就从保险中支付。渡濑社长原本是共产党员，对这方面还相当留心。虽然如此，从医院回到旅馆后立刻传来客房渗雪的抱怨，又赶去努力道歉，做后续对应处理，到现在都还记得那时的状况。

　　印象中当时的顾客，对于称不上豪华也不至于让人抱怨的餐点，似乎没什么人埋怨"你们上的什么菜"之类的。应该没什么大不了的事情。不过自己并不觉得负责旅行是什么肥缺，我对滑雪完全不感兴趣，几乎没下场去滑过。

　　日本的健康保险制度从二次大战下的全面战争时期开始扩充，针对大企业与公务员等拥有经济能力的团体，以"保险合作社"的方法开始推展。中小企业的员工们会加入政府主管的健康保险，但未加入的企业也不少。1958 年起日本施行全面修改后的《国民健康保险法》，并于 1961 年实现了全民皆有保险的目标。

　　这项巴士滑雪团只办了两年便喊停了。因为在经济高速增长期的潮流之下，不须办理滑雪团也会有顾客前来购买滑雪用具。"带团非常辛苦，大概做了五六次便不做了。来店面光顾的个人顾客逐渐增加，但最有效果的，还是到公司或工厂办理展销会。"

　　接在滑雪之后的，就是高尔夫热潮了。"到各公司拜访，利用口头推销争取高尔夫用品的订单。很多时候先向科长口头推销，接着课员们也会跟风一起购买。当高尔夫开始流行后，卖出了不少球杆、球杆袋、球鞋等等，这也是一项还不错的生意。"

　　不管是滑雪还是高尔夫，都是一年只使用几次，但却需要昂贵工具的活动。"那就是一个能卖这些商品的时代。人们不会觉得这太奢侈了，购买时不会有抗拒感，大家生活逐渐好过，因此我们也能做些买卖。只是，我自己既不买这些用具，也不玩这些运动。"

　　当时的立川，从日本战败之后的美军基地小镇，随着三多摩区域人口的增加，逐渐发展成附近的中心商业地带。有挂着英语招牌的美军专用酒吧，除了美军之外，还可以看到所谓的"街女"，不过谦二倒是没接触过这些女性。

　　我晚上不会去这些繁华地段，即便看到这些女性，也只想，"啊，真的有呢"，仅此而已。我和体育用品、黑道都没什么缘分，也跟那样的人没什么交集。

　　我没想过向美军推销体育用品，或者以他们为对象跑业务。毕竟我们卖的体育用品全部都是日本尺寸。顶多就是偶尔会有美国人带着一家人来买儿童用的棒球手套。另外只有一次，为了避免盛夏日晒来了一张订单，要购买前后都有帽缘的棒球帽，当时只想"美国人真是讲究实用"。

　　这个时期立川的农地已经逐渐减少，大概剩砂川地区还有一些。谦二在立川商店工作的时期，正好在"砂川斗争"运动 [1] 反对美军扩张基地后，是美军放弃基地扩张、斗争告一段落的时期，因此谦二对基地扩张斗争几乎没有印象。"飞机的噪声很吵，不过因为在基地附近，觉得这是理所当然的事情，也不太在意。"

1　"砂川斗争"：在靠近美军立川空军基地的东京都砂川町，日本政府为扩建美军基地而打算强制征用民有土地，引起民众反对，1955 年 9 月因而发生多起流血冲突。1957 年，日本政府起诉抗议者，直到 1959 年东京地方裁判所宣判无罪，且美军被迫取消扩建，这场斗争才告结束。——编注

四、搬入都营住宅

1959 年 9 月，谦二再度搬家。他申请了位于东京都昭岛市的低租金第二种都营住宅，抽签之后获得入住资格。因为这个原因，谦二终于脱离了居住上的困境。

当时是公营住宅的扩张期。日本的住宅政策并非由厚生省主导，而是由建设省管辖。因此与其说公营住宅是一种社会福利，其实这项政策更具有刺激经济发展的倾向。这种倾向也表现在比起由国家扩充公营住宅，更鼓励吸引民间投资用于新住宅建设的政策上。

不过在 20 世纪 50 年代，民间还没有充足的经济能力进行住宅建设。因此建设省为了提高住宅完工件数的实际业绩，才催生公营住宅建设。这项为了解决经济高速增长带来的都市住宅不足这一问题而实施的制度，以及 1958 年导入的全民保险，都象征着社会福利政策的信念。

也就是说，当谦二搬入都营住宅的 50 年代后半段，公营住宅处于暂时性的扩张期，等 60 年代正式进入经济高速增长期后，倡导由个人自行负担新建住宅的政策也正式开始实施，公营住宅规模也随之缩小。

当时的都营住宅，依据所得不同分成几类，谦二申请的是适用于低收入阶层的第二种都营住宅。谦二能够获准入住，是因为正好遇上公营住宅扩张期所带来的好处。

而谦二在体育用品业能靠外勤业务获得成功，是因为在 50 年代后半这还算是新兴经营模式，所以尚有发展可能。如果谦二提早五年或者延后五年来到东京，便没机会遇上这股整体大环境上升的潮流。

谦二的上班状态，在申请都营住宅入住许可时也起到了一定的帮助作用。根据谦二的说明，"因为跑外勤业务所以有机会进出公家单位，在闲聊之中偶然得知都营住宅的申请资讯。之后仔细看过报纸，发现已经公布入选者的名单"。

正如前一章的说明，日本的福利行政采用个人申请之后方能享受福利制度的"申请主义"。许多人，尤其是生活上或时间上都缺乏余裕的贫困者，无法得知相关资讯，因而无法申请利用。因着外勤业务能够进出公家单位，也给谦二带来相当的好处。

谦二申请第二种都营住宅时落选了两次，直到第三次申请才于1959年3月获选。但是获选时该住宅仍在建设当中，所以等到当年9月才能够实际入住。"还在建筑施工中的5月，我到现场看了一次，建地原本好像是农地，长满杂草，那时周围仍旧是农田。不是木造房屋，而是楼板房，这是当时留下的印象。"

提供免费房屋给小熊居住的私立高中总务长正好在1959年3月突然过世。"他突然过世，代表着原本还住在青梅的妻子与小女儿，应该都会搬来西国立这幢房子居住。所以我们自己也考量，这下非得搬走不可。总务长的葬礼办完，我们也确定获准入住都营住宅，正式迁入之前只需先搬到一处临时住处，于是便委托屋主，暂缓几天让我们找到临时住处即可。"

1959年5月前后，他们搬到位于国立车站前沿着"中通"马路旁一栋公寓的二楼。八叠大小的房屋没有任何设备，不过有水槽与两台瓦斯炉的公用厨房，也有公用厕所。搬家时由公司部下骑着电动三轮车来帮忙。谦二、秀子、雄次三人，在此一同度过了三个多月的时光。

这是从西伯利亚回国以来，第九次搬家了。除去疗养所的五年时间，平均一个地方居住时间不会超过九个月。无论用什么方式计算，更换工作次数都超过十次，平均在职时间大概只有半年多。

1959 年 9 月，谦二终于搬入位于昭岛市的第六都营住宅。"搬家时，立川商店的年轻人们前来帮忙。年轻员工不断进入公司，自己虽然只待了三年，已经算是老前辈了。"

隔年的 1960 年 4 月到 6 月，报纸版面上大幅报导"反对《日美安保条约》"的斗争。对谦二而言，虽然与反对者有相同感受，但却也觉得那仿佛是发生在另一个世界的事情。

> 参加游行的大概是工会的劳工与学生。自己因为工作紧张根本无暇休息，而且也没想过要特意从立川跑到国会参加。原本我就讨厌岸信介，《日美安保条约》怎么看都是与和平主义相反的产物。如果能够在半路上遇到游行队伍，我应该也会走入队伍参加游行。

讽刺的是，第六都营住宅附近，就是依据《日美安保条约》驻留规定，由美国第五空军驻守的横田基地。都营住宅正好在美军军机起降航路的正下方，旁边紧邻的就是国铁青梅线，噪声非常惊人。因为是新建的第二种都营住宅，因此不会选择什么太好的地段。

第六都营住宅有点类似英国提供给劳工阶级居住的公营住宅，以相同规格建造连续的四户住房，住宅沿着划分区块的道路连绵兴建，整个住宅区约有 200 户，而周围仍多为旱田。

谦二搬入的四连栋，邻居分别是自卫队队员、警官与巴士司机。好像居住者都是下层公务员，或者约略相同阶级且拥有稳定职业的人。谦二说："住户大多都是给人质朴善良感觉的人们。巴士司机与曾任巴士导游的人结婚。住在边上那户人家的男性，好像头脑比较差一些，但下雪的时候就会不断帮大家铲雪，是个善良的人。"

1960 年左右为止，个人住宅若非"资产家"便无法拥有电话。一般人不是靠直接往来，就是有急事时利用电报或快信取得联系。第六都营住宅的状况，则是入住的东京都厅职员家中会有电话，并由住在这里的几家人共同使用。这种都厅职员，在第六都营住宅中大概配置了三处供他们居住，当有打给其他居民的紧急电话时，他们便会通报居民来接电话。

大概这些都厅职员是被都厅选拔出来、负责照料全体居民的，应该也有给他们一些津贴吧。为了广为传布政府下达的政令，他们还组织自治会，也在都营住宅的空地上举办夏天的盂兰盆会跳舞祭典。我因为工作忙碌，没时间担任这种照料居民的角色，自治会也是仓促间成立，我想也没有什么通过大家投票选出的程序。

房子隔间只有四叠半与六叠两间房，但厨房有自来水与水槽，有锅灶也有钢瓶式的瓦斯炉。数代人的房间都设有旱厕，之后还增设了可由柴薪或木炭烧水的浴室，也有一块小庭园。虽然是适合下层民众的俭朴都营住宅，但总算生活上有了安定感，谦二感到相当开心。

感觉终于找到属于自己的住处了。虽然仍是租赁的房屋，但这是第一次住在无须配合房东、不怕随时要被赶走的屋子里。虽然是筒子楼式的集体住宅，但与隔壁都隔着水泥预制板，与只有木板墙的老式筒子楼不同，听不到隔壁的声响。而且前后还有空间，感觉就像独户一样。

不仅能与父亲一家三口住在一起，而且住宅终于拥有瓦斯与自来水，父亲也感到开心，终于可以从"下层的下层"爬到"下层的中层"了。虽然住宅紧邻美军基地与铁轨，噪声很惊人，但也不能再多加苛求了。

谦二在战争之前租屋时就住过有瓦斯与自来水的房子。对谦二而言，他的战后复兴，终于在1959年完成了第一个阶段。

搬家之后，饮食上不仅可以吃到鱼肉，也开始食用火腿与香肠。谦二把公司的微型面包车停在都营住宅的空地，开着这辆车大概20分钟便可到立川商店上班。"当时住宅周边有大量的弃耕空地，根本没想过要租停车位。更何况，当时在第六都营应该无人拥有家用汽车。我的汽车也是公司车，可能有少数人也持有公司车，但在第六都营我没见过自己那辆以外的其他汽车。"

搬家后没多久便购入了黑白电视机。紧接着也买了没有甩干功能的单缸洗衣机与电饭锅。"在立川商店附近的电器行以现金购买。我不用分期付款购物"。

至于其他的家具，大概就只有衣柜、茶几、木制的小书架而已。不过在谦二的印象中，"来到昭岛之后，虽然只维持最低限度，但至少有些像样的家具了。在此之前因为经常搬家，为了能够尽快迁移，总是过着只有手提行李加上一床棉被的生活"。

房租2500日元，搬入时谦二的月薪已经提升到18,000日元。在青梅线的昭岛站前再过去就有一处市场，秀子即到此处购物。家中也能够订阅报纸，延续战争之前订阅《东京日日新闻》的习惯，继续订阅同家报社改版之后的《每日新闻》。

停电的状况不常见，但苍蝇很多。放食物的盘子如果不罩上半球形的网罩，便会聚集大量苍蝇。垃圾收集不完善，加上没有下水道，都可能是原因。

当时东京人口激增，垃圾处理速度却跟不上，只能将垃圾运到东京湾岸的掩埋场"梦之岛"丢弃。第六都营住宅每户外头都有水泥制的垃圾箱，虽然有把垃圾载走的回收系统，但没有分类，而且回收速度似乎也很慢。因为没有下水道，所以定期会有化粪车来回收粪尿。不过"因为过往一直没有冰箱，有食物便全部吃掉，而且当时没什么包装纸，几乎不用丢垃圾，所以也没感到太大的不便"。

五、结婚生子

生活问题告一段落后，接下来的问题，就是秀子的婚姻了。"虽然让超过 30 岁还单身的秀子工作回家后帮我们做饭，但仍然希望她能早日结婚。"因此，谦二也希望赶快结婚娶个太太，1958 年连续相亲了两次，但结果都不如人意。"一位我不太中意，自己拒绝了。另一位的亲戚是医生，要我把肺部 X 光片寄给他看，送去了之后对方就拒绝这桩婚事了。当时感到一阵震惊，再度痛切感受到自己是伤残人士。"

不过，缘分总是出乎意料。1961 年春天，秀子带了一位客人到第六都营住宅家中。那是秀子在佐吕间时期的小学同班同学熊冈宽子。谦二后来便与这位女性结婚了。

谦二时年 35 岁，宽子 32 岁。宽子是佐吕间小学校长的次女，已经结过一次婚，离婚后带着一个5岁的儿子，名叫刚一。宽子的家人在战争结束后举家迁往广岛，宽子把刚一留在老家，自己一个人到东京工作赚钱。可是宽子的父亲于1960年10月突然过世。"宽子的母亲好像严格命令她，要在刚一上小学之前找到新的结婚对象。我自己也想找结婚对象，秀子也想离家独立。刚好三个人的利害关系完全一致。"

以谦二的条件而言，说不上是好的结婚对象。与父亲一起住在第二种都营住宅，就职经历相当不稳定。实际上只剩下半边的肺，健康方面也有很多顾虑。可是"对方的亲戚们，因为母亲非常着急，所以赞成我们的婚事"。

即便如此，宽子结婚后，洗完澡看到谦二背后的手术痕迹，听说"看到吓呆了"。"虽然有说明过，但大概没想到这么严重，如果结婚前就知道的话，或许这桩婚姻就告吹了。"

1961年11月，谦二与宽子结婚了。同一个月秀子搬出第六都营住宅，隔年1962年6月也结婚了。对象是过去一直交往的大学职员同事，秀子之后也继续担任大学职员。

谦二与宽子的结婚仪式，在东京都一处叫新宿生活馆的场地举行，谦二跑业务时从立川涉外劳动管理所的监督官那边知道这个地方。这个立川涉外劳动管理所，是专为在立川基地工作的日本人基地劳工而设立的，属于东京都劳动局的设施。

　　因为那是人进人出的场所，许多业务员都会前往推销。在那里偶然与路过的劳动管理所的人聊起，对方说想要便宜举办婚礼的话，那地方很适合。我这边的媒人是渡濑社长，又邀请了早实时期的朋友、静冈的姊姊等亲戚若干，再加上父亲与秀子。

宽子方面的亲戚，感觉总是比我们身份高一些。我这边邀请的客人很少，所以连原健一郎也一并叫上了。

结婚仪式没有采用任何宗教仪式。两个人宣读"结婚誓言"后，生活馆馆长再祝福献辞，大概就是这种形式。在公共设施举办无宗教结婚仪式，日本战败之后某段时期相当盛行。

原本日本的结婚，只是两家人碰面，开宴席吃饭而已，没有什么宗教仪式。现在举行的神道式"神前结婚式"源自 1900 年当时的皇太子（之后的大正天皇）结婚时"创造"的宗教仪式。经济高速增长后庶民的购买力上升，提供神道式或基督教式婚礼的场所逐渐多起来，之后类似谦二在公共设施举办无宗教仪式婚礼的场地，便随之逐渐消失。

新婚旅行是到伊豆度过四天三夜的旅行。谦二的足迹虽然从北海道到东京、中国东北、西伯利亚、新潟，之后又回到东京，流转过不少地方，但除了参加过一次立川商店员工旅游之外，这还是他首次个人旅行。"旅行回来后，秀子离开家里，家中换成了主妇进驻。"

结婚后的 1962 年 5 月，刚一的外祖母从广岛把刚一带来，宽子到羽田机场去迎接他们。6 岁的刚一或许因为长时间不在母亲身边，所以比实际年龄成熟，是一个相当伶俐的孩子。

虽然一切看来一帆风顺，但"世间不如意事，十有八九"。宽子结婚后不久就怀孕，精神上陷入不太稳定的状态。住处狭窄可能也是原因之一，因此我们决定先把雄次托给静冈的同父异母姊姊照顾。

这位姊姊，过去与丈夫一家人住在新潟的日本轻金属公司宿舍，谦二在新潟工作的时代，曾经跟他们居住过一段时间。之后姊姊一家人随着日本轻金属的静冈清水工厂开设，一家五口一起搬入了静冈的公司宿舍。

这位同父异母姊姊理解状况，也愿意接雄次过去照顾，但公司宿舍过于狭窄，因此为了照顾雄次得另外租住处，需要一些时间准备。这段等待的时期只好把雄次暂时委托给住在山形的另一位同父异母姊姊。这位山形的姊姊还在喂乳时便寄养在其他人家中，但此时仍细心照顾生父，父女间仍有相当深的牵绊。

1962 年 7 月，雄次在秀子的陪伴下离开了第六都营住宅，前往山形。10 月，雄次在同父异母姊姊的长子陪伴下，暂时回到第六都营住宅，住了大约三晚，再度迁往静冈。雄次从前年起就因心因性高血压身体状况不佳，如果没有人随侍在侧，便无法长途旅行。

静冈的姊姊特别租了一户独立的小房舍来照顾雄次。1964 年 5 月，雄次因为脑梗塞离开人世，享年 79。"虽然知道一直有高血压的问题，可接到静冈姊姊的电话，说父亲身体状况很差时，还是有些意外，匆匆忙忙地赶过去，赶到时父亲已经过世了。整个人只感到一阵茫然。"当时东京正在举办奥运，但谦二说他"完全没留下印象"。

无论如何，雄次离开之后，宽子的精神安定许多。1962 年 9 月，产下了对谦二而言唯一的一个儿子。因为宽子已经带来了刚一，所以给孩子起名为英二。第二年夏天，谦二带着英二前往冈山，小千代看了非常开心地说："这是小谦的儿子啊。"

身为校长的女儿，宽子十分热心教育，会买图鉴与绘本给刚一与英二，也会购读《小学一年级生》等教育杂志。结婚之前母亲寄给宽子的信件中，也写到要为孩子们先存好上大学的学费。与伊七和雄次一样，谦二的成长过程中并没有接受过这种文化，都把孩子的教育交给宽子处理。

刚一进入昭岛市的小学，很快就拿到优秀的成绩。英二则开始在附近新开的私立幼稚园上学，因为附近尚没有托儿所，宽子便在家专心于家事与育儿。谦二偶尔也会负责照顾英二，带着小孩一起跑业务，不过这只限于宽子不得不外出办事的时候。

1965 年左右起，孩子们的生日会开始吃蛋糕点蜡烛。对谦二而言，这是他不熟悉的习惯。"战争之前的庶民，以虚岁为准，每次正月大家就往上加一岁。只有知识分子或上层阶级才会庆祝生日。宽子的家属于知识分子家庭，因此好像有庆祝生日的习惯。"

谦二因工作繁忙，赚来的薪水直接交给宽子，也不过问如何使用。宽子自己记账，也存下一笔可以买下新家、搬出公营住宅的资金。

翻开宽子记下的账本，1962 年谦二的月薪大概是 30,000 多日元。不过金额并不固定，许多时候会晚一周发薪水。在薪水迟发时，也出现过家中只剩下数十日元的状况。"渡濑社长每当公司稍为宽裕时，立刻就想扩大事业。这种时候给员工的薪水就会迟发。英二出生的时候我向公司借了 40,000 日元。"

1962 年时，小熊家一天的餐费大概是 300 日元到 400 日元。理发钱 130 日元、房租每个月 2500 日元、电费每个月 500 到 800 日元、牛奶配送每个月 1480 日元等。这一年比较大笔的支出，有吸尘器 11,200 日元、电风扇 10,000 日元、相机 6000 日元、刚一教育费 23,713 日元、英二出生费用 21,800 日元等。不过这一年也腾出了邮政储金 50,218 日元、人寿保险 10,000 日元。

1962 年小熊家的总收入，计有谦二的薪水 408,477 日元，以及谦二谈成大生意统筹获得报酬 40,000 日元、公司股票分配 5061 日

谦二 36 岁，宽子 33 岁，刚一 6 岁（1962 年 10 月摄）

元等，总计 506,757 日元。家庭生活支出 432,416 日元，股票增买 11,000 日元。"如果谈成大笔的生意，批发商就会发奖金。保持立川商店的薪水之外，这部分就当作副收入。股票是宽子受在证券公司上班的弟弟影响，所以也购入一些。"

顺着经济高速增长的成果，生活上逐渐宽裕。1961 年"休闲风潮"蔚为风尚。不过根据谦二的说法："说是休闲，不过是在英二出生的第二年，使用公司厢型车 Sambar，一家四口到羽村的河堤上看烟火而已。隔年则是到神代植物园赏花。简单来说，就是不花钱的娱乐。其他就没什么记忆了。"

即便经济高速增长，但庶民生活仍然相当谨慎。1968 年，举行过"过去三个月体验过的休闲、娱乐"调查，根据这项调查，排名第一的是读书；第二为超过一晚的旅行；第三是手艺、裁缝（只在女性中拥有高得票）；第四是在自家饮酒；第五是看电影、戏剧。[1]

20 世纪 60 年代，战后一代的生活风俗虽然成为热门话题，但就社会整体而言，当时仍是以类似谦二这种战前一代为主导的年代。高速经济发展期下的经济循环命名，例如"神武景气""岩户景气""伊奘诺尊景气"[2]，以及把冰箱、洗衣机、黑白电视机称为"三种神器"，等等传统词汇的使用，说明了这个时代的主要发言权、诠释权，仍操纵在受战前教育的一代手中。

1968 年，居住于冈山的外祖母小千代，以 91 岁高龄过世了。谦二最后与小千代的见面，是在 1965 年带着英二搭乘有卧铺的急行列车到冈山拜访的时候。迎来明治一百年之际，谦二的长辈世代全都离开人世了。

对谦二而言，在 7 岁到 20 岁这段所谓人格形成期，陪伴他成长的小千代，算得上是他实质上的母亲。葬礼依照当地风俗举行土葬。几年之后，为了迁入伊七于战前在东京购买好的多摩墓地，再次把外祖父母的遗体挖出火葬。伊七与小千代的遗体都在地下腐朽了，只有小千代下葬时穿的化纤质地的寿衣完全未遭腐坏，很漂亮地保存了下来。

六、自立门户

谦二的生活虽然逐渐稳定，但立川商店的经营却逐渐出现问题，

1　上村忠，《変貌する社会》，誠文堂新光社，1969 年。

2　神武景气（1954—1957 年）、岩户景气（1958—1961 年）、伊奘诺尊景气（1965—1970 年）——译注

因为与其他商家的竞争日趋白热化，外勤业务已经难以扩展更多业绩，再加上渡濑社长采取的扩张方针有问题等等。

经营危机的征兆，大概出现在 1961 年刚落成的"高岛屋百货"开设门市时。当时立川的百货公司只有伊势丹一家，高岛屋则联合当地商家共同盖了一栋五层楼的建筑。一直采用进攻型经营策略的渡濑社长，提出用交租金的方式在高岛屋百货开两家新门市，分别销售体育用品与饰品，其中饰品商店由社长夫人负责。

但也因为如此，资金调度开始出现困难，接着就如小熊家的家庭账本呈现的一般，薪水开始迟发。

> 如果是外勤业务，只需要针对销售出去的商品进货，一两个月之内便可产生利润并转换成现金。但在门市售卖时，需要砸钱在门市陈列商品，但实际卖出之前，资金都无法回收。因此开张门市什么的会遭遇困难，我自己立刻知道。可是，社长无论如何就是先"冲冲冲"。

而在这种状况下，体育部门的管理者高桥，与立川商店划清界限，自己独立创业了。在薪水不随年资增加的中小企业界，长久于同一家公司工作没有任何意义。通过进入公司学得一身本领，之后考虑独立创业，是极其自然的想法。

> 高桥的个性比较刚烈，是自尊心很强的人。对于自己能把立川商店的体育部门扩大至此，心中有些自负情绪。逐渐地就与社长出现意见分歧，当薪资开始迟发的 1961 年，他与社长吵了一架后便辞职了。两个人好像去喝酒，在那样的场合下发生

争执。

高桥问我和大木，他要独立创业，我们愿不愿意跟他一起干。他似乎认为我们必定会跟着他离开。但我考量到，如果就这么跟着他离开，大概永远会被他当小弟来使唤。另一方面他问大木："你怎么想？我认为自己现在就独立创业实在有点困难。"大木回答说："我也这么认为。"所以当时还是选择留了下来。

之后高桥在小金井开了大约三年的运动用品店，结果还是失败了。他有太太与两个孩子，之后完全没有他们的消息。毕竟他是个人脉广阔的人，应该还是有办法解决吧。

立川商店的经营危机，随着新门市经营上轨道后，暂时得到缓解。但1965年，山一证券陷入经营危机，也出现了被称为"证券恐慌"的经济不景气。而这一年的12月，立川商店倒闭了。

倒闭的最直接原因，是渡濑社长于1963年秋天，除了立川站南口的公司之外，又盖了一栋三层的钢筋水泥建筑。一楼与二楼当作仓库与办公室，三楼则是社长的住处，而这个举动让公司资金周转再度陷入困境。接着又开始出现严重的薪水迟发状况。

当初盖楼的时候，原本以为社长内心应该有一定程度的盘算。但与我交易的批发商却问："你们这样没问题吗？"这个时期许多顺应经济高速增长发展顺利的小店铺，只要盖起宏伟的公司大楼，资金周转就会出现危机，接着就是倒闭。批发商会这么问我，大概因为他也知道这种状况吧。

除此之外，倒闭的根本原因，还是出在社长一味只图扩张的经营战略上。跑外勤的文具业务获得成功，接下来就是体育用品，然后是办公机器，再接着是乐器，全都反复采用同样的战略。当在某个领域竞争对手增加，外勤业务效率无法提升时，就往其他领域进行扩张，不断重复这种操作。接下来选择乐器事业，某种意义上仍具有先见之明，但问题出在没有先看清自己的立足点。

创新投资企业的进攻型经营，是否能押中卖点，差异颇大。如果是大企业的某个部门投资失败，还能靠其他部门的收益弥补度过，但中小企业的情况，只要押错一次，就是倒闭。

不断重复贷款来扩张事业的战略路线，等于手边一直处于缺乏资金的状态。在这种情况下还增建楼房，导致从东京奥运左右开始经常发生薪水迟发一个月的情形。从我进入时的十名员工，目前已经增加到 30 人左右，人事费用大为增加。加上这次遇到不景气与倒闭的外在状况，公司经营肯定会出现状况。

公司倒闭之前，谦二已经成为立川商店的"二把手"。高桥离开后谦二接手管理体育部门，加上有会计经验，也负责资金的调度周转。"1960 年左右雇用的会计，在 1965 年被开除。因为在增盖公司楼房时从建设公司拿了回扣，被社长发现了。此后社长与他的长女一起负责会计，公司经营的最后半年，实在是看不下去了，我只好出手帮忙处理会计业务。"

谦二为了避免公司出现拒付的情况，到东京市中心的大型批发商等债权者那里，恳求延期支付。立川商店对批发商开出的付款支票，延到下一次再行结算，也就是"跳过一次"的处理方法。

　　某个月的结算日，四处拜托可能愿意帮忙的批发商，请他们让我们延迟。拿"因为长年的交情"这借口拜托人家，有些地方愿意帮忙，有些也爱莫能助。接着，下一次的结算日快到时，赶紧又去拜托其他的几家公司，这样总共搞了两回，简直就是地狱啊。某个批发商的对口负责人是这行的老手了，看到这种状况还对我说："到了这种境地，还不如不要这么辛苦，干脆跳票比较好。"

　　这期间，公司员工开始对薪水迟发感到不满。其中一个员工直接向立川的"地区劳动组合"（简称：地区劳）告发公司的状况。接着在 1965 年夏天，当渡濑社长在朝会训话的时候，"地区劳"的活动家终于跑来谈判了。

　　朝会的时候，以往都是社长的经营报告与精神训话。社长也有过共产党的运动经验，所以能够理解劳工运动，并且愿意接受"地区劳"活动家的建言，让立川商店组成工会。不过工会组成之际，公司已经处于巧妇难为无米之炊的困境，缺乏能够运作的资金。

　　最终到了 1965 年 12 月，谦二开始处理倒闭程序。"因为银行已经来了通知，说明无法继续延长贷款偿还日期，而且批发商也说不能再接受欠账的状况。"

　　最终由主要交易银行与最大的交易批发商取得主导权。他们已经得到立川站前公司房屋的土地抵押，其他小的债权者接着也取得了较小的抵押，剩下的也只能放弃催收欠款了。最后举行债权者会议时，与主要债权者达成交涉协议，大势便大致定了。

在东京市中心的批发商负责人，因为嫌太麻烦，不可能为了低额的债款特别跑来立川讨债，所以放弃今后的债款追讨。当时的中小企业倒闭，超过一个月之后，碰面聊起来大家就只会说句："真是一场灾难，吃足苦头了吧。"然后理所当然地觉得专心致力于下一项可以赚钱的工作就好。

债务的优先支付对象，首先是员工的薪资，接着是税金相关费用，最后便是银行。这大概是这种情况的既定处理顺序。银行当然打着类似"朝廷锦旗"般冠冕堂皇的理由说："银行接受国民存款，除了税金之外，也对社会负有责任。"而在我的努力之下，既不损及银行，也能处理好其他债权事宜，银行的对口负责人甚至对我说："你们的倒闭处理得很漂亮啊。"

谦二帮着社长一家人，保住了"高岛屋百货"内的门市店铺。因为他没把高岛屋开有门市的事情传达给债权者们。虽然有些批发商知道这件事情，但这个门市店也抵押不了多少钱，所以也就"睁只眼闭只眼"，不多追究。

对我而言，我认为该门市还是由社长家族继续经营最稳妥。家人自己经营，即便不付薪水也无妨。原本甲州出身的同乡们，除了两三个女性店员之外，大概都解聘了。换句话说，社长一家人继续在火车头上，后面的列车完全切除分离，大概就是这种状况。

谦二于 1966 年创立的 "立川体育株式会社"

社长希望谦二继续留在店里工作，但谦二拒绝了。接下来谦二与大木两个人独立创业，在 1966 年 1 月，谦二创立了 "立川体育株式会社"。

立川商店或立川体育，虽然名称上都是株式会社（股份公司），但其实也只有名称上而已。立川体育的股权持有者，就只有我与大木两个人。只是像是给信用镀层 "金箔" 一样，新公司在名称后加上 "株式会社" 字样。立川商店倒闭时已将债权清理完毕，在银行与大批发商之间建立了自己的信用，所以往后的交易也不成问题。

昭和三十年代后半（20 世纪 60 年代前半）开始，商业秩序开始稳定化，与战争刚结束后不同，进入了头衔说话的时代。

换句话说，就是递出名片自我介绍的时代。第一次做名片，是在新潟的出版社工作时，曾经以假名做过一次，在立川商店开始要跑业务时，才以本名做了名片。公司名称需要加上"株式会社"，也是因为这种大环境风潮的缘故。如果只是印上"小熊商店"，既没气势，也没信用感。

谦二他们在离开市镇的地方，租了个 5 米乘以 5 米大小的房子，开张了新的店铺。此处只当作接听外勤业务下订单的办公室，店面不展示售卖。谦二与大木把立川商店时代外勤业务部门的客户，原封不动地接收过来。也就是靠着老顾客们的路线，独立创业。"立川体育的新店面，距离社长一家人开店的百货公司大概只有两百米。还记得之后社长跑来喃喃抱怨的样子。我对于其他人怎么想并不太在意，无论如何总得先求能够活下去。"

立川体育的员工，当初只有谦二与大木两个人。一小段时间后，雇用了一位出身甲州，先前在立川商店工作的女性，请她担任办公人员兼接听电话。谦二自己担任会计经理，至于记录与老客户交易的赊销账簿，则请宽子帮忙处理。这位女性办事员后来与大木结婚，变成两个家庭联手工作。而对两位女性，也针对她们的工作分量，发给相应的薪水。

掌管外勤业务的两个人，赚取的业绩已经无须再与其他员工分配，等于是把立川商店时代不赚钱的部门都裁撤掉一般，自然经营上好转许多。谦二的月薪，在立川商店末期大约有 4 万日元，至1966 年底已经拉升到接近 10 万日元。

过了一年左右，这样的经营达到一定的成功，便将公司法人化。

自己开始新公司的时机非常好，如果再晚个几年，经济高速增长结束，很可能就无法获得成功。即便继续待在立川商店，为了照顾社长一家人只会累坏自己，而且永远屈居人下，无法更上层楼。

这期间，在第六都营住宅中也出现搭上经济高速增长这班车与没赶上这波潮流的人，彼此间开始出现经济上的落差。谦二家在1967年申请了电话，1968年购入彩色电视机。附近来家中玩耍的孩子们，看到彩色电视机都惊呼："有颜色耶！"

> 当时向日本电信电话公社申装电话时，因为申请数量大增，一直无法通过。何况要申请还必须从电信电话公社购入一定额度的电话债券。因为宽子在家帮忙会计业务，所以利用"立川体育昭岛分店"的名义，以法人事业申请。大概在第六都营居民中，我应该是第一个拥有个人电话的。为了拉来电话线，甚至还特别立了电线杆。

但同时附近的邻居，似乎也有人尚且买不起洗衣机，有些妇人只能拿着脸盆在房子前面洗涤。比实际年龄成熟的刚一，听说有人把这个原本就是要提供给低收入居民的第六都营住宅称为"贫民窟"。

此时刚好进入越战最激烈的时期。住处附近的横田基地，美军的大型运输机频繁地低空飞过。起降时的噪声让人无法听清彼此对话，连电视机的画面都会受到干扰。宽子的妹妹来访时，带着一个5岁的儿子，还曾被这种噪声吓哭。"差了一岁的英二，从出生起就很习惯这种噪声，一脸若无其事的样子，不过对外来的人而言，这种噪声音量应该非同小可吧。"

体育用品商美津浓招待旅游（1966 年摄于岐阜县）

1968 年，大学学生运动开始。对谦二而言，大学是另一个遥远的世界。

日本大学的秋田明大等学生追究大学会计上的违法行为，应该是最初的发端吧。东大从医学部要求改善实习医生待遇开始，这部分我还理解，之后到底在吵什么，我就不清楚了。到后来，不管哪里都有新左翼的政党加入运动，搞得一团混乱。

对于当时发生的事情，另外还留有印象的，大概就是中国的"文化大革命"。"自己曾在苏联战俘营经历过民主运动，我很清楚被那么多人围住斗争、批判是什么感觉。看到新闻报导后，想起了过往的回忆，心情很恶劣。"

1969 年 1 月，谦二一家人搬出了第六都营住宅。因为在武藏村山市的新兴住宅区"三藤住宅"中，已经盖好了他们的新家。

"三藤住宅"是"东京都住宅供给公社"作为住宅地开发的区段。土地出售的介绍资料也传阅到同为东京都经营的第六都营住宅，宽子读了资料后，选定了搬家的处所。

如前所述，公营住宅的营建规模此时逐渐缩小，一方面也是为了刺激经济发展，开始推行鼓励大家自行购买房子的政策。谦二处理立川商店倒闭事宜时，在银行间拥有相当高的信用，所以能够获得盖新房所需的贷款。

　　邻居的自卫队员和巴士司机，后来仍继续住在第六都营住宅。自卫队员的家中好像有三个小孩，生活上大概很不轻松吧。巴士司机一家年纪还小的女儿，不慎跌落都营住宅的排水沟身亡。现在大概会上电视新闻，但当时这样的事故却层出不穷。

　　只靠老实工作想要存钱盖一栋自己的房子好离开都营住宅生活，大概没那么简单吧。我只是刚好赶上这个经济高速发展的时机，运气好罢了。搬离的时候相当开心，不过这种开心实在不适合表现出来，所以特别谨慎地收敛心情。我们应该是周遭最早搬离都营住宅的一家人。

武藏村山的新家，是尽量配合宽子期望而设计的钢筋水泥建筑。当时谦二已经 43 岁，有股终于走到"大富翁"游戏终点的感觉。但这个新居不过只住了三年便放手离开了。当然，当时谦二还无法预知这件事情。

第八章

战争的记忆

1969 年 1 月，谦二新居落成，举家搬出都营住宅。新家是一栋两层的钢筋水泥建筑，拥有屋顶露台并附中央冷暖空调，可算是现代住宅了。

房子四室两厅，有宽敞的起居室及和室，两个儿子都有个人单独的房间。负责设计的是跑业务时认识的东京都职员的弟弟，一位在建设公司上班的设计师。

尽量满足宽子要求设计的新居，安装了吊灯与沙发。宽子非常开心。

一、"一亿总中流"的社会想象

谦二搬家的所在地，位于东京都武藏村山市的新兴住宅地，名称为三藤住宅用地。这是由东京都的住宅供给公社购买农业用地，整合、统一规划后分卖给民众。

王子汽车自 1961 年起在武藏村山市开设了汽车工厂。但住宅区附近，仍留下许多农村的养蚕桑田与蔬菜田。"三藤这个地名，是将旧的两个农村部落名称连在一起，成为新的地名。电车没有通过武藏村山市，交通不算方便，不过东京都的土地分卖大都如此。我自己开汽车到立川上班，没电车不会有什么问题。两个孩子刚好都入学，刚一上国中，英二进小学，所以宽子上午与下午各出席了两个人的入学仪式。"

位于武藏村山的新家，在当时算是设计崭新的定制化住宅。在大学刚毕业薪水约2万多日元的时代，记忆中这套住宅花了超过1000万日元。但不隶属于大企业、只开了一家小公司的谦二，不可能获得银行房屋贷款。"土地以现金购买。建筑的部分，从立川体育的交易银行，也就是日本相互银行（此后曾合并成为太阳银行，现在则与三井住友银行合并）获得贷款。我身为银行客户，大概因为过往的信用，才能贷到这笔款项。"

随着迁居，谦二也把汽车从微型面包车换成一般轿车，车种是日产的 Skyline。"因为得到武藏村山的日产王子汽车工厂跑业务，不开日产的汽车不行。如果开其他厂商的汽车，守卫不放人进入工厂。"

宽子非常喜欢依照自己期望设计的新居，但谦二并没有那么雀跃。"太过豪华了，总有一股不协调感。说实话，与搬入第六都营的时候相较，当年反而更开心。家里变得十分宽敞，让我不禁想着，如果还能把父亲与冈山的外祖母都接来同住，不知道有多好。"

三藤地区的新兴住宅区与第六都营一样，都是棋盘状的规划。在这个区域内有几百户新建住宅的家庭。"两侧的邻居分别是学校的老师与在东京市中心拥有蔬果店的老板。对面住的似乎是某演艺制作公司老板的'二奶'，以及一家什么公司的中坚干部。附近也住有画家，整体住户都比第六都营住宅更高阶，不过因为此地交通不便，估计应该没有到市中心上班的人。"

这个时期立川体育的经营相当顺利。托经济高速增长之福，滑雪、高尔夫、保龄球等运动陆续成为风潮，各种运动用品也随之热卖。

> 除了保龄球以外，其他的运动都是战争之前布尔乔亚阶级的活动，人们对此都充满憧憬。保龄球风潮兴起时，许多人都希望拥有自己的专用球，我们店里也放了一个样品球，让顾客可以确认自己手指的钻孔位置，我们再交给专人帮顾客钻孔后出售。我自己并不购买这种东西，不过感觉有钱人真的多起来了。

不过立川体育的主要经营项目，仍专注在外勤业务上。谦二与大木一起开创的立川体育，于 1969 年加入第三个叫作竹中的外勤伙伴。"是一位比团块世代[1]更年长一些的年轻人。出生在建材行之家，只有中学毕业，不过因为是工匠家庭出身，所以这样的学历应该已经算很好了。他很喜欢山，经常跑去攀岩。"此后公司员工继续增加，规模最鼎盛的时期大概拥有十名员工。

20 世纪 60 年代是团块世代成长到升学年龄的时代，此时初中、高中与大学不断增设。立川体育最初的服务对象有立川高中（1901年创立）、国立高中（1940 年创立，位于国立市的高中，非国家设立的高中）、北多摩高中（1948 年创立）等等。之后附近区域又增设了日野高中（1966 年创立）、国分寺高中（1969 年）、拜岛高中（1978 年创立）等，谦二也针对这些新设学校展开行销业务。

---

1 "团块世代"指在 1947—1949 年，日本战后第一次婴儿潮中出生的人。他们大多于 1962—1971 年进入职场，经历了战后复兴、泡沫经济的繁华和破灭，从 2007 年开始逐渐迎接退休。——译注

　　高中与初中刚成立时，是最需要争取的目标。创校时拥有整笔的预算，他们会先与市中心的大企业谈妥购入大部分需要的用品，而本地的中小业者群只能瞄准之后不足的部分或补充用品。大企业并不会介入这部分事务，所以大家都很卖力竞争。而当时的学校觉得相互比价非常麻烦，所以会直接向方便联系的企业下单，委托企业相关的人员去处理。

　　学校在4月初开学，因此得提前到办公室去拜访体育老师，拿名片与产品目录给对方。之后一边轮流拜访各校，大概隔一周或十天出面一次，向老师们推销些商品。从4月1日才开始拜访，因为担心不断出现会引起对方的厌恶，所以得留些空档才能再度拜访。我们公司特别注意不提供任何招待服务。不要招人讨厌，不要树立坏的风评，这是获得订单的秘诀。

　　从立川商店的下半年开始，谦二的工作逐渐"成为一种中介公司般的角色"。从学校拿到订单，发包给体育用品商或体育器材安装商，从中赚取一些利润。

　　在东京都或各市的预算范围内，争取订单与交货，这些都是从立川商店时代就延续下来的做法。昭和四十年代后半期开始（1970年起），接受的订单逐渐变成要在校园里安装多少单、双杠或者篮球架，每年度需要多少维修管理的形式。安装与维修管理当然我们无法自行处理，得外包给器材商，我们只担任中介的角色。不过，如果只是单纯负责户外器材的涂装维修，并没有困难到需要外包的程度，我们会接下订单自行处理。

　　即便是学校的运动设施，如果是牵涉土木建设业一类的大型物件，政治势力就会介入。小型企业因为没有这些政治实力，只能彼此合作性竞争，成为各种不同的从业者团体。特别是都立高中新设校时，大量订单都会先通过都厅等级的大企业先行处理，中小企业只能抢食除此之外的订单。市立中学等部分，则由立川市公所的财务科进行业务分配，因此会直接与财务科交涉。如果能与订购单位打好关系，做好人情，往往能意外地获得长期合作。

进入20世纪70年代之后，新兴商业的竞争状态与60年代相较，状况有些许改变。原本谦二他们处理的外勤业务，是在人群聚集的地方举办展销会，为了获得整笔订单，必须到学校或企业中巡回推销。但之后为了取得学校或公家单位的订单，原本的业务风格在不知不觉间，转变成只需专注于维持与公家单位的关系。

这种转变与社会上的风气变化有所关联。在战后废墟、黑市的时代，比起大学毕业或白领阶级，握有粮食的农民与在黑市做交易的人更有势力。到50年代为止，都还留有这种实力比头衔更重要的风气。

当谦二开设立川体育的1966年，一开始只是想给公司名称镀层"金箔"而加上株式会社的字样，但此时期开始，名片上印的公司名称逐渐变得重要。营业重心逐渐转移到争取公家单位的订单，与这种倾向同时并行。

　　昭和三十年代之后（1955年以降），大家逐渐"上班族"化，根深蒂固的"商人"逐渐减少。商人指的是赤手空拳、靠着自己的才能打天下、吃饭的人。大木就属于这种一路磨炼上来的商人。

我自认是个"上班族"。说起来，因为富士通信机是一切的原点。在立川商店也是，自己仍带有领取月薪的上班族意识。直到立川体育创业之后，因为角色转换，变成由我决定是否聘用员工，那时才被称为社长。

谦二的人生路途，距离我们联想的"上班族"这个词汇是指在大企业中受到终身雇用的形象，相去甚远。而谦二自认"上班族"的自我认识，也反映出一种奇特的心态。只不过自我认知这种东西，往往受到大环境的主导印象影响，因而与实际状态有出入。

从统计上的实际数据来看，大型企业的雇用形态，只占日本就业人口的两成不到。可是这种"上班族"形象却比实际状态更加普遍，它创造出一种这个时代日本社会的"典型人物形象"，甚至是一种"安定的生活形象"。连谦二这样的人也认为自己是"上班族"这个事实，正好从深层反映出这个现象。

会产生这样的情况有几个原因。在大众媒体上班的高学历阶层，把自己与同班同学的生活形态，当作社会全体的共同想象，并且在媒体上不断扩散"上班族生活"的印象。收入提升的工人家庭因为没有其他的模型可供参考，即便只是表面形式，大家仍会模仿这种"上班族家庭"的生活方式。详细考量当然还有其他的影响因素，但不管怎么说，这个时期正是"一亿总中流"[1]与"单一民族国家"这一"日本社会平等化"的观念被固定下来的时期。

谦二搬出都营住宅的 1969 年，根据总理府的调查，回答自己在社会阶层中属于"中"等级的人，超过了九成。原本这个调查在

1　日本一亿人口全都是中产阶级。——译注

询问自认的社会阶级时，只设定"上""中上""中中""中下""下"等选项，所以很容易产生广义"中"产阶级膨胀的调查结果。以同样的问题进行国际性比较调查，在美国与印度同样会得出广义的"中产阶级"超过九成的结果。[1]连谦二也说："如果当时被这么问及，大概也是回答'中'吧。"

不过，在这种社会的制度化过程中，也有带来社会安定的"功劳"部分。其中对谦二而言起了相当作用的，就是立川体育也引入了厚生年金制度。

厚生年金，就是公司必须缴纳社会保险费。因为会对经营造成负担，大多数个人自营企业往往只愿意采用国民年金。我们最初的两年也是这么处理，但等经营稳定之后，便转换成厚生年金。当时并没有太深入的考量，只是觉得这样做与给公司名称加上株式会社一样，对公司而言具有镀层金箔、往脸上贴金的加分效果。

当时的我，仍延续战争之前的想法，也就是把工作时存下的钱，当作退休后的养老金。因此，并没有靠领年金来过生活的认识。不过，因为当时那样的判断，才让我现在有厚生年金可领。但只领国民年金的人，即便领到满额一个月也只有大约6万日元。有一位经营个人商店的同行，过年我们会彼此寄贺年卡，他在卡片上就写到退休生活非常严峻。

这种感受等到可以领年金时就能够体会了，不过早在立川商店时，公司就加入了厚生年金。可能当时社长原本就是共产

1　桥本健二，《"格差"の戦后史：阶级社会日本の履历书》，河出 BOOKS，2009 年。

党员，还是会考量到员工的福利吧。自己的年金从富士通信机时代开始，历经立川商店、立川体育等上班时代累积而来，现在能够享受厚生年金之利，大概就是在这种偶然情况下发生的。只是社会上的状况已经有所改变，但日本官僚机构却无法改变制度加以回应，这种弊端让人打从心底里产生一股不公平之感。

二、安定还是停滞？

在这种一帆风顺的状态下，突然一片暗云笼罩下来，事情发生在 1972 年 2 月。中学三年级的刚一，因为意外而身亡。"公司办了员工旅行，带大家到长野的茅野去滑雪。好不容易有一次旅行，所以顺便带上了宽子与英二。刚一为了准备高中考试，所以一个人留在家中。滑雪旅行后回到家，看到附近的人们聚集，才被告知刚一从屋顶上跌落下来死了。"

隆冬中从屋顶跌下的刚一，躺在地上不省人事，就这样体温不断降低，最后冻死。刚一成绩优秀，比实际年龄更为成熟，虽然还是中学生，已经开始阅读中国文学与西洋文学。看家的儿子意外死亡，宽子因而陷入极度的抑郁之中，全家都笼罩在忧伤的气氛之下。"当时刚好发生了'浅间山庄事件'（日本'联合赤军'在浅间山庄挟持人质），电视上不断播放警察与学生间的枪战，以及在山中发现尸体的消息。刚一的葬礼恰好就在这个时期，更添加了一股晦暗悲惨的气氛。"

丧礼在自己家中办理，遗体与祭坛都安置在客厅，供来客凭吊。翻阅当时的奠仪账册，有致赠奠仪者共 113 名，只来凭吊未赠奠仪者有 68 名。包含刚一的中学同学，凭吊客人超过 200 名。谦二生意关系上的来客不多，大部分都是亲戚与邻居。与现在的普通丧礼相较，当年的凭吊者显然多上许多。

宽子心情低落，到最后甚至无法继续住在这个房子里。无计可施之下，只好搬出生活了三年的武藏村山。

花了大笔钱建起的家，本来以为会在这里过一辈子，没想到竟然如此。因为是有人意外死亡的"瑕疵商品"，虽然找到了接手的买家，但对方为了重新盖自己的房子，等我们搬走后便拆毁了旧房。因为是钢筋水泥搭盖的坚固住房，拆房时大概费了一番工夫。对方买下房子时好像只花了购置土地的费用，已经不记得卖了多少钱。是赚是赔都不重要了。

没办法，只好在公司附近的立川市买了一户大楼一家人迁入。那是一栋新建的12层楼大厦公寓，谦二一家住在10楼，隔间只有两房一厅，面积只有武藏村山房子的三分之一左右。

从10楼往下看，对面是废弃物回收站堆积如山的铁屑，以及大概是从立川基地买来的美军战斗机副油箱，压扁堆在一旁。同一层楼对面一户住着东京都的职员，让人意外的是，大楼居民大多是上了年纪的人或者中年人，与他们并没有太多交往。

这算是谦二回国后第十一次搬家了。此时谦二46岁，宽子43岁，当时唯一的儿子英二只有9岁，距离他独立自主还需要十年以上的时间。

宽子失去刚一之后非常忧郁，连带地身体状况也不佳。为了排解宽子的忧愁，谦二会开车带着宽子与英二外出旅行。1974年，谦二与宽子一同回到共同的出生地佐吕间拜访，与远房亲戚只简单打过招呼，之后他们再也没回过佐吕间。

立川体育在经营方面虽然增加了员工，但此时已经逐渐失去优势。1973年发生石油危机，宣告经济高速增长期结束。此时学历社会（依赖学历的社会）发展更加稳固，中小企业很难找到优秀的人才。

1970年，一位日立制作所武藏工厂的员工转行进入我公司，是一位高中毕业的中坚员工，听说因为工作现场的意外事故，开始讨厌自己原本的工作。当我跑业务巡回各工厂时，他向我说："希望在小熊先生的公司上班。"因此雇用了他。他喜欢音乐，也喜欢吉他与音响。这个人跑的业务，成绩马马虎虎，因此薪水未曾调升，而且大概理解到零售业的生活不如他的想象，最后自己辞职了。

在竹中的介绍下，公司雇用了专门的会计经理。他的头脑很好，也有经理的手腕，比我更熟悉税制。可是70年代后半公司经营出现状况时，他也选择早早脱离公司。

其他的人也雇用了几个，大家都待不久。我自己也属于这类或多或少走在社会常规之外的人，大家也不是真的热爱体育才从事这工作。我的这一代是为了生存、为了吃饭而拼命工作，与之后的富裕一代工作风气也有所不同。不过，说这些并不是想强调什么精神论之类的东西。

1975年，立川体育开设了八王子分店。虽说是分店，并非真的开设店面，而是所谓"吸收合并"了一家商店。"合并的是一家原本由两个人经营、位于八王子站南口的运动用品店。他们经营出现困难，一个人卷走借款趁夜逃跑了。剩下的另一位拜托我们，才以合并的形式接收他们的商店，但借款的部分我们并不承担处理。这项合并，是因为公司业绩在石油危机下无法发展，想试着借由增加店面的方式，看能否打开新的局面。"

当时谦二50岁，仍然尽心努力做生意。可是大环境的状况，已经转变为低速增长与市场秩序化发展，情况已不再类似经济高速增长期。至于体育用品，大型超市发展起来，顾客更喜欢超市丰富的选择和便宜的价格，中小型店铺在竞争中迅速处于不利的地位。"八王子店位于车站附近，五年之间生意还不错，但随着竞争对手出现，业绩逐渐停滞。销售额不如当初预计，赤字却开始增加，因此把经营权交还给原本的负责人，80年代双方便拆伙了。"

在八王子店经营不如预期之后，立川店迁移到更接近车站的地点，目标仍在扩大店面销售量。可是这仍旧不如预期。"虽然距离车站更近，但店面位置却不是人潮经过之处，房租又贵，最后仍无法成功。因为过去没有花费太多心思经营门市销售，所以才无法看清整个状况。"

在这种状况之下，除了努力维系一直以来靠外勤业务获得的老顾客外，也别无他法。这个时期公家单位的订单，一方面已经形成了固定的格局，会优先交给大企业处理，另一方面竞标机制的引入仍不够充分。因此理所当然地，既无政治势力又无财力提供大幅折扣的中小企业，只能走上私下商量、彼此串通这样一条道路。

> 同行之间彼此商量的状况不少。20世纪70年代后半，竹中出席市政府的投标说明会，根据他的形容，当时在市政府的入口附近听到几个友好的同行聚在一起讨论，有个人说："我在这家学校已经打好关系，这一块分给我。"这件事情遭其他同行向

市政府检举，大家因为串通舞弊的事情被市政府传唤约谈。这种情况下我建议竹中就装作不知情，我们公司也因而度过这场危机。

　　这种状况中，业界都知道哪边的学校是哪个同行的势力范围，彼此间形成一种私底下的默契。包括学生入学时买的整套体育服装等，只要是自己建立好关系的学校，就能将合作关系持续下去。

　　维持着这种停滞与安定的状态，谦二在 1978 年，搬到八王子市的新兴住宅地。该处是由住友不动产在多摩丘陵凿山整地后分卖土地，一处叫"南阳台"的住宅区，谦二依旧通过长期往来的日本相互银行取得贷款，并且一如既往，把房子的设计交付给宽子。

　　落成的新家，是由手艺精巧的木工师傅打造的六房两厅木造房屋。搬家时谦二已经 54 岁。客厅装潢有波斯地毯和吊灯，还从秀子上班的东京学艺大学购入了一台学校淘汰下来的钢琴。房贷计算与新居设计谦二都没过问，金额计算下来，总共让谦二缴了十年又几个月的贷款。谦二搬来此处后，仍与过往一样开车去上班。

　　虽然是位于丘陵上的新兴住宅地，但有巴士到京王线电车站，因此有许多人是到市中心上班的上班族。右边邻居是住友轻金属的工会干部，后来也升任管理职务。左边邻居则是建设公司的员工，私底下还兼任在日韩国人的律师。"因为是住友不动产的土地分卖，所以入住的人好像多少都跟住友集团有些关联。"居民大部分都 40 多岁，像谦二这种 50 来岁的小企业主则不多。

　　买下新居，进入 80 年代之后，谦二似乎转趋保守。这个时期，在立川体育里地位仅次于谦二与大木的竹中，针对经营方针提出了

新的意见。因为外勤业务与门市销售都达到上限，他主张可以接单
帮制服与体育服装绣上校徽等标记，增加商品的附加值。可是，谦
二并没有接受这个意见。

　　想要实现竹中的计划，必须投资电脑控制的缝纫机与压烫
机等设备。我虽与大木私下商量过，但他总是遵从我的意见，
所以也无法依赖他。我自己判断与其背负债款，还不如不要扩
张来得安全。这是我从立川商店的失败中学到的经验。

　　竹中年纪不过40出头，自己的提议不被采纳后，便自行创
业去做这个绣上标记的生意。最后我们还是商量了一下，打算
让他圆满实现创业梦想。他与太太只有两个人，在自己家中接
受订单，好像没有做出太多的成绩。那种工作，反而不适合租
办公室雇用员工来处理。

　　1985年，谦二60岁了。这个时期的立川体育，由他与大木二
人继续维持着小店铺，接受长期合作的顾客订单，延续这种日常性
的营业形态。他们在60年代前后累积起来的商业模式，在十多年
之后便老旧陈腐，整个环境都转变成只能依赖公家机关固定需求的
状态。

三、是战争我就讨厌

　　谦二说："外出跑业务时，大概都聊些无关紧要的话题，不记
得有讲政治或战争的事情。"但并非已经忘记战争时代，毋宁说，
随着生活安定之后，反而有余裕回头思考战争记忆。

1958 年 12 月，谦二读了日本的战争文学名著，五味川纯平的《人间的条件》[1]。内容描述一位被送到中国东北的士兵，如何抵抗日军内部的压力，在西伯利亚成为战俘之后又如何在严寒的荒野中历经九死一生的故事。刚来东京、在学艺大学找到一份打工的工作时，谦二就在大学图书室看到了这本书。

根据谦二的说法："虽然是长篇大作，但容易阅读，也有真实感，很能引起共鸣。"但即便如此，读过之后却不怎么感动。"因为，如果照书中所说，实际上那样抵抗军队，大概不死也剩半条命，主角承受的非常人所能企及，算是一个讲述'超人'的故事。"

至于野间宏的战争文学名著《真空地带》（1952 年刊行），谦二在离开结核病疗养所时也还是拿到一本。故事描述新兵受到私刑，逐渐丧失了人性，超过一定限度后，整个人就像在真空中被压力击垮的状态。可是谦二说："那书程度太高，读不太懂。是一部不适合快速浏览的作品。我因为太过忙碌，实在无法细读。"

谦二也阅读过由东京帝大集结学徒兵战死者的遗稿而成的《倾听海神之声——日本战殁学生手记》，"印象不太深刻。感觉是头脑太好的人，所以烦恼也特别多，差不多是这种感觉吧"。比起这部作品，让他更有印象的是大冈升平的《俘虏记》（1949 年刊行），"因为关心俘虏的境遇，所以在疗养所时代就读过这部作品"。

20 世纪 50 年代后半时期起，制作了大量描绘战争的电影；但谦二对这类作品几乎毫不关心。

60 年代还是 70 年代，在电视上看过《二十四之瞳》（1954

1　又译为《做人的条件》或《人的条件》。——编注

年），感觉太多愁善感了。而《联合舰队司令长官山本五十六》
（1968 年）之类，充满英雄主义的战争电影，完全与自己体验过
的战争经验不符，看了只感到无稽与无聊。戏剧没有办法真的
表现出好战思想和反战思想。

搬到武藏村山市之后，多少有点买书的余裕。不过谦二并没有
购买摆着好看的大部头百科全书，反而购入美国人撰写的有关太平
洋战争的书籍。他想阅读的是没有英雄主义、能以客观角度描述的
历史书籍。

早实时期的朋友中，有一位酒商的儿子叫作河田，非常迷
海军。中途岛海战的时候，这个男人敢在班上说："实际上（日
本的航空母舰）沉了两艘。"战争前他住在新宿，战争后在大
久保经营一家肉铺。我搬到武藏村山后，经常参加早实同学会，
间接听到他的消息，特别去造访了他的店铺。在他家拿到了罗
伯特·谢罗德（Robert L. Sherrod）的《太平洋战争史》（1952
年发行）、塞缪尔·莫里森（Samuel E. Morison）的《太平洋战
争美国海军作战史》（1950 年发行）、汉森·鲍德温（Hanson W.
Baldwin）的《胜利与败北》（1967 年发行）等书。

河田因为经营肉铺，所以不出席早实的同学会，会参加同
学会的只有一些出人头地的人。我自己也是事业上轨道之后，
才开始参加。通过同学会上遇到的朋友介绍，才知道河田的住处。

对于越战，谦二说："总之，是战争我就讨厌……我虽然反对
苏联势力的扩张，但也反对以战争的形式去防堵。"

1969 年，前一年美军虐杀越南居民的事件被报导出来。与当时日本许多人一样，谦二也想起了过往日军在中国的行为。

从新闻报导上知道美军的残酷行为，不过与日军的残暴性相比，美军干的事情简直就是小儿科。我在中学的时候，同班同学偷偷给我们看过，据称是从中国战线回国的士兵手上拿到的照片。那是一张拿着军刀、正要砍下中国俘虏脑袋瞬间的照片。或许现在会想中学生怎么有机会接触到这种照片，不过这在当时的日本并不稀奇。

在西伯利亚战俘营的时期，《日本新闻》有刊载过南京大屠杀的事件。当时同一班中有位《满洲日日新闻》的记者告诉我们："这件事情在日本虽然被压下来了，不过在国外可是举世公开的事实。"在战俘营中，曾经前往中国战线的老兵高桥军曹，当大家谈完情色话题、接着聊起暴虐行为时也说过，日军发现了为躲避战火而只有妇女与小孩躲藏的场所、进而集体施暴的事情；另外也从其他老兵们的传闻中听过。所以日本兵究竟干过什么样的事情，大体都知道。

所以当出现"根本没有南京大屠杀"的论述时，内心只想着："竟然还有人这么认为？"这种人因为只从书本吸收知识，才会发出这种论调吧。干下残暴行为的人，在战场上是头野兽，但战争结束回国后却闭嘴不谈，把秘密藏在心中过他的日子。

1970 年，三岛由纪夫自杀。谦二对此的感想是："集体制造像军服那样的制服，完全搞不懂他们究竟在想什么，也没有兴趣知道。对于他自杀时的所作所为，除了说是失去理智的狂热分子之外，不知道该如何形容。"

1972 年，在关岛"发现"了原日本兵横井庄一。战争结束后过了 27 年，出现了一个一直潜伏的日本士兵，引起了很大的话题。"对于横井，我感到非常吃惊。能够躲藏这么长一段时间，还能够活下来，实在惊人。当我听到'带着耻辱'成为俘虏或者回到皇宫缴交步枪等新闻时，只觉得这个人的想法还完全留在过去。这让我深切思考他所遭遇过的悲惨命运。"

1974 年，在菲律宾的卢邦岛（Lubang）救出了原日军少尉小野田宽郎。他与菲律宾警备军发生枪战，与他同行的原日军上等兵小冢金七因而死亡，只有小野田一人获救。与横井相比，小野田回到日本时的敬礼等行为，很好地表现出原日本军官的风范，因此造成一股旋风，被当时的日本视为英雄。可是谦二对小野田却抱持着严厉的看法。

　　小野田被当作英雄一般欢迎，那小冢死亡的责任又该如何追究？战争早就已经结束了，明明可以生存下来，但小冢却被迫配合小野田的妄想，最终仍旧死去。对小冢的遗族而言，大概不会开心吧。把小野田当英雄般迎接的大众传媒，就像在欢迎当年的军国主义精神一样，看了就一肚子火。

　　卢邦岛这个地名，当我 1954 年待在疗养所时，因为读过一则一个日本兵遭当地警备军射杀的报导而得知。虽然当时为了养病搞得精疲力竭，但仍然留有印象。

另一方面，宽子对小野田却率直地觉得感动不已。宽子的政治倾向较为保守，喜欢石原慎太郎、中曾根康弘、撒切尔夫人等政治人物。谦二则依旧投反自民党的票。谦二与宽子相处大致都很和谐，只有在这点上意见不相合。

20 世纪 70 年代，谦二在生活较为宽裕之后，买下了索尔仁尼琴的全部六册《古拉格群岛》。

以特殊的文体，在集中营这种特殊的状态下书写而成。书本的字体很小，排版又密集，读起来相当辛苦，但还是忍耐着全部读毕了。

在最后一册的译者后记中，写有"即便在苏联，终究会有全面接受此书的一天（而且这天或许会意外地提早降临），而那也将是苏联迎来真正自由的日子"这么一段，我还留有印象。这篇文章写于 1979 年 9 月，当时对于苏联体制终将结束一事，还完全无法想象。

同时，谦二也开始更加关心起苏联体制下的匈牙利、捷克与波兰的情势。谦二说："之后 80 年代发生'团结工联'民主化运动时，因为自己相当关注，所以经常阅读相关的新闻报导。"

除此之外，也读过索尔仁尼琴的《第一圈》《伊万·杰尼索维奇的一天》等。《伊万·杰尼索维奇的一天》中有主角在集中营内负责堆砖块的描述，让我想起了自己的战俘时代。书中描述主角看着自己堆砌好的砖块，竟然油然而生一股欢快感。在奴隶劳动的生活中，所谓感受到劳动喜悦的时刻，大概就是这么回事吧。

大约同一时期，过往第二十四区第二分所的敦睦会"赤塔会"，开始活跃了起来。依谦二的说明，赤塔会的组成经过如下：

1959 年，当我去申请都营住宅时，竟然巧遇十年前在同一个战俘营的安田。之后 1963 年左右，在担任主办者角色的森山召集下，东京都内大约集合了十个人，在上野一处名叫"聚乐台"的餐厅碰面，大家一同回忆战俘营时代的事情，相当开心。以此为开端，第二次大家集会时便命名为"赤塔会"。森山是当时住在奉天的日本人，因为彻底动员才成为日本士兵。

森山后来成为赤塔会的领导人，一个人负责所有实际业务，赤塔会正式启动了。当时谦二与安田也会帮忙，最初在东京大约每半年集会一次，之后也发展成兼有敦睦观光旅行，或者前往各处观光地召开集会的形式。1976 年起，还发行了《赤塔会会报》。

在赤塔会，所有人只在姓名之后加上"先生"，全员平等。在电信第十七联队、第二航空通信联队应该也有类似的战友会活动，却完全没接到过他们的联络。大体而言，各部队的战友会大多是该部队所属地区的人们互相集合，大家还是维持过往的阶级秩序。所以他们不想邀请像我这种浪迹东京讨生活的人，我也不想去参加他们的集会。

赤塔会的话题，都集中在过往的回忆，并不牵扯到现今的政治活动。各地的战友会，许多还会动员大家在选举时集体投出保守票，赤塔会则完全没有这类动员。

赤塔会在 80 年代也到关西举办过集会，但活动逐渐停歇下来。原因之一是参与者的高龄化，之二则是会内产生了纷争。

有些中途跑来参加，不知道整个活动经过的人，抱怨森山过度独裁，出现想要摘除森山领导地位的人。森山因而逐渐失去热忱，之后也不再出席了。原本森山就是一个责任感强的人，所有事情都一手包办，他自己的负担很大，而且也很容易招致误会。

每一处的战友会大概都是如此，80 年代后半，大家上了年纪后参加者便逐渐减少。赤塔会最后在 90 年代中期办了一次热海旅行之后，便就此落幕了。当时的主办者曾与我商量过，我建议他还是就这么曲终人散会更好。

各地的战友会大概都是在经济高速增长期时展开，90 年代逐渐沉寂，最终完全停止活动。赤塔会的特色是排除了旧军队的阶级秩序，但整个发展轨迹仍与其他战友会相仿。

与此同时，从 70 年代生活安定后，谦二内心逐渐烦恼起一件事情，那就是 1946 年 1 月死于西伯利亚、与他同期的士兵京坂的事。"随着自己生活逐渐安定、富饶之后，开始对自己活着回来感到一股罪恶感。对于已经过世的人们，总想帮他们做点什么。"

谦二在工作空档，于 1979 年打电话至厚生省，询问有关京坂的事情。厚生省资料调查室的女职员，根据"京坂吉二"的全名，告诉谦二 1946 年当时京坂在富山县的地址。"可是，他家人目前的住址不明。而那位职员问及'时至今日，请问您为什么还要调查这些事情？'时，谦二只好模糊暧昧地搪塞对方。毕竟这不是三言两语可以简单说明的。"

考虑了几个月后，谦二还是写了封信给富山市公所，说明自己想知道京坂的遗族是否还住在1946年时的房子里，如果还住在该处，自己想传达京坂死前的状况给家属知道，谦二说明意图后，请托富山市公所代为中介。"虽然有回信，但在信中只写着对方的住址如'住民票'所记载，请自行直接联络，完全是官僚式的回答。京坂的双亲已经过世，家人中似乎还有大哥夫妇还活着。"

接着谦二又再次踌躇起来，不知是否该写信给对方，迟疑之间又过了两年。到了1983年秋天，谦二终于下定决心，写信给京坂的哥哥。"信写好寄出后，大概过了两三天，便接到了电话。之后没多久，京坂的哥哥来到东京，双方约在立川站附近的咖啡店见面。"

京坂的哥哥原本也是日本兵，曾在菲律宾被俘。与谦二见面的时候，把弟弟的纪念照片也带来了。谦二询问对方："这张照片您是如何取得的？"对方回答，其实这张照片原本收在老家的佛坛内。

那张照片，是新兵在三个月的教育训练中必须拍摄的军装照片，为了表示自己在军队一切安好，军队命令所有人都得将该照片寄回家中。照片的反面，有京坂于西伯利亚过世时，在一旁验尸的小队长与军医中尉的签名。

这只是我的推测，大概小队长田下少尉整理京坂遗物时找到了这张照片，为不让苏联军队发现，秘密地保管着，之后带回日本。当时我们的私人物品都是一些破烂的东西，京坂的遗物，大概就只有那张照片吧。

当时因为苏联的情报管理非常严格，会让其他人了解战俘营状况的东西都禁止带回。要把死者的照片带回，应该也得躲过苏联军的身体检查才行。曾经听说过1947年时，作业团长西田把一份大约写有 30 名死者姓名的纸张捻成细条，藏在内衣裤的绑线当中，秘密地带回国内。

在离开西伯利亚的撤退船上，也有在上船之后立刻请所有人把记得的死者姓名赶紧写下的调查。恐怕田下少尉就是在那个时候，或者在舞鹤登陆时提出那张照片，之后经过政府官厅，把照片寄达京坂位于富山的双亲住所吧。这张照片应该就是这样被收起来的。

谦二对京坂的哥哥说明京坂过世时的情形，哥哥听完说了句："这样子啊……"

只有淡淡的回答。因为彼此都是体验过战争的人，所以不需多言也能理解。没有又哭又喊，也没有情绪激动的表现。虽然什么都没说，但彼此都能了解。表现激烈的感动、哭泣，是什么都不懂的人才会做的事情。

京坂的哥哥也在菲律宾当过俘虏，如大冈升平的著作中所写的一般，应该也有过相当痛苦的经历。我没询问他是在菲律宾何处遭到俘虏，双方也没怎么讨论彼此当年的境遇。京坂的哥哥当天就搭车回富山了。

谦二后来将发表于《赤塔会会报》上的《对某位青年的追忆》文章寄给了京坂的哥哥。文章中写了京坂过世时的情况，与本书第三章中引用的文章几乎相同。之后，京坂的哥哥也回信并寄来赠礼。在回信中有如下记述：

读了你的《对某位青年的追忆》后，不禁热泪盈眶。弟弟受到你许多的照顾，阅读文章后内心获得些许抚慰，这大概就是我弟弟的人生吧。

我在菲律宾的时候自认生命将结束于该地，甚至想引爆手榴弹自尽，但经过一年半的战俘生活之后，还是回到日本国内。

小熊先生，敬祝您今后健康长寿，把我弟弟的份，也一起活下去。

敬呈弟弟小时候经常吃的鱼板，请您品尝看看。

感谢您这次的联系，再次向您敬上最高的谢意。

通过这次将京坂过世前的状况传达给家属的经验，谦二发现自己"托此之福肩上重担好像因此放下了"。原本谦二打算借此与自己的战争记忆做一个了断。但就在十年之后，谦二与原西伯利亚拘留者的朝鲜族日军士兵开始通信，甚至以日本政府为诉讼对象，参与了战后赔偿诉讼。

第九章

战后赔偿审判

1987 年，谦二已经 60 余岁。儿子英二从大学毕业，进入出版社工作，谦二自己也开始领取厚生年金。

立川体育延续靠着老主顾维系订单的特殊经营方式，经营规模逐渐缩小，而且大部分都移交给大木处理，谦二逐渐减少到公司处理业务的次数。虽然谦二的薪水因此减少，但房贷已经缴清，生活也相当稳定。

此时谦二在一连串的偶然之下，卷入了战后赔偿审判之中。

一、社会性活动时代

谦二从 20 世纪 80 年代起，开始参与一些社会性活动。自 1982 年起成为国际特赦组织会员。谦二于 70 年代读过索尔仁尼琴的《古拉格群岛》，又了解到 1981 年波兰民主化运动的兴起，由于这两个契机，他又重新深入关注集中营的人权问题。

谦二参与的社会性活动，可以分成地区性活动以及与战争记忆关联的活动两类。其中地区性活动的参与背景，起因于谦二居住的八王子市南阳台居民站出来反对设置车辆监理所（汽车检查登记事务所）的运动。

如前章所述，南阳台是切削多摩丘陵山坡斜面而开发出来的新兴住宅区域。至 2013 年 3 月底，大约有 3363 人居住。

1972 年起，开始有人迁入南阳台居住，这个地名源自过去的农村名称。1986 年起，因为土地分卖数量增加，由最早入住区开始往后划分为一丁目、二丁目与三丁目。谦二住的房子位于最早分售土地的区域，也就是后来被划成一丁目的地区。

南阳台虽然是新居整齐排列的新兴住宅区，但公共硬件设施的建设却十分迟缓。这个区域最初甚至没有下水道，家庭废水与排泄物都得通过位于南阳台内的污水处理厂净化。因此居民运动的重心，便是通过住宅区自治会，向有关行政单位要求安装下水道。

1982 年，南阳台发生了另一件环境保护运动。因为运输省关东运输局提出计划，希望在南阳台对面的山脚设置一处车辆监理所。

南阳台附近保留了自然的丘陵地带，1929 年京王电铁等在此修筑过适合徒步的道路。这条从高幡金刚寺越过野猿岭的路线，在 59 年代成为市中心附近的热门休闲地段，当时的皇太子（之后的平成天皇）也曾到访过。

多摩动物园在 1958 年开幕，大学联合研习馆（Inter-University Seminar House）在 1965 年开馆，道路铺设、土地开发持续开展。不过当南阳台刚整顿完成时，周围仍保存了多摩丘陵的自然景观。

周围丘陵地带中，南阳台北侧的斜面于 1980 年成为都立长沼公园。而南侧的山脚地带，则属于明治大学附属中野高中所有，设有一座棒球场。前述提出的监理所建成计划，就是打算购买棒球场一带的土地当作设置场所。

当时东京西部只有国立市一处有监理所。运输省内的机构因此决定在八王子市另设监理所，南阳台成为候选地区之一。谦二说："附近属于旧农村地区，恐怕有些利益集团也涉入当地的开发计划。"

对此，南阳台居民发起了反对监理所设置运动。根据谦二的说明，最有趣的地方在于，不同世代的南阳台居民，出现了不同的反应。

反对运动的中心成员，是土地分售较晚的二丁目、三丁目的年轻新居民，当时他们大概 30 到 40 岁前后，这些人是"团块世代"的主要组成者，接受战后教育的一代，对环境问题相当敏感。据谦二说："运动最主要的推手，是白天都在南阳台的全职家庭主妇。因为大家会互相帮助、送小孩上小学，因此形成了相当好的沟通网络。"

另一方面，最早购买分售土地的一丁目居民，主要都是战前出生的一代，年纪大概都在 45 岁以上。他们对环保问题不太关心，对行政单位也都采取配合的态度。

"一丁目居民年龄较长，包括我自己在内，警觉意识较迟钝。曾经担任自治会干部的一丁目年长者们，态度倾向：设立监理所，附近会更热闹，这样不是挺好的吗？"八王子市的行政机构端出许多优厚条件，表示如果车子能挂上八王子的车牌（即在八王子设立监理所发牌），就会在南阳台设立一所小学，借此引诱年长者们同意。

当时居住在南阳台的学童们，大约需步行 20 分钟才能走到原本就设立在邻近农村地区的小学。公部门看穿居民的不满，企图提出小学增设案来拉拢居民。

20 世纪 70 年代是各地反对公害与胡乱开发、居民运动萌芽的时期。在此之前的反对运动，主要是以农民和渔民为中心，抗争原因主要是各种开发破坏了他们赖以为生的自然环境。但自 70 年代以降，接受战后教育、人权意识较强的新一代年轻都市居民变成了主要推手。

特别是从 70 年代后半至 80 年代,"团块世代"全职主妇成为主角后,日本各地进入环境保护、自然食品、消费者合作社运动的兴盛时期。这些主妇都是受过高等教育,却受阻无法在社会上一展才能的人。60 年代之后,各种集体住宅与新兴住宅区的分售,成为这些人发起各种运动的土壤。[1]

南阳台的监理所反对运动,可说也属于这类运动。而且最终结果,这个运动获得成功,监理所的设置因而中止。成功因素包括了居民的热情,以及战略性的计划。

以年轻主妇们为主的居民运动,加上住在南阳台的律师担任顾问,并以动员市议会议员为运动指南。监理所的设置计划,在八王子市内还处于挑选土地的阶段,正值市政府努力说服居民的时期。如果能让市议会否决该案,或许能够起到一定作用,因此战略上采取集中游说中间立场的公民党,因为只依赖原本便不赞成的社会党与共产党,尚无法成为多数派。

南阳台的这些年轻妈妈们,在市政府召开环境委员会时,大家共同包巴士前往旁听,相当团结。在这种压力与游说动员之下,保守派的市议会也开始动摇,一些议员转向反对设置,最终市议会的环境委员会否决了这项提案。一丁目的年长居民完全无法想象会发生这种状况,众人惊讶不已。就算当初跟市政府达成交易,建了小学,现在应该也会因为人口减少而面临废校或被合并的命运吧。

---

1 原武史,《団地の空間政治学》,NHKBOOKS,2012 年。

这次运动的成功，保护了周遭的自然环境。只不过监理所的建设计划，很快就转移到了八王子市别处场所。"该地也属于新兴住宅区，但刚成立不久，社区间的团结力量薄弱，在还未形成反对力量之前，监理所建设便已然开展。"

谦二自己与自治会并无多大关系，只有在2000年起因下水道已经完工，原废水处理厂址将改建自治会馆时，曾经担任过评议委员长而已。但那也是因为"与住在附近的自治会长有点交情，因为他的拜托才去帮忙，只是担当协调的任务。会长过去曾是住友轻金属工会的委员长"。

谦二参加的，是称为"多摩丘陵自然守护会"的居民运动团体。在监理所反对运动成功之后，参与运动的人们成立了"南阳台自然守护会"，这便是谦二所参加团体的前身。

虽然成功阻止了监理所设置，但后来南阳台附近仍持续有土地与住宅开发。日本泡沫经济开始的1991年，东京都立大学（2005年改名首都大学东京）迁移至邻近的南大泽，这期间土地开发达到最高峰。

此时因为丘陵地住宅开发造成环境的破坏，动画电影《平成狸合战》甚至以此当作主题，成为当时重大社会问题之一。南阳台周边的丘陵地中也有狸猫与野兔，因为持续的住宅开发计划，压缩了动物的生存空间，"多摩丘陵自然守护会"即是因应这种情况而诞生。

谦二是从1990年左右在立川体育的工作量减少后开始加入这个团体的。当时有十几名成员，以监理所反对运动以来的女性成员占多数，但也混有几位像谦二一样上了年纪的人。"参加者大多都是喜欢大自然或动植物的人。我过去并不怎么关心环境问题或自然保护，开始注意这些事情，是从实际退休后才开始。我对植物没兴趣，

连名字都记不住，即便教我也很快就忘记，不过倒是很喜欢在大自
然之中散步。"

　　"多摩丘陵自然守护会"的定期活动之一，便是到都立长沼公
园进行巡逻。在公园管理事务所中，有参与运营自然公园的市民职
员，谦二参加的这个会，也成为当地的协办团体之一。"一组两个
人，每周的周二、四、六会到公园巡逻，确认自然状态与被破坏的
状况。为了保护住居附近的山林，也从事采伐与除去树下杂草的工
作。"在90年代，东京都针对这些活动会拨出一些津贴补助，但从
1999年石原慎太郎当选东京都知事后，就把这笔预算删除了。

　　谦二另外也参加了"苍鹰保护会"。监理所停建之事告一段落
后，接着住宅都市整备公团又带来了住宅地开发计划。约略同时，"多
摩丘陵自然守护会"成员发现附近有苍鹰筑巢。苍鹰在日本属于稀
少野生动物，发现它们的筑巢地就必须限制开发，作为自然保护运
动的手段，这是深具效力的一招。因为从1993年起日本政府公布
了《环境基本法》，进行环境影响评估已经义务化。

　　　　为了守护巢中的雏鸟不遭盗猎者抓走，大家轮流从远处监
　　视苍鹰鸟巢。从鸟巢周围选出五个地点，两个人一组从早上八
　　点看守到傍晚五点，是需要长时间站立的监视作业。我连怎么
　　区别苍鹰或黑鸢都不知道，但似乎需要相当的人数，心想自己
　　多少可以派上点用场，便报名参加了。虽然这么说，当我找到
　　鸟赶紧通知熟悉鸟类的同伴时，却被告知："那是黑鸢喔！"

　　　　在外包环评公司的协助下，我们也进行过苍鹰的觅食痕迹
　　调查。也就是调查苍鹰抓住小鸟或小动物后，在地上进食的痕
　　迹。环评公司里面也有真的很讨厌胡乱开发的人，所以能跟他

们建立互相协助的关系。不过，一路下到谷地去找苍鹰进食痕迹，确实是件苦差事。我只有半边的肺，很容易就气喘吁吁，所以只参加过一次。

其他还有，同行运来产业废弃残土填在附近的谷地（丘陵间的低谷），因此向东京都与八王子市提起诉讼；将谷地附近遭丢弃的休耕农田再度开发，阻止建设公司的开发；并与荒废水田的地主商量，大家除草伐木，重新筑起田埂。这类劳力工作需要男丁协助，我也去帮忙除过草。

因为这些活动，大家组成了"苍鹰守护会"与"谷地守护会"等，许多参与成员也都是"多摩丘陵守护会"的会员。

即便如此，附近的丘陵地区仍逐渐被开发成住宅地。虽然住宅开发持续推进，但泡沫经济结束后人口开始减少，许多都成为卖不出去的空地，只留下对环境的破坏。

但通过大家的努力，南阳台南侧的住宅开发计划，确实规模缩小许多。从 1987 年到 2009 年，成功地让几处谷地与野生动植物自然生长地，成为东京都认定的绿地保护与山林保护指定地。[1] "'多摩丘陵守护会'的中心成员，大多是中央大学多摩校区的教授夫人，以及南阳台的钢琴老师们。在反对设置监理所的运动中，她们只是普通的参加者，但持续不断地参与运动，这些女性逐渐成为主要成员。在这些运动中，经常只能达成一部分最初的目标，但她们踏实从事运动的态度，确实获得大家的尊敬。"

此外，在 90 年代中期，南阳台的主妇们也发起了其他的运动。

---

[1] 多摩丘陵の自然を守る会，《守っていきたい・多摩丘陵の自然》，2014 年。

其中为老人家提供食物配送的劳动者合作社（worker collective）"加多厨"，便是一例。

这个运动发生的背景，是包含南阳台在内的几个周边卫星城市不断地老龄化。70年代入住的居民，双亲往往年事渐高，另一方面因为到市中心上班不方便，孩子们都迁出此地，在这种情况下，连外出购物都困难的老人家庭不断增加。

当地主妇们组成的合作社团体"加多厨"，便是为了帮这些老人家庭提供食物而组织起来的。她们与生活俱乐部合作社（日本提供国产食材的合作社）有合作关系，而自1998年起因应《NPO法》[1]规定，改为法人组织。因为她们配送便当时也顺便巡回关照老人住居，因此获得八王子市提供的活动津贴。

这些NPO创始者们，与谦二的妻子宽子相当熟，因此谦二多少也参与了该组织的活动。谦二除了出资赞助而成为该NPO的正式会员外，每周一至二次也会担任便当配送车的司机。由于谦二为了体育用品生意经常开车四处跑业务，所以驾驶技术相当高超。

> 成为正式会员后，也出席过会员大会。我对这类运动算是外行，所以几乎都不发言。正式会员出席大会的人并不多，类似我这种上了年纪的人来参与，只让人想起"枯木亦为山增色"这个谚语而已。参加那些活动的人，如果连大会都不来参与，大概也会失去活力吧。

如前所述，此时期各地因为自然保护与消费者合作社等活动盛

---

1 NPO意为"非营利组织"。——译注

行，这些团体作为非营利组织，有一部分也取得了法人资格。活动的主要参与者虽是战后一代的家庭主妇，但一些领取年金过生活、在时间上有所余裕的银发族也有不少参与其中。谦二参与运动的轨迹，也可以说是此种状况的例子之一。

退休的银发族，许多都拥有在职时期积累下来的技能，例如驾驶汽车、处理会计事务、掌握法律知识等。许多致力于增强地区活力的有志之士便屡屡指出，若地区活动能够活用银发族资源，运动将会更有成效。

只是这些拥有知识的中老年男性，部分仍带着不必要的优越感，看不起参与的女性。这种情形在地区性活动中经常发生，女性往往遭指摘是阻碍运动发展的瓶颈。谦二因为长久生活在社会底层，即便在上述活动中也自认是"底层的参与者"，这种性格相当程度地帮助他在退休后，仍能顺利参与区域性的运动。

二、非战兵士之会

从 1988 年起，谦二到立川体育上班的次数降到每周几次之后，他也首次给报纸投稿。事情起因于谦二在当年 3 月 26 日《朝日新闻》的读者投稿栏上读到一篇由 19 岁学生所写的文章。

那位青年的投稿主旨，大意如下：守卫国家是理所当然的，如果遭遇侵略，我也会赌上性命为国作战，因此"有事立法"[1]

1　遭遇战事时国家有权进行紧急立法的制度，可以成为日本动员自卫队进行战争的法源根据。——译注

并不违宪。当时我只打算反驳这位学生的发言，试图让他理解
真实的战争究竟是什么情况，希望他至少要读过一些战死学生
的信件，大概把这些内容写下投稿给报社。原以为报社会帮我
把信件转达给那位学生，没想到竟然直接刊登在读者投稿栏上。

　　大约与此同时，谦二也从报纸上得知一个"非战兵士之会"的
存在。对不提及战争真实情况的风潮感到不满的谦二，写了一封信，
附上了自己的投稿，寄到了报纸上刊登的该会地址。很快该会的中
心成员小岛清文回信给谦二，之后谦二便加入该会。

　　生于 1919 年的小岛清文，从庆应义塾大学经济学部毕业后，
在海军兵科做预备学生，后成为少尉军官。小岛于大和战舰上担任
密码员，后于 1944 年 12 月转移至卢邦岛的基地航空部队。而隔年
2 月美军登陆后，他立刻被任命为陆上战斗的小队长。

　　小岛与基地航空部队员，在既没有陆上战斗经验又缺乏相应装
备的状态下参与作战，最终遭追击躲入山中，部队陷于饥饿状态。小
岛最后断然决定，于 1945 年 4 月率部队主动投降。身为日军军官，小
岛成为少数主动投降的例外。小岛的父亲本人就是一位自由主义者，
小岛于学生时代也学过美国的事物，因此才能以柔软的态度对应战争。

　　日本战败之后，小岛在岛根县的地方报纸从事发行业务，1987
年 66 岁时，他在《朝日新闻》上投稿发表了自己的体验经历。原
防卫厅长官官房长竹冈胜美读到这篇投稿后，便与竹冈、小岛及其
周边友人开创了此会。生于 1923 年的竹冈，虽然担任防卫官僚，但
以和平主义者著称，曾经反对过当年讨论实施的《国家秘密法》。以
此会为契机，由原日本兵们于 1987 年 12 月集结而成"非战兵士之会"。

　　在这个时期，因为战争结束已经超过年，开始有人讨论"战

争经验淡化论"。加上曾经亲身体验过战争的人也都到了退休年龄，终于迎来他们回首人生的时期。对他们而言，也终于有时间上的余裕可以参与社会性活动。谦二向报纸投稿，也与这个大环境的动向相吻合。

谦二应小岛之邀加入此会，并且每个月都前往参加例行集会。集会上曾邀请过著名的和平主义者如自民党议员宇都宫德马、鲸冈兵辅，以及社会党委员长石桥正嗣，推动反核武运动的物理学者丰田利幸等前来演讲与回答听众疑问。

谦二参加之时会员约有 30 名，但不到一年就增加到了 100 人左右。入会者不问思想信条，都是有着战争体验并赞同"非战"旨趣的原日本军人。不过三分之一的成员大概都是像小岛这样的原学徒兵，而原本的职业军人却无人参加。[1] 该会的代表，是经历过菲律宾战争的原船舶工兵、碑文谷教会的牧师。副代表为小岛与另一位毕业自早稻田大学的海军预备学生，日本战败时以中尉身份驻扎于安达曼岛上。

根据 1988 年 8 月的会员名册大致可以看出，会员身份以战时属于下级军官，现在职务为公司职员、教师与医生者占多数。仅从名簿来看，约 70 名会员中，包括谦二在内从事"自营业"的只有两个人。据谦二的说明："有各式各样的会员，并非只有军官或高学历者。"会员平均年龄 68 岁，无论"现职"为何，似乎许多人都依靠年金过生活。

1　茶本繁正，《現代とジャーナリズム　不戦兵士の会》，《マスコミ市民》252 号，1989 年 7 月。

小岛是国际文化会馆的会员，因此最初的例行集会都在该处举办。之后移往青山大都会会馆，更之后则是涩谷的勤劳福祉会馆。包括小岛等一些从事和平运动的人，也在各地老师们的协助下，前往学校讲述自身的战争经验。

例行集会也邀请过东大教授藤井省三做过演讲。听教授谈过"对亚洲的战争责任"与"由被害意识转换为加害责任"等内容。我自己不太思考理论性的东西，内容也太过艰涩，听完只觉得："原来如此啊！"

时间来到 1988 年 9 月，昭和天皇病情恶化，隔年 1 月逝去。昭和天皇过世时，谦二这么思考过："因为自己当过兵，我认为天皇身为大元帅负有战争责任。表面上不想说什么，但造成大量人员死亡，还是负有责任的。昭和天皇还有意识的时候应该道歉，也希望他能够道歉。"

昭和天皇从病情恶化到死亡大约经过三个月，日本国内出现许多所谓的"自肃"行为。"自肃"包括神宫球场棒球赛中止，综艺节目改换其他节目，带有"生之欢愉"的文案、广告海报全部撤换，最后连民间的年终联欢、新年联欢会都停止，甚至贺年卡也不寄了。更严重的还有 12 月时，日本战败时曾为陆军见习军官的保守派长崎市长，在市议会中提及天皇的战争责任时，遭右翼团体成员枪击而身负重伤的事件。

此时"非战兵士之会"针对"自肃"风潮发表了抗议声明。翌年的 1989 年 10 月，该会也开始支援原属"满洲开拓团"、当时仍居住于中国的女性渡航返国。后者，NHK 还制作了关于战后这些遭留置中国东北的女性的节目。

　　谦二虽然赞成这些活动的主旨，但对于该会的进展却多少抱持着疑虑。

　　　　许多组织活动都是采取由中心成员决定方针，之后才传达给会员取得理解的形式。此外例行集会中，发言者也大致都预先决定好了。自己是认为战争经验不应该遭到遗忘才加入此会，但却不善于面对政治运动与"论客"们，所以才产生了疑虑。

　　接着在 1993 年，"非战兵士之会"会员在会报《非战》上发生了论争。小岛于同年 1 月号中写下提倡"绝对和平主义"的讨论，但于塞班岛战役中遭俘虏的原士兵会员们，却在会报上写下批评的言论。[1]

　　　　批评的主旨在于，反对法西斯的战斗是"正义的战争"，并非纯粹的和平主义，为了达到更理想的社会，战斗仍是必须的。我不认为苏联是"正义"的一方，而对他们的论争，也只认为他们在我不理解的部分争吵不已。

　　　　因为实在不擅于写文章，所以只在会报上投过一次稿，希望停止这种论争（《非战》，1993 年 4 月）。在这个问题上，我也担任过一次例行集会的议长，但之后便逐渐远离集会了。我相当讨厌对其他人采取严厉态度的人。

1　小岛清文，《"平和主義"こそ現実の処方箋》，《不戦》第 58 号，1993 年 1 月；山内武夫，《"絶対平和主義"と平和運動》，《不戦》第 60 号，1993 年 3 月。——编注

　　谦二与"非战兵士之会"逐渐保持距离；与此同时，他也展开了另一个活动，那就是重访赤塔战俘营。

三、重访赤塔

　　昭和天皇过世的 1989 年，柏林墙倒塌，东欧各国逐渐走向民主化。对经历过苏联体制的谦二而言，这些变化让他感慨良多。"因为自己当过战俘，所以对波兰的'团结工联'与苏联、东欧民主化运动深有同感。不过我从没想过可以在自己有生之年，看到柏林墙倒塌。"

　　终于有了属于自己的时间的谦二，在冷战结束后的 1990 年前往波兰旅行。他关心波兰的民主化运动，他过去也自行阅读过有关波兰历史的书籍。

　　这是谦二首次出国旅行。虽然之前在年，曾受立川体育的交易批发商招待，外出旅行过一次，但那次只有宽子一个人前往中国台湾旅行。谦二相当喜欢东欧，1990 年代前半段还曾前往捷克与南斯拉夫等地旅行。

　　虽然谦二夫妻也曾一同到欧洲旅行，但因为彼此关心的事物不同，之后谦二便只身一人到东欧、俄国与中国台湾旅游。有着不服输性格的谦二，甚至能在国外结交到朋友。他多次与在波兰认识的日语口译通信，甚至 90 年代也招待过从英国来日的留学生到自己家中进行寄宿家庭访问。

　　从 1964 年起，日本人开始可以自由到海外旅行，在此之前如果没有明确的商业目的或为了留学，便无法出国。1964 年拥有日本国籍者的出入国人数有 127,749 人，1969 年则有 492,880 人，但到了 1990 年已经超过 1000 万人，1995 年更超过 1500 万人。谦二开始出国旅行的时期，正好与日本这种国际化的脚步相吻合。

出国人数到了 1996 年之后就达到了上限，之后至 2014 年为止，人数大概都在 1400 万到 1800 万之间来回摆荡。这又刚好与 90 年代中期，日本经济与薪水金额停止增长后的轨迹一致。

1991 年 4 月，苏联最高领导人戈尔巴乔夫访日，并与当初的战俘营团体见面。当时戈尔巴乔夫带来了苏联保留的 38,000 名战俘营死者名册，并承诺剩下的 24,800 人，待调查完成便会转交给日本政府。

这份名册也在日本公开，第二十四区第二分所的死者名单也在其中。虽然日本人的姓名通过俄语发音写成不太确定的片假名列表，但谦二仍可从中找出当时死在战俘营的伙伴名字。

虽然如此，当时前往苏联旅行的限制仍很多，想到赤塔这类军事城市访问绝非易事。不过谦二得知爱知县知多市青年会与商店会，作为社区营造的一环，打算前往访问与知多市名称发音相同的赤塔市，因而谦二偕同两位赤塔会的同伴，申请与知多市访问团同行。

他们一行人从秋田机场搭乘专机，先飞到伊尔库茨克（Irkutsk），接着再转飞赤塔。时间是 1991 年 7 月，距离苏联解体还有五个月。

这是谦二事隔 43 年后再访赤塔，"火车站几乎与过去一模一样，街道也几乎没变化"。接着谦二也前往位于市郊的战俘营所在地。"搭巴士从当年被放下来的火车站到战俘营，距离竟意外地近，当年步行时感觉相当遥远。外贝加尔山脉军区司令部、军医院等，以及从战俘营走到外出工作场地的路旁墙壁，也与过往相同。日本出兵西伯利亚时，第五师团留下的'忠魂碑'仍在原处。不过战俘营已经拆除，成为一片空地。"

　　之后谦二一行人前往赤塔市民公墓。在秩序井然的俄国人墓园一隅，对方介绍该部分属于日本人的坟墓。谦二与赤塔会的两位成员，一起于该处献花。接着谦二拿出在日本预先准备好的硬铝制板，在旁挖个洞竖立起来。"因为立川体育生意上的关系，认识了制作优胜奖杯的钣金商，与那位工作人员商量之后，做了这块刻有文字的板子。我没有与其他人商量过，当然制作费用完全是自掏腰包。虽说是硬铝，但放在户外风吹雨淋，到现在应该已经腐蚀消失了吧。只是一个自我满足的动作而已，这样就足够了。"

　　铝板上刻印的文字如下：

　　　　在 1945 年同我等同来此地、不复归故国的战友的灵前献上回忆。

1991 年 7 月 10 日

　　文字内容是谦二自己构思的。板子上有谦二与赤塔会两位同行伙伴的名字，碑文也并记俄语翻译。会想要一并记上俄语，理由是"如此才不会被恶作剧破坏"。"虽说是战友，但其实是战俘，我们不曾一同战斗过，不过也没有其他词汇可以说明。说战友，似乎给人一股军国主义的感觉，但以欧洲的语言来说'Kamerad'大概只有伙伴的意思。而日军几乎不使用'战友'这个词汇。有一首叫作《战友》的歌，内容说留下倒下的战友，继续前进突袭，之后感到哀伤而哭泣，但这首歌被认定内容表现懦弱而遭禁。"

　　来自知多市的团体中，有位丈夫死于赤塔近郊的诺曼雅战俘营的女性，因为她想给丈夫扫墓，因此一同搭巴士到诺曼雅，但最终

离开 43 年后重访赤塔，附近是战俘营遗址（1991 年 7 月摄）

没找到坟墓。"说要去扫墓，却连坟墓都没有，当初只是被埋在战俘营附近的土地，所以预计应当是找不到了，结果果然如此。无计可施之下，只好在小镇外燃起线香，那位女性应该就此了却了一桩心愿吧。"

回到赤塔的旅馆，旅馆内负责室内工程的泥水工虽是个蒙古人，却以日语跟谦二搭讪。只是附近有俄国人时他就闭嘴，俄国人离开他才又开口。"问他为何会说日语，他说战前他还是小孩子时，曾住在内蒙古，当时与日本殖民者的小孩们一同玩耍，所以记得日语。

因为当时还在苏联的体制底下，所以应该很难与外国人交谈。"

那位蒙古人邀请谦二到他家，顺带也邀请了"赤塔会"的两位成员，但他们拒绝了。因为当时还处于有秘密警察的时代，日本人仍对接受当地人招待有所疑虑。

到了夜里，那位蒙古人的儿子开车来接谦二，他们一家人住在国宅公寓，蒙古人有一位俄罗斯太太和一个儿子。虽然过着中产的生活，但家中电器商品却很少。"他说非常怀念日本，聊了好几个钟头有关日本的话题。他说他是在 60 年代'文化大革命'与中苏对立的时期，越过国境来到苏联的。"

> 听对方说，亡命苏联之后还成为对中谍报要员。当时亡命的人，都遭苏联秘密警察监视，据说如果不协助苏联，就难以生存。
>
> 会与我这个素不相识的人搭话，大概是他想起历经这些苦难前的年少时代，唤起了当年与日本相关的记忆吧。日本在他 15 岁左右战败，在此之前他可以说是日本皇国少年一代，"文化大革命"期间，应该被打成了亲日派吧。
>
> 我问对方，当时他都读过些什么书，他回答："读过樱井忠温的《肉弹》。"这是本描绘日军攻占旅顺，给儿童阅读的忠君爱国故事。或许是因为之后的生活太过劳苦，所以才在脑袋里把战前的日本理想化了。

那位蒙古人对谦二说："想要知道'二战'的战史。"谦二回到日本之后，将罗伯特·夏洛特的《太平洋战争史》寄给对方。"不过比起这种客观的历史书籍，或许对方更偏好英雄式的故事吧。对方也不太会写日文信件，之后就失去音信了。"

赤塔回程中，谦二也顺带前往乌兰乌德与伊尔库茨克，之后才返回日本。谦二打算让自己的西伯利亚记忆就此告一段落，不过却事与愿违，之后事态又出现新的发展。

四、只抚慰、不赔偿

1988 年，针对曾被拘留在西伯利亚的人，日本政府开始实施"和平祈愿事业"并发放"慰问金"。而这也成为谦二涉入战后赔偿审判的契机。

拥有申请资格的人，是服役期短于三年而无法领取军人退休金者，或是无法领取共济年金（付给国家公务员的年金系统）的人。慰问内容包括给予 10 万日元的国债、慰劳品银杯一只，加上一张首相颁发的"奖状"。申请者先到市、町、村单位领取表格，填妥后向这个经由特别立法而成立的和平祈愿事业特别基金提出。

要理解施行这项政策的背景，就得先理解战后日本政府如何对战争受害者进行赔偿。

简单来说，战后的日本政府，对战争被害者采取不赔偿的态度。至于不赔偿的立论基础，在于"战争受害是国民必须艰苦忍受之事"，如果只针对特定被害者进行赔偿，将会造成不公平的状况。不过实际上，日本政府担心的恐怕是，即便对一小部分受害者进行赔偿，往后便像掀开冰山一角，来自国内外的赔偿要求将永无止境。

因此，对于阵亡的军人、军眷及其遗属，或者遭空袭、原子弹轰炸的受害者们，日本政府一贯的立场都是不予赔偿。取而代之的，便是扩充战前即已施行的军人退休金制度。

军人退休金制度在日本战败之后曾经一度被废止，直至 1953 年起又再度恢复。可是军人退休金与厚生年金制度等一样，如果没有在军队服役超过一定时间，就没有资格领取。关于服役时间，士官以下需要超过 12 年，准尉以上要超过 13 年。

此外，因为服役时间长短与位阶高低的不同，能够领取的金额也不同。恢复后的军人退休金有个倾向，那便是在职业军人中，位阶愈高者就能够领到愈多额度。其金额，上将每年可领取超过 800 万日元，校级据说也可以年领 500 万日元左右。政府支出用于军人退休金的预算，2014 年度因为领取者减少，共支出 4217 亿日元，但在之前的 1988 年，则高达 17,166 亿日元。

类似谦二这种大战快要结束时才受到征召的人，几乎都没有领取退休金的资格。就算采取特殊的加算制度，替派往激战地区的人增加服役年数，整体状况还是无甚变化。前面提到的，苏联拘留者的"和平祈愿事业"以无法领取军人退休金者为对象，便是基于上述缘由。

那么，这样的事业为何采取"慰问"或"慰劳"的形式？这也是前述日本政府基于不执行"赔偿"的原则下所采取的措施。

除了军人与因公死亡者的赔偿请求之外，还有一类空袭被害者，其中最多的就是原子弹爆炸的受害者。1994 年，《原子弹爆炸被害者援护法》完成。不过这也只是把过往由各区域行政单位负责执行的健康管理与医疗保障更加制度化，其立法主旨并不在"赔偿"，至多只是一种医疗援助的形式而已。

另外在 1995 年，对原"从军慰安妇"的"补偿事业"启动了。不过这并非由国家出面，而是由民间筹款的"为了女性的亚洲和平国民基金"负责支付"补偿费"，再搭配政府的医疗、福利支援事业一并施行。

换言之，日本政府采取的原则是，战争受害是"国民必须艰苦忍受"之事，国家不会"赔偿"。如果面对强烈要求时，便改以"慰劳""慰问""医疗援助"等方式执行，但并不由政府直接支出费用，而是采取设立民间团体或外围团体、由该团体的基金支付的形式；通过这种方式，多少可以更有弹性地处理这类问题。某位新闻记者扼要地形容这种做法是"不赔偿、不道歉，但抚慰对方。这就是日本的国家立场"[1]。

必须留意的是，从这个原则可以看出一种态度，那就是并不只针对其他国家的战争受害者不赔偿，而是不管是否拥有日本国籍，基本上都无碍于此原则的贯彻执行。只不过没有日本国籍的人，更容易被排除在"慰劳""医疗保障"的适用范畴之外，说穿了，就是这么回事。

有一种论调说，日本一直不愿面对亚洲的战争受害者，但这并不意味着日本政府对拥有日本国籍的战争受害者就会给予充分赔偿。如果有人认为上述原则只适用于其他国家的战争受害者，那可能是因为，这些人对日本政府提供国内战争被害者的赔偿认知不清。

如众所见，1988 年对西伯利亚拘留者们的"慰问"，可说之后也为其他国家的战争受害者，塑造了一个如何应对处理的原型。政府另外成立一个"和平祈愿特别基金"，通过由该基金会支付慰问金的形式来处理，稍后的"为了女性的亚洲和平国民基金"便与此非常类似。

以下概略地说明，曾遭苏联拘留的日本人如何展开赔偿要求运动的过程。

遭拘留者的赔偿要求运动，其实早在战后便已展开。但根据

1　栗原俊雄，《シベリア抑留——未完の悲劇》。

1956 年《日苏和平条约》，日本政府放弃对苏联的赔偿请求权。包括与韩国政府于 1965 年达成的《日韩基本条约》，以及在其他亚洲诸国一连串的邦交恢复谈判上，都放弃对日本的赔偿请求权，同样地，日本政府也放弃了对苏联的赔偿请求权。

因此，在西伯利亚遭拘留的人，从 80 年代开始，对日本政府发起要求支付劳动工资的运动。这项要求的依据在于，国家有义务支付军人生活费与薪资，即便成为俘虏，依照国际惯例，俘虏所属国的政府仍须负担他们的生活费用与薪资。

1949 年，依据《日内瓦公约》（第三条，日本于 1953 年批准），俘虏的劳动工资，依照俘虏国发给的劳动证明书，须由俘虏所属国支付。实际上日本政府对于南方战线遭美国、英国、荷兰、澳大利亚等国俘虏的日本人，其付出的劳力，在战后都已发放全部工资。可是苏联即便提供了劳动证明书，日本政府却未对遭苏联拘留者发放相对应的工资。

1981 年"全国拘留者赔偿协议会"（日文原文"全国抑留者补偿协议会"，简称"全抑协"，以下简称照用日文原文）的原告 26 人，在东京地方法院对国家发起"偿付未发放的劳动薪资"的诉讼，但东京地方法院于 1989 年判决原告败诉。判决理由是，原告大部分都在国家批准《日内瓦公约》之前回国，所以不适用于该条约，而且"原告提出的损害，系国民应共同忍受之战争受害"。

对此，"全抑协"于 1991 年戈尔巴乔夫访日时，要求发放劳动证明书。1993 年访日的叶利钦总统也发表"我代表俄罗斯政府、国民，对此种非人道行为表示道歉"的论述，之后发放了劳动证明书。[1]

1　栗原俊雄，《シベリア抑留——未完の悲劇》。

苏联解体后，从苏方公文档案中可以找出，日本即将战败之前曾经与苏交涉，由日本政府与关东军提议，将日本俘虏供作苏联劳役的资料。因为这件事的缘故，许多被拘留者都对日本政府抱持着不信任与愤怒。

"全抑协"因对地方法院不服，继续提起上诉。但东京高等法院在1993年、最高法院在1997年都判决原告败诉。但最高法院也说明，对于原告们的"不满心情，并非无法谅解"，因此敦促由"立法机关裁量"赔偿。[1]

另一方面，在这些运动与法院判决之外，也有通过与执政党的协调，争取赔偿的举措。

1982年，在日本政府与执政党的协议之下，总理府总务长官设置了非官方之私行咨询机关"战后处理问题恳谈会"。在该会中检讨了西伯利亚拘留者、无资格领取军方退休金者，以及"满洲国"与其他各处撤退回日者的在外国资产，能采取何种方式进行赔偿。

检讨会于1984年提出答辩。其中关于西伯利亚拘留者部分，他们批评道，西德政府曾对本国军队的俘虏进行赔偿，但日本却不对俘虏付出的严苛劳动支付相对应的赔偿，故检讨会提议，应该提供某种形式的"慰藉"作为补偿。只是，"战争受害是国民必须艰苦忍受"之事，因此针对某些特定对象采用新的措施，将出现不符公平原则的问题。

另外在1986年，自民党针对西伯利亚拘留者拟出了《特别给付金支付法草案》，但并未提交立法。1987年，前述的《和平祈愿事业特别基金设置法案》获得通过，1988年基金会展开其业务；但

1　栗原俊雄，《シベリア抑留——未完の悲劇》。

谦二当初并未对此"和平祈愿事业"提出申请。

> 日本政府的态度，竟然是打了一场毫无道理的战争却不追究责任，即便战争输了，只要维持制度的合理性就好。很快便给高阶军人退休金，事到如今才给我们 10 万日元，还带个银杯。这些竟然还是由中央空降官僚主持的基金会来处理。

> 我认为这根本就是在敷衍塞责。即便金额不多，如果战败之后立刻支付，大家应该会心存感激，毕竟国家在这么艰难的处境下还拨款下来。事到如今，我不想要这笔钱，也不要这份心意了。

不过，谦二仍然在 1990 年 4 月申请了这个慰问金。申请的原因是，与他待在同一战俘营的朝鲜族中国人虽是旧日本兵但却没有资格申请，谦二知道后以自己的名义申请，并将款项分给了对方。

五、殖民地征兵问题

谦二知道吴雄根，是 1989 年加入"非战兵士之会"后没多久的事。

事情是这样发生的，会报《非战》上连载了吴所写的手记《不带枪的士兵》，内容讲述日本战败前的 8 月 10 日被迫入伍关东军，连武器都没配备便上战场作战，结果身负重伤，成为苏军俘虏，之后在赤塔的陆军医院接受治疗，并辗转于各处战俘营，1947 年 11 月被送至第二十四区第二分所的故事。[1]

1　吴雄根，《刺殺寸前！丸腰の兵士》，《不戦》第 17 号，1989 年 7 月。——编注

　　谦二读过文章，想起了第二分所正好有一个转移来的俘虏名叫"吴桥秀刚"。

　　　　他的床位就在我附近，但是当时几乎没说过话。不过很少
　　发生只有一个人转移过来的情况，当时还想大概有什么特殊的
　　理由。记忆中只知道他很能讲俄语，是个朝鲜族。这篇文章说
　　的可能就是他。

　　那篇手记的许多描述都唤醒了谦二的记忆。吴雄根出生在现在吉林省延边朝鲜族自治州。在野战医院时偶然拿到一本日语的《俄语读本》，于是一面在战俘营劳动，一面将俄语学到精通。之后要求他担任翻译，配属在赤塔的火车机关车修理工厂工作。苏联的"政治军官"要求他密告"前职者"（担任宪兵或特务机关的人员），但遭他拒绝，苏军因此免去他的翻译职务，并将他送至第二分所。

　　谦二思索"吴桥"这个姓，不知道是不是因为战争时期日本政府在朝鲜施行"创氏改名"，所以才换成这种日本式的姓。稍后谦二向《非战》的编辑部询问作者住址，接着写信给这位在中国的吴先生。谦二写了当时许多战俘营的情况，内容也问及对方是不是当时的"吴桥"。

　　过了一阵子收到回信。"当然他不知道我是谁，但回信中说明他确实是当时的吴桥。"此后两人之间开始持续数次书信往来。

　　根据厚生劳动省的统计，大日本帝国时代的军队中，当时被视为日本一部分的朝鲜半岛出身者共有军人116,294人，以及军属（为军队工作但非正式军人）126,047人。同样的，台湾也有80,433名军人与126,750名军属。朝鲜人当中战死或者行踪不明者共有

22,182 人。

成为苏军俘虏的原日本兵中，朝鲜人的数量有各种说法，大概有 1 万人。他们回到韩国之后，也因"原日军士兵"身份遭到歧视，并带有"间谍"的嫌疑。1949 年 2 月曾发生过大约 500 名韩国人俘虏越过"三八线"回国时，遭韩国士兵误射造成 37 人死亡的事件。[1]

他们回到韩国后，遭到公安警察讯问、警察监视与就业上的歧视，处境比日本人更糟。一直得等到 2005 年韩国政府重新修正历史观，才恢复了他们的名誉。[2]

中国台湾的原日本兵中，也有遭拘留西伯利亚者。根据其中一人的回忆，因为国民党的持续压迫而无法返回台湾，最终只能留在日本[3]。即便他回到台湾，恐怕处境也不会好过上述韩国人拘留者。

吴雄根虽然回到了中国，但他还是受了很多的苦。他从延边大学毕业成为医生，于 1948 年 11 月回到中国东北，却在"文化大革命"时被检举是"日本关东军思想反动分子"。[4]

吴雄根并不知道日本政府的政策与和平祈愿事业，并且无日本国籍者，无法成为和平祈愿事业的申请对象。

但谦二考量，"这种慰问金更应该支付给类似吴这种处境的人"。谦二说："朝鲜人被当作日本人征召，现在因为是外国人所以不支付慰问金，这太奇怪了。"

谦二申请了自己的慰问金，领取了 10 万日元国债，并将其中的 5 万日元送给了吴雄根。"本想全额都送给对方，但一方面考虑

1　林えいだい（林栄代），《忘れられた朝鮮人皇軍兵士》，梓書院，1995 年。
2　NHK，《朝鮮人皇軍兵士　遥かなる祖国》，2010 年 3 月 27 日播出。
3　纪录片，《台湾アイデンティティー》，2013 年。
4　林えいだい，《忘れられた朝鮮人皇軍兵士》。

对方的心情，一方面也想传达彼此相互连带的想法，所以采取各拿一半的方式"。

"二战"结束前，朝鲜人、台湾地区的人都拥有日本国籍。日本战败后的 1947 年，日本政府发出"外国人登录令"，拥有日本国籍者，如持非日本内地之朝鲜、台湾户籍，"短期之内"将"视为外国人"。接着在 1952 年 4 月 GHQ 占领期结束后，立刻片面剥夺这些人的日本国籍。

在此之后，想要取得日本国籍，就得通过正常的"归化"手续，申请"归化"必须接受财产、纳税额等的审查，能否通过完全取决于法务省的裁量。

早在 1910 年签订《日韩合并条约》时，日本就未给当地居民选择国籍的权利，单方面赋予日本国籍。且对他们而言，连脱离日本国籍的方法都没有，因为日本政府惧怕亡命中国东北从事抗日运动的朝鲜人，会借由脱离国籍使自己处于日本警察管辖范围之外。[1] 日本政府在 1915 年的对华《二十一条》与《关于"南满洲"及东部内蒙古之条约》中，主张当时中朝边界的"间岛省"朝鲜族也是"日本人"，因此日本政府管辖权及于他们的土地。

1944 年，战争白热化时，日本政府在朝鲜也发布了征兵令，最后连间岛地方居住于中国东北的朝鲜族人也成为征兵对象。就这样，类似吴雄根这样的朝鲜族人、台湾地区的居民，作为原日本军官兵，从未拥有过国籍选择权，便以"日本人"身份受到日军征召，又在不知不觉间失去日本国籍，无法领取退休金等各种补偿。

1　小熊英二，《"日本人"の境界——沖縄・アイヌ・台湾・朝鮮：植民地支配から復帰運動まで》，新曜社，1998 年。

1990 年 5 月，谦二送了 5 万日元给吴雄根，并写了如下的信件[1]：

> 几年前，日本政府针对原来在苏联成为战俘的军人们制定
> 了一套法律，依法支付给这些军人 10 万日元。但该法不适用
> 于外国人。因此，我把自己领取到的一半，5 万日元转送给您，
> 当作是一个日本个人所表达的道歉之意。

很快吴雄根便回了一封诚挚感谢的信。但他对没有日本国籍便
无资格申请一事，似乎感到无法谅解。他认为自己应该也拥有领取
慰问金的权利，因此顺便通过信件征询谦二意见。"老实说，收到
信觉得很为难。"谦二说，"从一般常识来思考，他无法支领慰问金
这件事处理方式确实不当，但同时日本政府的防卫心又很强。"

谦二为了回信，下了一番功夫调查。接着将日韩、日中恢复邦
交时，政府之间互相放弃赔偿请求权，以及如要发放慰问金给吴，
势必得修改关于"和平祈愿事业"的法律规定等事宜，在回信中都
清楚说明。

但吴雄根似乎仍无法接受。谦二又进一步写信说明，即便拥有
日本国籍，日本政府仍拒绝支付原战俘们的劳动工资。谦二自己也
申请了劳动证明书，拿到了仍有部分工资未领的证明；但即便有劳
动证明书，日本政府或法院并没有改变一贯态度，这点谦二在写给
吴的信中也详细说明。

接下来一阵子，吴雄根未再来信。但到了 1996 年初，事态却

1　小熊謙二，《シベリア抑留の元関東軍兵士呉雄根さんのこと》，《オーロラ》1997 年
12 月 30 日号。

朝着想象不到的方向发展。吴雄根到日本来发起诉讼，并邀请谦二一起成为共同原告。

六、我完全不在意别人的评价

吴雄根等朝鲜族原西伯利亚拘留者们，这个时期也展开了他们各自的活动。

1991年，俄国与韩国恢复邦交，韩国的原苏联俘虏们组成了"西伯利亚朔风会"。他们前往位于首尔的俄国大使馆，要求发放劳动证明书。这个活动的时代背景，包括了韩俄恢复邦交带来的冷战结束，以及稍早的1988年韩国已开始了民主化。

1988年韩国民主化之前，对日本要求战后赔偿的声音，都被压制下来，原因在于韩国政府依照《日韩基本条约》已经放弃对日的赔偿请求权。换言之，对日本的战后赔偿要求，在韩国政府看来，带有某种批判政府的倾向。

韩国的太平洋战争牺牲者遗族会会长，在90年代的访谈中如此表示："在1974年釜山牺牲者集会中，说出'应该追究日本责任，大家前往日本领事馆吧'之后，立刻遭到警察逮捕。对我们的阻碍，一直持续到1988年卢泰愚总统推动民主化为止。"[1]

不仅韩国，类似的状况在亚洲各地民主化之前皆相当普遍。台湾地区的原日本军人、军属遗族协会会员，也证言道："如果采取政治手段，会立刻遭逮捕下狱。他们根本不把受过日本殖民教育的人放在眼里，我们对日本的要求，遭到来自国民党的阻挠。"残留

1　朝日新聞戦後補償問題取材班，《戦后補償とは何か》，朝日新聞社，1999年。

于库页岛的朝鲜人，在苏联时代被禁止参与一切政治活动，他们也陈述过，当时根本不可能发起返国或要求赔偿的政治运动[1]。

但随着冷战结束与亚洲各国的民主化，这些压迫获得解放，亚洲各地区陆续提出赔偿要求。在韩国，原苏联俘虏们也在 1991 年 12 月发起运动，韩国的原日本军人、军属 35 名，于东京地方法院提起诉讼，请求损害赔偿。这 35 名之中包含了 3 名原"慰安妇"，这也成为"从军慰安妇"要求赔偿的开端。

与一些人的认知有落差，事实上由所谓"从军慰安妇"发起的赔偿要求，在这个时期只占全体的极小一部分。那些来自朝鲜与中国台湾地区的原日本军人、军属们，要求与原日本兵享有同等退休金与其他各种要求的运动，在更早期便已存在。电影导演大岛渚也曾以这些人为题材，于 1963 年制作了一部叫作《被忘却的皇军》的纪录片。

1992 年，原西伯利亚拘留战俘的在日韩国人李昌锡，发起了接受退休金的身份确认诉讼。对此京都地方法院于 1998 年判决，认为《恩给法》[2]的国籍规定条例并无违宪，战争受害的赔偿应由"立法机关裁量"为之。

对此，李则说明："战争时赌命作战……如果是日本人早就获颁勋章了。我不要钱，只要平等对待。"[3]但最高法院仍在 2002 年判决他败诉。2003 年，韩国"西伯利亚朔风会"的会员们，对东京地方法院提起要求道歉与赔偿的诉讼。

如前所述，吴雄根于 1990 年 5 月接受了谦二的 5 万日元。根

1　朝日新聞戦後補償問題取材班，《戦後補償とは何か》。
2　即日军所用的退休金支付法令。——译注
3　栗原俊雄，《シベリア抑留——未完の悲劇》。

据林荣代[1]的描述："这件事情立刻在延边的西伯利亚相关人士间传开。为何日本政府的慰问金 10 万日元只给日本人，大家都说我们也有权利向日本政府要求赔偿！"[2]

依照林的说明，与吴雄根一样遭拘留西伯利亚、之后返回中国的朝鲜族原日本兵，共有 315 名。吴雄根为了与日本政府交涉赔偿事宜，开始联络散居中国各处的西伯利亚返国者，并制作人员名册。

最后终于以五位原战俘为中心组成了"中国前苏联拘留者协议会"，由吴雄根担任会长。根据他的调查，找出了 250 名俘房本人及其遗族。他更进一步与日本的"全国拘留者赔偿协议会"交涉，使协议会成为其分会之一，接着由日本向俄国政府递交发放劳动证明的申请书，并负责收取证明书。

但该团体的活动却在 1992 年终止。当年 10 月正好是日中恢复邦交 20 周年纪念，适逢日本天皇访中期间。

不管有怎样的大环境背景，吴雄根等人的活动暂时停止了。根据林荣代的说法，1995 年的时点上，吴雄根对林如此说过："就算只有我一个人，也想从俄国政府拿到劳动证明书。""如果能拿到俄国出示的劳动证明书，就能证明一个朝鲜族人确实进过西伯利亚战俘营，可以依此为证。"[3]而吴来访日本，则是翌年的事情。

1996 年邀请吴雄根来日本的，是"要求对朝鲜与朝鲜人公开道歉赔偿审判促进会"这个团体。该会的代表人物，是一位名叫宋斗

1　林えいだい（1933—2017）为日本纪实作家，本名为林荣代。笔名"えいだい"（Eidai）取自其名"荣代"（Shigenori）两个汉字各自的汉音。——编注

2　林えいだい，《忘れられた朝鮮人皇軍兵士》。

3　同前注。

会的"在日朝鲜人"。

1915 年出生的宋斗会，1920 年来到日本，成为京都日莲宗寺院的徒弟，并于该地生活。1934 年前往中国东北，从事过各种各样的活动。

战后，宋在中国东北遭到国民党拘留，1947 年才"归国"回到日本。但随后在日本政府剥夺国籍的政策下，失去了国籍。对此，宋于 1969 年发起"日本国籍确认诉讼"。接着 1973 年，他在法务省前烧掉了自己的"外国人登录证"，声明自己拥有日本国籍。[1]

之后宋辗转日本全国各地，住在当时京都大学学生自治会自主管理的熊野寮一室。他与日本的协助者结成集会组织，支援"浮岛丸事件"的韩国人存活者与遗族们共同发起的"违反安全管理义务和赔偿请求诉讼"。这是 1945 年 8 月 24 日，一艘返回朝鲜的船只在舞鹤港海面发生爆炸并沉没的事件。1992 年对此事件提出诉讼，2003 年国家承认应当承担部分责任。

宋所属的团体，于 1996 年 3 月邀请吴雄根来日。除了在九州、京都、东京等地集会发表演讲，也向国会议员、政党、总理府等处陈情。

吴陈情时，也邀请了谦二。谦二也"叫上同分所的朋友们，以支援的形式"一同前往。

不过谦二对这类活动并不抱持太大期望。在吴雄根写给谦二的信件中，说明在中国推进的这些运动也不见成果，因此希望发起诉讼。但谦二则回信："我非常能够理解您的遗憾，但如果给您提供充满希望的资讯或观察，从结果来看反而是一种罪恶。"说明从自己的角度来看，对运动成果并不抱有太高的期望。

1　宋斗会，《满洲国遗民——ある在日朝鲜人の呟き》，風媒社，2003 年。

即便如此，谦二仍与吴一同前往拜访国会议员与总理府。根据谦二的说法："遭到对方虚与委蛇又毫无效用的对待。我会一同前往，但只是想帮忙带路，带他到各个要提出诉求的地方而已。"

在这个过程中，对方委托谦二共同作为诉讼的共同原告。这个委托，也通过无偿帮助吴雄根进行诉讼的律师传达给谦二：对国家提起诉讼，要求提供损害赔偿与公开道歉。

这位律师的基本立场是，既然韩国等地曾有大批年轻人冒着生命危险为日本而战，日本"必须以深切的感谢、赔偿和援助来回应他们的牺牲和痛苦，从而恢复其作为一个国家的完整性"。用他的话说，"国家不会因为经济而灭亡，不会因为战败而灭亡。失去了正义和诚信才会导致亡国"。在诉讼中，律师专门引用了中野正刚、小室直树和佐藤诚三郎等保守派知识分子的观点。佐藤以自民党智囊的身份闻名，曾在期刊上发表文章说："日本没有对在中国的日本战争遗孤采取更有同情心的态度，也没有向在大日本帝国陆海军中担任军人或军属的台湾人和朝鲜人支付军人抚恤金，这是错误的。"[1]

然而，谦二并不是特别关注这起诉讼案的意识形态基础。他同意参加诉讼的理由如下：

> 宋斗会让人很难理解，因为在大家看来这样的诉讼也不可能打赢。老实说收到委托时，有点不知该如何是好。不过我认为对方的说法还算正确，如果要干的话，也不是不行。自己身为一个日本人，应该为吴先生做点什么，带着这种想法接受了委托。

1　伊藤隆、佐藤誠三郎，《あの戦争とは何だったのか》，《中央公論》1995 年 1 月号。

当时完全没想过诸如牵扯上了这种事情很麻烦或担心周遭的眼光等问题。反正我自己生来属于"下层的下层"，别人对我的评价、说三道四什么的，我完全不在意。

亚洲各地区对日本发起的战后赔偿诉讼，几乎没有任何拥有日本国籍的日本人同列共同原告的例子。在西伯利亚战俘问题上，有各式各样立场的"原日本兵"同样都是受害者，日本的战俘团体虽然协助过韩国或中国的战俘，但从未出现并列共同原告的例子。

1996 年 9 月，终于向东京地方法院递出诉状。"日裔日本人原俘虏"与"朝鲜裔中国人原俘虏"，在日本保守派泛亚主义者的支援下，发起史无前例的诉讼。

七、国民的良心

谦二他们的诉讼，于 1997 年 1 月开始第一轮公审。但这天只在法官表示此案并非损害赔偿、应属于行政诉讼的发言后，便宣布退庭了。更换法官之后，于 5 月 13 日举行第二次公审，原告终于获得陈述意见的机会。

这天谦二与在"非战兵士之会"结识的两名原日本兵，一起套上写有部队名与军阶名的白色肩带，从地铁站走向法院。这是宋斗会提议的宣传诉求手法，但却没有大众媒体前来采访。同行的只有宋的支援团体，以及谦二的家人而已。

吴雄根在法庭上说明被送至西伯利亚的经过。律师要求"希望唱出征时听到的军歌"，吴在法官面前唱起当时的军歌，歌词如下：

　　代天行道讨不义
　　忠勇无双我军兵
　　欢声雷动相迎送
　　今当出征为家国

　　事后吴雄根自己如此写道："我当时的心情根本不想唱这首歌。但（律师）如此要求下，于法官面前唱起 55 年前在边境的石砚镇，飘然飞舞的日之丸国旗与母亲和妹妹的目送下，登上火车时听到的那首歌。"（《上告理由书》，平成十二年［2000］11 月 7 日）

　　终于轮到谦二站到证人席叙述遭拘留的经过，以及如何与吴雄根相识。当时他准备了"意见陈述书"，在法庭上几乎全部依照该书宣读：

　　我成为本次诉讼的原告，目的并非金钱，只想为吴雄根的控诉进行代辩。又希望通过本次诉讼，看到日本能够成为真正尊重人权的国家，这是我对此次审判的期望。

　　战后我在战俘营待了约三年时间，当时吴雄根也与我同在战俘营。他生于 1925 年"旧满洲"的延边地区。

　　他身为朝鲜族，以日本国民身份接受征兵，1945 年 8 月 9 日苏联对日宣战，隔天 10 日他于海拉尔入伍，旋即遭受苏联军队的攻击，他卷入战斗中并身负重伤，被送到苏联境内的医院。1948 年出院后，经由朝鲜回到故乡成为中国人。但曾为日本兵的事实使他遭受了许多歧视待遇。

　　几年前我领取了给西伯利亚拘留者的慰问状与慰问金。但日本国认为吴是外国人，因为这个理由所以认为他的情况不符合领取条件，这点令人无法接受。

为何他必须在西伯利亚过着拘留生活？请各位思考一下。过往，大日本帝国合并朝鲜，一度使朝鲜民族皆成为日本国民。其结果，他与我一样因身为日本国民的义务而接受征兵，成为关东军士兵之后又成为苏联俘虏。只要是针对西伯利亚拘留这个事实施行的补偿、慰劳，他就应该享有同等的权利。

因为是日本国民所以被征兵，使他成为西伯利亚俘虏的也是日本国。同样都是这个不负责任的日本国，事到如今却说因为他是外国人，所以无法接受赔偿，这完全不合情理。

这明显就是一种歧视，是国际上无法认可的人权漠视。

在这样的问题上，不能仅思考一个日本国内通用的做法，更需要考量一种国际上通行的做法、逻辑。

第二次世界大战中，与日本一样，欧美各国也有殖民地，其他民族、外国籍的人们也成为军人，为宗主国而战。在战后补偿上，没有国家会因国籍不同而采取差别待遇。作为战胜国的美国、英国、法国自不待言，战败国的意大利、德国亦然。意大利对埃塞俄比亚、索马里兰、厄立特里亚、利比亚等殖民地军人皆进行了赔偿。即便没有殖民地的德国，在此举一个例子，我读过一本叫作《在波罗的海海滨》的书，由战前拉脱维亚大使馆陆军武官的太太撰写，内容描述一位拉脱维亚陆军中尉的故事。

1940 年他为了谋求当时遭苏联占领的祖国独立，加入了德军的拉脱维亚人部队，之后 1941 年德军入侵苏联，待德国战败后他便亡命到瑞典，至 1980 年过世为止，一直以德国军人的身份领取年金。另外也有乌克兰人同样加入德军，战后亡命至美国，却仍旧在德军的赔偿范围之内。

这样的举例应该很清楚了吧。他们从来不曾是德国的国民，对德国而言，他们也始终都是外国人。

身为日本国民并服兵役的吴雄根，日本国对他的处置，是否有错？

何况，为国而战是一种可能丧命的行为。不管是受命或自愿，都属于国家和个人的一种契约，一种雇佣关系。

在这种状况下，国籍根本毫无干系。

这是一种近代国家的常识。日本对人权的思考，在国际上既不通用，也谈不上是文明国家或现代国家的做法。

这是我对国家的要求。类似这种国际性的战后赔偿，应该不具时效性。请不要一直逃避责任。而且，这种负面遗产也不应该再留给下一代。

最后是对法官们的期望。去年3月吴雄根来日本时，我也与有志一同的伙伴们共同前往国会、议员、政党、总理府等处，为此事来回奔波。

确实我们获得了同情。但什么状况都没获得改善。

立法机关与行政机关都不作为的话，我们除了向司法机关提出诉讼，别无他法。或许我们的想法过于单纯，但我们相信法律的精神，仍会保障我们与生俱来的人权。同情，已经足够了。无论如何请看清事实本身，希望能正面面对事物的本质，依据论理做出合情的判断，以上，是我个人的期待。

对于在法官面前朗读这份陈述书，谦二这样表示：

我没想过能打赢官司，只是在口头辩论能够利用的20分钟内，阐述我自己想表达的话。为了没必要的战争出征，被迫从事没必要的劳务，造成大量的亲友死亡。外祖父母也是，战争让存来养老的财产全部消失，而且平白受了许多苦难。向法官陈述这些事情或许毫无帮助，但总是要把心里想说的话一吐为快。

口头辩论结束后，谦二带着访日的吴雄根在日本旅游。"到伊豆半岛搭'日式榻榻米座位列车'，一起去洗温泉等。他也从中国带了伴手礼来，十分朴素的一个人。"

如前所述，开庭当天并没有大众媒体前来采访。事前有一些报纸访问，刊登了一些周边报导，但也仅止于此。当时的战后赔偿审判数量很多，这次的审判并不如"从军慰安妇"问题一般，能够获得公众广泛的关注。谦二如此表示："我没怎么意识到同时期在打的其他战后赔偿官司。报纸刊出的报导也鲜少有回响或支援。大概就是那么回事，多想也没帮助。与我有往来的'非战兵士之会'旧会员们，倒是一路陪我走到最后。"

之后的诉讼，几乎都是由律师与法院以书面往来，在谦二没有机会发表证词的状况下进行。2000 年 2 月，东京地方法院做出请求驳回的判决。判决主旨有：一、关于损害赔偿，因为"战争受害是国民必须艰苦忍受之事"，所以无法进行赔偿；二、关于公开道歉一项，属于"立法机关的裁量性判断"。

已经回到中国的吴雄根接到判决通知后，据说"充满失望与愤怒，在满腔怒火之下病倒了"。吴雄根在稍后的上诉书中也表达："希望日本的法官能告诉我，我身为朝鲜族为何要为日本国与日本人民承受这些损害？""人性与正义根本不适用于日本法官！"（前揭"上诉书"）。

这桩诉讼案后来仍继续上诉，但 2001 年遭东京高等法院驳回，之后 2002 年又遭最高法院驳回定谳。对此谦二如此描述：

当最高法院宣告驳回时，法院的态度只有"结束了，请由此离开法庭"，类似这般草草结束的感觉。那个时候甚至还有人发出不满的叫嚷。

跑去干那种事情，要把自己说成好事之徒也无不可。不过还记得宋斗会的支持者事后打电话给我，说过"虽然诉讼结果如此，但在书面上留下了资料，也具有相当的意义啊"这么一段话。当时听了才想到，原来也能以这样的态度来理解，能在法院堆积如山的案牍中留下资料，确实有一定意义。

发掘堆积如山的案牍资料并赋予其意义，属于历史学家的研究领域。担任这场诉讼的律师，在诉状中如此描述谦二："即便国家缺乏良知，但在无意之中，与国家的不义相对照，这个国家的国民却仍表现出了良心。"这样的评价是否恰当，套用一句陈腔旧调来说，就是"留待历史评价"吧。

八、只要还有希望，人就能活下去

吴雄根的诉讼起于 1997 年，当时谦二已经 72 岁。这一年，谦二也从每周前往立川体育一两次，转为完全退休了。"立川体育完全由大木一个人接手，到 1998 年他也 60 岁可以领取年金后，公司便关闭了。创立公司只是为了糊口，因此事业就此结束也没有特别的感慨。"

2002 年最高法院驳回谦二与吴雄根的上诉后，谦二因脑梗塞而倒下。当时他在"多摩丘陵自然守护会"认识的主妇们邀约下，前往自治会馆参加英语口语课，一阵晕眩下竟无法站立。"在场的人立刻帮我叫了救护车，紧急送往医院。当时自己还想，我这么一把年纪了，还叫救护车来，未免太夸张。不过当时聚会中的年轻妇女们，有人曾有为自己孩子叫救护车的经验，不见得要什么重大伤害才动用救护车。若非如此，延缓送医可能就导致我半身不遂了。"

谦二左半身还留有轻微的麻痹症状，不过在复健之下，第二年春天便大致痊愈了。与周边居民有着深厚交情，也使得他在这种状况下得到非常多的帮助。

不过脑梗塞倒下时，谦二已经 77 岁了。因为这次病倒，也顺势退出了派送便当的"加多厨"与"多摩丘陵自然守护会"活动。"中风之前大约两年，巡逻长沼公园爬坡时，便开始喘不过气了。像我这种不具专门知识的'其他大众'参与者，趁此退下来也不算坏事。"

2003 年，这次轮到妻子宽子在庭院跌倒，折断了手骨。之后宽子开始有忧郁的症状，身心状况不佳，频繁进出医院。宽子因为郁闷而无法掌管家事，谦二开始接手做饭的工作。

　　原本从 90 年代开始，宽子因为去学习围棋、英语口语、绘画等课程，每逢周二与周五就轮到我负责做饭。当时宽子教我，把料理的基本资料都写成笔记。因为有这段经验，即便从 78 岁才开始全面接管家中厨房作业，多少还是应付得过来。这把年纪的男人还懂得做饭，竟传为佳话，在随着"加多厨"便当配送附赠的"居民通信"中，还介绍了一下。

　　在西伯利亚时下定决心，不论如何都要活下去，战后也如此，不管什么工作都做。做饭什么的，本来就是自己的事情，自己处理也是理所当然。而且自己做饭，可以选自己喜欢吃的东西，也是件好事。

2005 年，吴雄根曾经再度访日，当时是因为"全国拘留者补偿协议会"（全抑协）召开集会，邀请中国的吴雄根和韩国拘留者团体的会长。吴雄根与新闻记者以及"全抑协"接待人员等，一同来到位于八王子的谦二家中拜访。

这个时期，"全抑协"推动了最后一次的尝试——2005 年，民主党、共产党、社民党三党联合向参、众两院提案，要求依照被拘留的时间长短，由国家支付 30 万到 200 万日元，但该法案于 2006 年遭自民党、公明党执政两党否决。

但执政党也提出妥协法案。于 2001 年废止被批评为"退休高官再任职的温床"的和平基金会，以基金余额为资金，发给遭拘留者、战后撤退回本土者、无法领取退休金者"特别慰劳品"。这个法案获得通过，而且也发下了慰劳品。

慰劳品可从旅行券 10 万日元、座钟、钢笔、文书匣之中择一，照例不发给无日本国籍者。谦二再次申请了旅行券 10 万日元，并换成现金寄赠给吴雄根。

每逢选举，谦二依旧投给自民党以外的候选人。2009 年他投给民主党，并说"感觉有希望政党轮替"。

2010 年 6 月，在民主党政权下通过了《西伯利亚特措法》。[1] 法

1　《西伯利亚特措法》全名为《关于战后被强制拘留者相关问题的特别措施法》（戦後強制抑留者に係る問題に関する特別措置法）。——编注

案内容是过往民主党法案与自民党法案的折中案。支付金额依照拘留期间长短，从 25 万日元到 150 万日元，财源则由 2010 年解散的和平基金缴回国库的资金当作资本。

如此，这样的内容既可以解释为由国家支出进行实际赔偿，也可以说只是由自民、公明两党原案筹措的基金余额权充支付，两套说辞皆可自行诠释。法案中虽然没有明文记载"赔偿"字样，但有说明今后的方针将会朝推动调查、记录当年拘留实际状况而努力，提案说明中也陈述了道歉与赔偿的主旨。依据这项法案，还活着的赔偿对象共有 7 万人左右，但一样排除无日本国籍者。获得此项成果后，"全抑协"也于 2011 年 5 月宣布解散。

我从 80 年代起便意识到"全抑协"的活动，但并未参加。在赤塔会中，我们也不提这类运动的话题。正如军人退休金一般，国家只支付金钱给有权力的人，不支付给无法发声的人。虽然"全抑协"的活动还算有道理，但我在最高法院上诉输掉后，便放弃不去理会这些事情了。之后他们还能重新振作，发起运动，而且得到这样的成果，我觉得相当了不起。

虽然如此，但我内心还是十分不满，所以一开始并没有申请。因为那是拿"退休高官再任职的温床"——和平基金会解散后剩下来的钱来发放。我自己对国家有所怨恨，所谓的国家，与人心不同，只是一种无机的物质。

不过，最后谦二还是申请了这次的发放。虽然已经不与吴雄根联系，但他也找到别的寄赠对象。

申请期限只有三年。在截止期限前大约半年，也就是 2011 年 3 月，读到一篇刊载于"全抑协"会刊《极光》上的文章。有个女儿撰文提到想为父亲立纪念碑，他父亲从库页岛被送至极北地区的诺里尔斯克（Norilsk）战俘营，并且死在该处。她为此募求费用，为了响应她，我申请了 25 万日元，一半送给这位女儿，另一半捐给了"全抑协"，这也是最后的申请了。

一次性的慰问金也好，道歉也罢，战后立刻拿出来不是很好？等到大家喊着"赔偿！赔偿！"才好不容易拿出一笔钱。从这种国家机构领到以这种态度支付的赔偿费用，一点都不想感谢国家。不过从另一个角度来看，因为当时是民主党政权，所以才能办到这件事情。

2011 年 3 月，发生了东日本大地震与核电厂爆炸事故。"关于核电厂的事故，从之后的新闻报导才知道，那是原本该发生的事情终究发生了而已。从这次事故也可以看出，政府出事就只想着大事化小的本质。核能电厂还是不要为好。"2013 年起，谦二开始在自己家屋顶装设太阳能发电设备。

2012 年开始，谦二腰腿越发无力，连孙子的运动会也没办法参加了。根据护理等级评定，已经属于"需要护理"的等级（需协助打扫与打理部分周遭事物，除此之外尚能自理）。2015 年 1 月，妻子宽子过世了。

谦二居住的南阳台，也与其他新兴住宅地一样，不断朝着老龄化迈进。一般称一定区域内 65 岁以上人口占总人口的比例为"老龄化率"，南阳台一丁目于 2014 年达到 44%；周边的北野台达到 43%，三井台达到 40%。虽然这些区域都属于东京都，但已经确实接近"极限聚落"[1]的水准了。

　　谦二住处周遭的空屋已经多到无法忽视，过往开在南阳台附近的商店逐一倒闭，甚至无法购得一般日常用品。谦二虽然已达89岁高龄，但尚能独自开车购物，已算万幸。

　　谦二对整个大环境仍然有许多不满。

　　政客们反复去靖国神社参拜，或者仍有人主张南京大屠杀纯属虚构的论调，对这些人我已经抱着放弃的心态了。但内心一直有股"宁静的愤怒"。看到最近一些周刊的目录，充满了各种排外的谩骂叫嚣，深感历史的真实性已不再受重视了。

　　过去虽然许多人也一辈子都生活在底层，但仍有句话说"只要愿意追求财富，就不至于贫困"，但现在呢？一大堆非正式聘雇的临时人员，不管再怎么努力，仍得活在无可救药的社会中。虽然不是只有日本才如此，但大家都不再抱持希望。雇佣方不再具有劳动道德，只能说现在的年轻人处境堪怜。

　　当我20岁时，在不知世道险恶与社会真实的状况下成长，既无法获得资讯，也不能选择政权，连批评的自由都没有。现在的社会，如果你想要理解事情的真相，总有办法找到管道去理解。即便如此，仍有许多人不愿面对自己不想知道的事情，更不勤于学习。我想再过个20年，社会状况应该会变得更糟吧。日本经济因为国债的利息上升，最终或许仍得面临经济上崩溃的危机。

1　日本称在人口过稀化的情况下，居民有50%以上属于超过65岁的老人，已经难以维持该区域如婚丧喜庆等社会一般共同生活基础的聚落。——译注

虽然谦二如此批评，但 89 岁的他仍然操持家务，每天自己过生活。他会阅读关于冷战后的南斯拉夫或第二次世界大战期间外交等学术性书籍。他也支付"国际特赦组织""独立生活支援中心'共同'""白沙瓦之会（Pershawar-kai，支援巴基斯坦医疗活动的组织）""加多厨""无国界医生"等非营利组织的会费并且出资捐赠，而且也写英文明信片给世界各国抗议对"政治犯"的压迫与逮捕。

国际特赦组织的会刊寄来时，会附上印刷好的信封信纸。信封上会有各国政府达官要员的姓名地址，信件则以英文写成，包含抗议哪些人遭到逮捕入狱等内容。虽然说我曾寄信声援，但我做的也只不过是在信上签名，丢进邮筒寄出而已。不过即便寄达，对方大概也会无视这些信件。不过我仍拥有"自我良心"，所以才会持续这么做。

谦二在腰腿有力时，仍会自己做饭，一个人在自己家过生活。回顾自己的人生时，他如此表示：

刚从结核病疗养所出院时，曾暗忖自己的人生大概只能活到 50 岁。我人生的前半段都处于谷底，不过从中途开始，逐渐赶上大时代的发展时机，之后终于可以过着与常人一样的生活。只是，我生命途中遇到的各式各样的人，并不见得都如此幸运，许多人还没达成任何成就，便走完人生旅途了。与他们相较，我现在算得上过着相当舒适的生活。

在回答各种问题后，接着询问在他经历丰富的人生路途上，他认为最重要的是什么？亦即，当在西伯利亚与结核病疗养所等看不见未来的时期，他觉得对人而言，最关键的究竟为何？

希望吧。只要还有希望，人就能活下去。

谦二这么回答。

后 记

本书根据生于 1925 年、体验过西伯利亚战俘经验的亲历者的访谈写成。本书有两个特点，可以与至今为止的"战争体验记"有所区别。

其一，不仅止于战争经验，本书还描绘了从"二战"前到战后的生活史。大部分的"战争体验记"都欠缺战前与战后的记述，因此无法得知主人公是"从什么样的生活境遇中前往参与战争"，以及"从战场返回后又过着什么样的生活"。

与此相对，本书描绘了战前与战后的生活史，串接起了完整的战争体验。通过这样的书写，可以讨论"战争如何改变人们的生活"以及"战后的和平意识是如何形成的"等问题。

其二，是本书导入了社会科学的观点。关注同时期的经济、政策、法制等状况，通过讲述一个人物的故事，描绘出当时的阶级流动、学历取得、职业选择以及产业结构等状况。本书不仅是单一人物的生命轨迹，同时也融入了法制史与经济史的视角，也就是所谓"活生生的 20 世纪历史"。

此外，本书描写的对象属于都市下层的经商者，并非容易留下更多文字记录的高学历的中产阶级。因此，才能记录到与"从学徒兵到上班族"这种一般战争体验记不同的轨迹。这部分加上社会科学的观察视角后，应该能对日本现代史研究做出一些独特的贡献。

近年来，人们不仅关注战争的时代，也开始关心起战后史以及经济高速增长期。如果我们考量到社会的中流砥柱已经转移到经济高速增长期后出生的世代，这似乎是必然的趋势。此外，伴随贫富差距的加剧与经济高速增长的结束，昭和年代的经济增长和产业结构变化，带给民众何种影响，又给社会秩序带来何种变化，这些也都成为大众所关切的问题。

本书尝试将这种对现代的关心与对过去战争体验的历史关怀联系在一起。即便是描绘战争体验，若能通过单一人物的生命轨迹串连起战前史与战后史，应该能够获得较过往更多的关注。

从学术的角度来看，本书既是口述历史，也是民众史与社会史。从社会性的角度来看，本书在处理"战争记忆"的同时，也表达了对社会结构变化的关注。

*

本书描绘的对象，是我的父亲。此处想要记下撰写本书的动机与过程。

构成本书基础的访谈，是从 2013 年 5 月开始，一直进行到当年 12 月为止。与我一同进行访谈的，是一位曾经采访过印尼残留日本兵，并将其经历写成传记的新晋现代史家林英一。

林氏的出道作品《残留日本兵的实情》（作品社，2007 年）是他的毕业论文。当时担任他指导教授的我，对曾经写过上述作品的林氏，提起自己父亲曾有过西伯利亚的战俘经验，当时提议，请他务必听听我父亲的故事，这便是本书的开端。

第一次的访谈，在稍微不得要领的状况下结束了。最大的原因是我父亲诉说的内容，涉及范围太广。当时不仅对父亲的西伯利亚拘留情形十分感兴趣，而且对于他对战争之前的商店街生活与战后不断辗转的日子仍保有如此翔实的记忆，更感到讶异。

因此我便考虑，应当访谈各个不同时代，如果能加入政治与经济的背景说明作为补充，对历史研究而言应该会具有相当的意义。在这个想法下，我对林氏提议，开始进行正式的访谈，而林氏也迅速答应下来，之后每两周我们便前往父亲位于八王子的住处，每次大约进行三小时的访谈。

我自己曾于撰写《在日一世的记忆》[1]（集英社新书，2008 年）时，做过进行访谈的计划。而林氏本身也访谈过几位原日本兵，因为两人都有过采访经验，所以实际执行时并没有遇到太大困难。

访谈作业的具体内容与程序如下：由我对父亲进行提问，林氏负责以电脑记录；接着当天我会针对林氏制作的笔记进行润饰整理，之后再与当时的录音相互对照，做成原稿；而后再将原稿交给父亲过目，确认相关事实并加以订正。

父亲实际上缺了一边的肺，长时间说话容易疲劳；不过关于这点，从历史研究者的角度来看，却是不可多得的叙述者。父亲的记忆不仅鲜明，谈话内容也相当有系统，不至于偏离主题。而且他又

1　书名的意思为"在日本的第一代的回忆"。——译注

是心思异常缜密的人，没有篡改自己的记忆，能够把当时的实际感受与看法，率直而不加修饰地告诉听者。甚至访谈过多人的林氏都表示，很少见过类似的受访者。

而父亲具备的观察能力，往往令我们感到惊奇。例如本书第一章提到他的哥哥辉一，在谈到高圆寺的祭典上配合《东京舞曲》庆典歌曲敲击太鼓的话题时，父亲说："这种曲调的风行，或许也说明了东京市内已经聚集了许多来自各地方的人们吧。""配合《东京舞曲》敲击太鼓"这个事实，与"已经聚集了许多来自各地方的人们"这样的社会背景，并非任何人都可以洞察。加上对于自己哥哥的回忆，往往容易加入大量的情感，能在叙述中抽离自己的情感描述客观事实，并非一般人所能办到。父亲并未受过严格的学术训练，具备这种能力，只能说是天生的，或者是自行训练出来的吧。类似这种观察力与客观的态度，在本书中随处可见。

在某种意义上，父亲是个性格淡薄的人。对于悲惨的经验，以旁观者的语调述说戏剧性的经过时，绝对不会添加任何浪漫的色彩。保持一贯冷静客观的态度，偶尔掺杂着幽默谈论事实。

借用父亲的说法，就是"实际经历过这些的人，就是如此"。然而是否任谁都会这么表现，我无从判断。只有谈到军队入伍、和外祖父母道别时，表达上有些停顿，除此之外没有出现类似的状况。这些事情对父亲而言就如同日常生活一般，即便在争取战后赔偿之际，他也都是以淡淡的口吻阐述自己的回忆。

这种性格的人物作为口述历史的主述者，相当值得信赖。可是，类似这种人物，也很少写下自己的切身体验。会留下个人史记录的人，往往是拥有相当学历与文笔能力的阶层，特别是拥有自己强烈想法的人居多。前者的叙述往往只能表达某一阶层的观点，后者则又欠缺客观的视角。父亲不属于任何一类，而且实际上，对于自己的人生经历，他几乎完全没有留下任何书面记录。

如前所述，首次进行访谈时，我还没有计划要把访谈写成文章，但在一连串的谈话后，我的初衷改变了。之后我取得林君的许可，开始撰写本书，并先于《世界》杂志 2014 年 10 月号至 2015 年 6 月号进行连载。如此一来，帮助不书写、不曾留下记录的人，为后世留下他们应被传承的记忆，我认为这是一位历史研究者应当扮演的角色。

＊

本书中描写的我父亲的经历，称得上当时普通"日本人"的人生经历吗？这也牵涉本书的学术性意义，但确实相当难回答。暂且不提西伯利亚战俘经验，战后的赔偿诉讼中与朝鲜人原日本兵列为共同原告的事例，大概没有第二个了。从这个角度来看，或许有人会评价说"这并非普通人的生活"。

但所谓的"普通人"究竟是什么？在日本的话，或许是所谓的"上班族"吧。可是，从统计学的意义来看，这个族群在日本历史上从未成为最多数的一群。即便如此，"上班族"是一般普通人的生活状态，这样的错觉仍流布于整个战后时代。

举一个例子，1963 年出版、之后改拍成电影，由山口瞳撰写的小说《江分利满先生的优雅生活》。男主角与我父亲一样出生于 1925 年，年龄设定与昭和年数一致（昭和几年就是几岁）。主角的名字取"最普通的一般人"之意，所以叫作"江分利满"[1]。

---

[1] 日语可以读成エブリマン，也就是英语的 every man。——译注

而小说内容描述的却是住在大型电机公司的员工住宅，过着大企业正式员工生活的人。如本书提及的，能过这种生活的人，占当时劳动人口的一成不到。将这种生活想象为一般人的平均生活，恐怕是因为购读该书的人多属都市中产阶级，他们之中大多数都是"大学毕业后成为上班族"的人，理由或许就这么简单。

另一方面，与都市中产阶层相对照，还存在另一种印象，也就是位于地方的农民才是真正的"庶民"阶层。但自20世纪50年代开始，农民在统计数字上也不再是人数最多的族群。此外，如果单纯把居住于农村的人都称作农民，那我父亲在战后的某一时期也曾经居住于农村。

如本书内容所阐明的一般，父亲走过留下的足迹，即便他本人未曾意识到，但大致都沿着同时代日本社会的发展轨迹迈进。即便如此，父亲也屡屡做出与同时代多数人不同的选择与举动。如此说来，父亲的行迹，与"多数人"或"平均"有着什么样的相对关系？

对此，我如此思考。人的一生，在所有的场合中都属于"多数人"的人，并不存在。社会学上称脱离"多数人"的行为为"异常行为"（deviance）。但是，一辈子从未做出异常行为的人，恐怕本身就不是"普通人"了。

人们大体上都过着不显眼、可称之为"平凡"的生活。但一生之中总会经历几次危机，并且做出英雄式的举动。只是同时从大范围来看，仍受到同时代社会性脉络的规制。

而这样的情况，才是所谓"平均"的多数人。从这个意义来看，本书中刻画的父亲轨迹，属于非常"平均"的一群。

换个说法，也可以如此形容。若只是抽出危机时的经验，或者英雄性的瞬间来看，不论描绘的对象是个人还是集团，都无法描绘出时代整体的样态。当然，只描绘日常性的生活，也无法刻画时代整体状况。只有通过综合性地把握全体，在同时代的社会性脉络中找出定位，才可能完成立体性的历史描述。

如前所述，本书描述的人物，并非拥有高学历的都市中产阶层。从此点看来，本书便属于"不被记录的多数人"的生活史。但同时本书内容也没有仅注重战争与诉讼等戏剧性的部分，而是将其当作整体的一部分，做出综合性的记述，这也是本书值得一读之处。人类的行为往往包含了部分的动摇与偏差，但同时又受到全体结构的规制。本书中我所描写的，正是父亲个人体验过的动摇，以及规制他行为的东亚历史。这里所指的东亚不仅是日本，也包含了苏联、中国与韩国。即便在日本，也与许多地方、各种阶层、诸般政策有所关联。本书的意图，即在尝试通过单一人物的细部描写，借以窥见整体样貌。

＊

实际上，我在 2003 年也曾经对父亲做过访谈。但当时只请教了西伯利亚拘留的经过。对于战前与战后的生活，当时还不关心。此外虽然问起西伯利亚拘留经验，但仍缺乏探究战俘营经营、苏联方面社会背景的视角。这部分虽然也是父亲的经历，但却不是当时的我能通过访谈引导出来的回忆。

所谓的记忆，会在叙述者与听者间产生相互作用。如果听众没有提问的能力，便无法引导出叙述者的回忆。如前所述，本书受益于优秀的叙述者，因此才得以成立。不过另一方面，作为提问者的我，因为拥有比十年前更充裕的知识与更广泛的关心，大概也起到不少互补作用吧。

　　要说理所当然，也确实如此，通过本书的访谈，更加拉近了父亲与我的关系。彼此间共通的话题增加，也让我更容易理解父亲言行背后的意义。而且通过讲述过往的事情，那段时间父亲的脸上又闪耀起了当年上班时的光辉，对我而言这也是一种单纯的喜悦。大概对父亲来说，能够有人热心倾听自己的经验，他也感到相当开心吧。

　　不过这种情况，缺乏听者的努力也无法发生。这不仅是在日本，在世界各地皆然，许多人的经验与记忆，都在缺乏倾听者的情形下就这么消失了。不管是自己的亲戚，或者近邻、同事，光是愿意侧耳倾听这些回忆，就具有相当的意义。

　　而且对听者而言，可以获得比叙述者更多的收获。因为人类存在的证据，就只存在于与他人、与过去的互动之中。

　　对人类来说，不明白自己为何生存于此，便会产生不安。市场上虽然提供了各种形式的商品来抚慰这种不安，但通过与周围的互动、对话，建构人际关系，比起被动的瞬间性购买行为，能够提供更多收获，也是可以让效果为持久的方法。

　　再次重复强调，所谓的记忆，是通过听者与叙述者间相互作用而形成的。而所谓的历史，也属于此类相互作用的形态之一。将倾听对方的声音、努力赋予其意义的行为，称之为"历史"应该也不为过。

　　对于过去的事实与经验，通过听者的努力，赋予其意义，才能使其长久存续。如果不这么做，事实与经验便会消失，侧耳倾听这个声音的人，也会失去自己的立足点。此二者中该选择何者，应由活于当下的人担负起责任。

　　父亲终将过世，这是无可避免的事实。但能够做的，便是倾听父亲的经历，赋予其意义，使其长久存续。这是生活于当下的我们所能办到的事情，也是除了我们之外没有其他人可以处理的事情。我的愿望便是，读者诸君们也能借由阅读本书的经验，开始试着参与这样的努力。

小熊英二　2015 年 5 月

附 录

采访过程

对小熊谦二的一系列采访是按照下述时间安排和程序进行的。

2013 年

5 月 29 日	初步访问
6 月 27 日	从出生到入伍
10 月 4 日	从基础训练到投降
10 月 12 日	运往西伯利亚和战俘营的生活
10 月 25 日	战俘营中的"民主运动"
11 月 2 日	从遣返到结核病疗养所
11 月 15 日	出院后在疗养所和新潟的生活
11 月 22 日	20 世纪 50 年代末和 60 年代战后繁荣时期在东京的生活
11 月 29 日	20 世纪 70 年代和 80 年代的生活以及对战争的回忆
12 月 6 日	阅读历史和战后赔偿诉讼
12 月 20 日	南阳台的生活和市民运动

2014 年

5 月 31 日、6 月 5 日、6 月 11 日、6 月 20 日、8 月 25 日（后续访谈）

所有访谈均由小熊英二进行。林荣一转录了 2013 年的访谈内容，所有访谈都是在小熊谦二位于八王子南阳台地区的家中进行的。每次访谈耗时约三小时，所有访谈均以录音形式保存。

在 2013 年的访谈中，问题主要集中在上述各访谈涉及的时间范围内。2014 年的访谈由后续问题组成，对每个时期的初始采访进行补充。2014 年和 2015 年，在多次电话交谈和非正式谈话中确认了其他各方面的内容。

本书初稿写于 2014 年夏天。谦二对书稿内容进行了检查，并在不篡改或美化事实的前提下，对其准确性进行了必要的修正。之后，每一章都在《世界》杂志第 861 期（2014 年 10 月）至第 870 期（2015 年 6 月）上连载，2015 年 6 月由岩波书店以书籍形式出版。从那时起，访谈一直持续至今。

作为纪念"二战"结束 70 周年的东北亚合作出版计划的一部分，2015 年 8 月，东亚出版社出版了韩文版，同年 9 月，联经出版公司出版了繁体中文版。2017 年 1 月，理想国出版了简体中文版。2018 年 1 月，日本国际文化会馆出版了英文版。

M 译丛

imaginist [MIRROR]